V&R

I0893849

Elementarisierung und Kompetenz

Wie Schülerinnen und Schüler von „gutem Religionsunterricht“ profitieren

Friedrich Schweitzer

in Zusammenarbeit mit Ulrike Baumann, Colin Cramer, Anke Edelbrock, Peter Kliemann, Sara Haen, Manfred Schnitzler und Henrik Simojoki

4., überarbeitete Auflage

Vandenhoeck & Ruprecht

Mit 3 Abbildungen

Die 1.–3. Auflage ist bei der Neukirchener Verlagsgesellschaft mbH,
Neukirchen-Vluyn erschienen.

Umschlagabbildung: © Gyvafoto/Shutterstock

Bibliografische Information der Deutschen Nationalbibliothek
Die Deutsche Nationalbibliothek verzeichnet diese Publikation in der
Deutschen Nationalbibliografie; detaillierte bibliografische Daten sind
im Internet über http://dnb.d-nb.de abrufbar.

ISBN 978-3-525-71141-5

Weitere Ausgaben und Online-Angebote sind erhältlich unter: www.v-r.de

Satz: Konrad Triltsch, Ochsenfurt
Druck und Bindung: Hubert & Co. GmbH & Co. KG BuchPartner,
Robert-Bosch-Breite 6, D-37079 Göttingen

Gedruckt auf alterungsbeständigem Papier.

Inhalt

Zur Einführung

Der vorliegende Band soll eine Brücke schlagen zwischen dem religionsdidaktischen Ansatz der Elementarisierung und der Orientierung an Kompetenzen im Religionsunterricht. Dadurch sollen der Praxis von Religionsunterricht und Schule weiterführende Impulse geboten werden – durch praktische Beispiele ebenso wie durch theoretische Klärungen.

Die Verbindung von Elementarisierung und Kompetenzorientierung macht eine Weiterentwicklung in zwei Richtungen erforderlich. Sofern im Zusammenhang des Elementarisierungsansatzes nicht ausdrücklich über den Erwerb von Fähigkeiten und über die Ausbildung von Kompetenzen gesprochen wurde oder wird, ist zu prüfen, was Elementarisierung in dieser Hinsicht beitragen kann. Und soweit bei der Diskussion über Kompetenzorientierung fachdidaktische Kriterien wie die der Elementarisierung nicht im Blick waren oder sind, muss gefragt werden, was solche Kriterien für die Auslegung des Kompetenzverständnisses bedeuten. Die damit aufzunehmenden Fragen werden im vorliegenden Band immer wieder anhand von Beispielen aus dem Unterricht fachdidaktisch erörtert und im Blick auf unterschiedliche Kompetenzen konkretisiert.

Ausgewählt wurden dafür bewusst sehr unterschiedliche Themen, sowohl aus dem gleichsam klassischen Bestand des Bibelunterrichts als auch hinsichtlich der gegenwärtigen Diskussion über interkulturelles und interreligiöses Lernen, etwa beim Thema religiöse Toleranz. Dazu kommen durchweg aktuelle Zuspitzungen, zum Beispiel beim Thema Kreationismus oder Verantwortung. Darüber hinaus werden wichtige Themen, die beim Elementarisierungsansatz oftmals zu wenig Aufmerksamkeit gefunden haben, analysiert: Sterben und Tod oder ein kirchengeschichtliches Thema, das zugleich der Hymnologie zugeordnet werden kann.

Zu den im Zusammenhang der Elementarisierungsdiskussion neu aufgenommenen Aspekten gehören auch Fragen des Umgangs mit Medien im Religions- bzw. Bibelunterricht, vor allem aber Möglichkeiten einer Leistungsbewertung, die den Aufgaben und Zielen eines elementarisierenden Religionsunterrichts gerecht werden kann. Ähnlich wichtig sind die Verbindungen zur Religionslehrerbildung, deren Gestaltung ebenfalls seit Jahren unter dem Aspekt der zu erwerbenden Kompetenzen neu zur Debatte steht. Ganz allgemein gilt, dass den Lehrenden – ihrer Selbstklärung und ihren Kompetenzen – auch beim Elementarisierungsansatz künftig verstärkt Aufmerksamkeit geschenkt werden sollte.

Besonders interessant im Blick auf die religionspädagogische Diskussion über Schülerkompetenzen und Bildungsstandards dürften auch die Analysen zu ethischen Themen sein, da zu diesem gesamten Themen- oder Kompetenzbereich in der Religionspädagogik noch keine überzeugenden Vorschläge für Kompetenzbeschreibungen vorliegen. Zugleich sieht sich der Religionsunterricht gerade in dieser Hinsicht mit weitreichenden Erwartungen in Öffentlichkeit und Politik konfrontiert, weshalb weitere Klärungen unverzichtbar sind. Sowohl im Zusammenhang des Lernens von Verantwortung als auch bei der Bildung zur Toleranz kommen solche Kompetenzen deutlich in den Blick. Die im vorliegenden Band gebotene Beschreibung von Möglichkeiten eines Verantwortungslernens macht darüber hinaus sichtbar, dass der Elementarisierungsansatz keineswegs auf herkömmliche Settings im Frontalunterricht beschränkt ist. Gerade die Form des Projektlernens bietet sich beim Thema Verantwortung auch unter dem Aspekt der Elementarisierung und der elementaren Formen des Lernens gleichsam von selber an.

Da der Band nun in der vierten Auflage erscheint, darf gesagt werden, dass sich der gewählte Ansatz bewährt hat. Für die Neuauflage wurden sämtliche Beiträge aktualisiert und auch mit entsprechenden Literaturhinweisen auf den Stand der Diskussion gebracht. Teilweise wurden neue Formulierungen eingesetzt und neue Textteile eingefügt. Insofern unterscheidet sich diese Auflage deutlich von den ersten drei, auch wenn bei der Überarbeitung der Beiträge Wert auf Kontinuität gelegt wurde.

Die Autorinnen und Autoren des vorliegenden Bandes sind nicht nur in der Sache um eine konsequente Verbindung von Praxis und Theorie bemüht. Vielmehr kommen in ihren Tätigkeitsfeldern die Bezüge auf Ausbildung (in beiden Phasen), Fortbildung, Praxisbegleitung und eigener unterrichtlicher Tätigkeit zusammen. Ihnen allen bin ich dankbar für die Bereitschaft, zu dem gemeinsamen Unternehmen beizutragen, um so die religiöse Bildung – im schulischen Religionsunterricht, aber auch in der Gemeinde – zu unterstützen.

Tübingen, im Herbst 2017
Friedrich Schweitzer

I Ausgangspunkte

Friedrich Schweitzer

Fachdidaktik, Kompetenzorientierung und „guter Religionsunterricht“

Die Frage nach Unterrichtsqualität ist zu einer Schlüsselfrage geworden, nicht nur für den schulischen Alltag, sondern für die schul- und bildungspolitische Diskussion insgesamt. Die in Deutschland weithin als enttäuschend wahrgenommenen Befunde aus den internationalen Vergleichsuntersuchungen zu Schulleistungen waren dabei ein wesentlicher Auslöser für das Bestreben, die Qualität von Unterricht nachhaltig zu steigern, so dass sich bei den Schülerinnen und Schülern nachweisbar bessere Leistungen einstellen. Damit ist bereits ein kennzeichnendes Merkmal der Kompetenzorientierung genannt: Gefragt werden soll nun „vom Ende her“, nämlich im Blick auf die Resultate des Unterrichts, im Spiegel der von Kindern und Jugendlichen auszubildenden Kompetenzen, die mit Hilfe von allgemeinen Maßen oder (Bildungs-)Standards erfasst und verglichen werden sollen.

Schon dieser kurze Blick auf Hintergründe der gegenwärtigen Diskussion keineswegs allein über den Religionsunterricht lässt erkennen, wie wenig dabei die traditionell für die Unterrichtsqualität zuständige Fachdidaktik eine Rolle gespielt hat. Deren Part schien zunächst ganz an die Pädagogische Psychologie bzw. die empirische Bildungsforschung überzugehen, deren Auffassungen sich auf empirische Erkenntnisse stützen und deshalb der Fachdidaktik überlegen seien. In der weiteren Diskussion hat sich allerdings gezeigt, dass eine solche Argumentation nicht schlüssig wäre und dass Psychologie und Bildungsforschung nicht einfach an die Stelle der Fachdidaktik treten können. Unterrichtsqualität lässt sich nur mehrperspektivisch erfassen, wobei fachdidaktische, bildungstheoretische und pädagogisch-psychologische bzw. aus der empirischen Bildungsforschung erwachsende Bestimmungen ineinandergreifen müssen[1]. Dies erzeugt allerdings insofern weiteren Klärungsbedarf, als angegeben werden muss, wie fachdidaktische Bestim-

1 Vgl. als frühen Hinweise auf den erforderlichen Beitrag der Fachdidaktik *E. Klieme/K. Rakoczy*, Empirische Unterrichtsforschung und Fachdidaktik. Outcome-orientierte Messung und Prozessqualität des Unterrichts. In: Zeitschrift für Pädagogik 54(2008), 222–237. Als aktuelles Beispiel s. *D. Benner/R. Nikolova* (Hg.), Ethisch-moralische Kompetenz als Teil öffentlicher Bildung. Der Berliner Ansatz zur Konstruktion und Erhebung ethisch-moralischer Kompetenzniveaus im öffentlichen Erziehungs- und Bildungssystem mit einem Ausblick auf Projekte zu ETiK-International, Paderborn 2016; vgl. auch *D. Benner u. a.* (Hg.), Religiöse Kompetenz als Teil öffentlicher Bildung. Versuch einer empirisch, bildungstheoretisch und religionspädagogisch ausgewiesenen Konstruktion religiöser Dimensionen und Anspruchsniveaus, Paderborn 2011.

mungen im Blick auf Kompetenzfragen zum Tragen kommen können. Für die Religionsdidaktik gibt es dazu inzwischen zwar eine durchaus ansehnliche Diskussion, aber keine abschließenden Antworten.[2]

Vor diesem Hintergrund soll das vorliegende Einführungskapitel drei Fragen beleuchten: Was bedeutet es, wenn „guter Religionsunterricht" in eine kompetenztheoretische Perspektive gerückt wird? Wie muss eine mehrdimensionale Entschlüsselung der Frage nach Unterrichtsqualität aussehen, die auch religionspädagogisch-fachdidaktische Perspektiven mit einbezieht? Und was schließlich kann der Elementarisierungsansatz zu einem „guten Religionsunterricht" beitragen?

1. „Guter Religionsunterricht" – in kompetenztheoretischer Perspektive

An dieser Stelle soll nicht erneut beschrieben werden, wie sich die Hinwendung zu Kompetenzen und Standards in Deutschland seit etwa dem Jahr 2000 vollzogen hat. Dazu liegen mehrere einführende Darstellungen vor, deren Inhalt hier nicht wiederholt zu werden braucht.[3] Unumgänglich sowie hilfreich für das Folgende sind hingegen einige Erinnerungen im Blick auf das Verständnis von Kompetenzen und Standards.

Weithin Zustimmung gefunden hat ganz allgemein die Definition von *Kompetenzen* bei Franz E. Weinert. Demnach „versteht man unter Kompetenzen die bei Individuen verfügbaren oder durch sie erlernbaren kognitiven Fähigkeiten und Fertigkeiten, um bestimmte Probleme zu lösen, sowie die damit verbundenen motivationalen, volitionalen und sozialen Bereitschaften

2 Vgl. dazu insgesamt die im Folgenden genannte Literatur, bes. Anm. 3.

3 S. bes. *G. Obst*, Kompetenzorientiertes Lehren und Lernen im Religionsunterricht, Göttingen 2008 (4., überab. Aufl. 2014); Vorschläge zur religionsdidaktischen Integration von Kompetenzen bieten *H. Lindner*, Kompetenzorientierte Fachdidaktik Religion. Praxishandbuch für Studium und Referendariat, Göttingen 2012, *G. Büttner/V.-J. Dieterich/H. Roose*, Einführung in den Religionsunterricht. Eine kompetenzorientierte Didaktik, Stuttgart 2015; als wichtige Sammelbände bzw. Einzelveröffentlichungen *V. Elsenbast/D. Fischer/P. Schreiner*, Zur Entwicklung von Bildungsstandards. Positionen, Anmerkungen, Fragen, Perspektiven für kirchliches Bildungshandeln, Münster 2004, *M. Rothgangel/D. Fischer* (Hg.), Standards für religiöse Bildung? Zur Reformdiskussion in Schule und Lehrerbildung, Münster 2004, *A. Feindt u. a.* (Hg.), Kompetenzorientierung im Religionsunterricht. Befunde und Perspektiven, Münster 2009, Standards, Kompetenzen und Leistungsmessung. Themenheft: Zeitschrift für Pädagogik und Theologie 3/2004, Bildungsstandards außerhalb der „Kernfächer". Themenheft: Zeitschrift für Pädagogik 2/2008, *C.P. Sajak* (Hg.), Bildungsstandards für den Religionsunterricht – und nun? Perspektiven für ein neues Instrument im Religionsunterricht, Berlin 2007, *ders.* (Hg.), Religionsunterricht kompetenzorientiert. Beiträge aus fachdidaktischer Forschung, Paderborn 2012, *R. Möller/C.P. Sajak/M. Korchide* (Hg.), Kompetenzorientierung im Religionsunterricht: Von der Didaktik zur Praxis. Beiträge aus evangelischer, katholischer und islamischer Perspektive, Münster 2014.

und Fähigkeiten, um die Problemlösungen in variablen Situationen erfolgreich und verantwortungsvoll nutzen zu können".[4] Die breite Zustimmung zu dieser Definition erklärt sich wohl auch daraus, dass Weinert nicht nur kognitive Aspekte berücksichtigen will. Ob die von ihm – pädagogisch gesprochen: zu Recht – angestrebte Weite des Kompetenzverständnisses bei den verschiedenen wissenschaftlichen oder in den Lehr- und Bildungsplänen eingesetzten Kompetenzmodellen auch tatsächlich realisiert wird, ist allerdings eine andere Frage, auf die hier nur verwiesen werden kann. Entscheidend ist jedoch für alle Kompetenzvorstellungen, dass es um Fähigkeiten und Fertigkeiten geht, die nachweisbar erworben oder ausgebildet werden sollen.

Davon zu unterscheiden sind *Bildungsstandards*, die ein Maß festlegen, mit dessen Hilfe erfasst und beschrieben werden kann, ob und inwieweit bestimmte Kompetenzen tatsächlich erworben worden sind. Den Bezugspunkt für das Verständnis von Bildungsstandards stellt in Deutschland weithin das sog. Klieme-Gutachten dar, in dem es heißt: „Bildungsstandards formulieren Anforderungen an das Lehren und Lernen in der Schule. Sie benennen Ziele für die pädagogische Arbeit, ausgedrückt als gewünschte Lernergebnisse der Schülerinnen und Schüler. Damit konkretisieren Standards den Bildungsauftrag, den allgemein bildende Schulen zu erfüllen haben [...] Die Bildungsstandards legen fest, welche Kompetenzen die Kinder oder Jugendlichen bis zu einer bestimmten Jahrgangsstufe erworben haben sollen".[5]

Für den enormen Einfluss, den das Denken nach dem Modell von Kompetenzen und Standards in Deutschland gewonnen hat, waren ohne Zweifel die PISA-Studien in vieler Hinsicht verantwortlich. In diesen Untersuchungen werden „Basiskompetenzen" von Schülerinnen und Schülern beschrieben und im internationalen Vergleich gemessen.[6] Da die bei den Schülerinnen und Schülern in Deutschland dabei diagnostizierte Kompetenzentwicklung sich als international nur mittelmäßig herausstellte und zudem ein nicht zu vernachlässigender Anteil der Jugendlichen besonders bei der Lesekompetenz so weit hinter den zu erwartenden Anforderungen auf dem Arbeitsmarkt zurückbleibt, dass hier von einer „Risikogruppe" gesprochen wurde, gewann das Streben nach Kompetenzentwicklung mehr und mehr an Plausibilität. Allerdings hat sich die Kultusministerkonferenz dann nur zur Entwicklung nationaler Standards für die Fächer Deutsch, Mathematik und Erste Fremdsprache sowie, etwas später, auch für die naturwissenschaftlichen Fächer verpflichtet. Für die anderen Fächer, zu denen auch der Religionsunterricht zählt, besteht keine formelle Verpflichtung, die herkömmlichen Lehr- oder

4 *F.E. Weinert*, Vergleichende Leistungsmessung in Schulen – eine umstrittene Selbstverständlichkeit. In: *Ders.* (Hg.), Leistungsmessungen in Schulen, Weinheim/Basel [2]2002, 17–31, 27 f.

5 *E. Klieme u.a.*, Zur Entwicklung nationaler Bildungsstandards. Eine Expertise, hg. v. Bundesministerium für Bildung und Forschung, Bonn 2003, 13.

6 *Deutsches PISA-Konsortium* (Hg.), PISA 2000. Basiskompetenzen von Schülerinnen und Schülern im internationalen Vergleich, Opladen 2001. Seither werden regelmäßig aktuelle Befunde dieser Studie veröffentlicht.

Bildungspläne auf Kompetenzmodelle und Standards umzustellen. Diese Einschränkung gilt allerdings nur auf Bundesebene. Die verschiedenen Bundesländer haben inzwischen für alle Fächer kompetenzorientierte Lehr- oder Bildungspläne eingeführt. Dabei spielen die wissenschaftlichen Kompetenzdefinitionen allerdings keine klar erkennbare Rolle. Für den Religionsunterricht gibt es – wie auch für die meisten anderen Fächer – bislang kein allgemein anerkanntes und empirisch validiertes Kompetenzmodell, auch wenn, je nach Fach, auf durchaus beachtliche wissenschaftliche Studien hinzuweisen ist.[7]

Welche Kompetenzen für den Religionsunterricht entscheidend sein sollen, ist nicht abschließend geklärt. Die in der Literatur angebotenen Kompetenz-Kataloge weisen zwar Überschneidungen auf, zeigen aber keine wirkliche Übereinstimmung.[8] In Baden-Württemberg beispielsweise sollte bei der 2003 vollzogenen Umstellung auf einen kompetenzorientierten Bildungsplan religiöse Kompetenz als übergreifendes Ziel gelten, das dann in folgenden Kompetenzen entfaltet wurde: hermeneutische Kompetenz, ethische Kompetenz, Sachkompetenz, personale Kompetenz, kommunikative Kompetenz, soziale Kompetenz, methodische Kompetenz, ästhetische Kompetenz. In dem in diesem Bundesland 2016 in Kraft getretenen neuen Bildungsplan fand dieses Modell aber keine Verwendung mehr. Die katholischen Bischöfe haben im Jahr 2004 „Richtlinien zu Bildungsstandards" für den Religionsunterricht in der Sekundarstufe I erlassen. Dort werden als Kompetenzen aufgezählt: religiöse Phänomene wahrnehmen, religiöse Sprache verstehen und verwenden, religiöse Zeugnisse verstehen, religiöses Wissen darstellen, in religiösen Fragen begründet urteilen, sich über religiöse Fragen und Überzeugungen verständigen, aus religiöser Motivation handeln.[9] 2010 hat der Rat der EKD einen Orientierungsrahmen „Kompetenzen und Standards für den Evangelischen Religionsunterricht in der Sekundarstufe I" verabschiedet.[10] Darin werden acht Kompetenzen aufgeführt:

1. Den eigenen Glauben und die eigenen Erfahrungen wahrnehmen und zum Ausdruck bringen sowie vor dem Hintergrund christlicher und anderer religiöser Deutungen reflektieren.
2. Grundformen biblischer Überlieferung und religiöser Sprache verstehen.
3. Individuelle und kirchliche Formen der Praxis von Religion kennen und daran teilhaben können.

7 Für die Fächer Religion und Philosophie bzw. Ethik ist bes. auf die Arbeiten von *D. Benner u. a.* zu verweisen (s. Anm. 1).

8 Vgl. bspw. schon die Zusammenstellung bei *F. Schweitzer*, Religionspädagogik, Gütersloh 2006, 134 f. sowie die in Anm. 3 genannten Veröffentlichungen.

9 *Die deutschen Bischöfe*, Kirchliche Richtlinien zu Bildungsstandards für den Katholischen Religionsunterricht in den Jahrgangsstufen 5–10/Sekundarstufe I, Bonn 2004, 14.

10 Kompetenzen und Standards für den Evangelischen Religionsunterricht in der Sekundarstufe I. Ein Orientierungsrahmen, hg. v. *Kirchenamt der EKD*, Hannover 2010 (ekd-texte 111). 18.

4. Über das evangelische Verständnis des Christentums Auskunft geben.
5. Ethische Entscheidungssituationen im individuellen und gesellschaftlichen Leben wahrnehmen, die christliche Grundlegung von Werten und Normen verstehen und begründet handeln können.
6. Sich mit anderen religiösen Glaubensweisen und nicht-religiösen Weltanschauungen begründet auseinandersetzen, mit Kritik an Religion umgehen sowie die Berechtigung von Glaube aufzeigen.
7. Mit Angehörigen anderer Religionen sowie mit Menschen mit anderen Weltanschauungen respektvoll kommunizieren und kooperieren.
8. Religiöse Motive und Elemente in der Kultur identifizieren, kritisch reflektieren sowie ihre Herkunft und Bedeutung erklären.

Einen stärker systematisch-wissenschaftlichen Anspruch erheben im Blick auf den Religionsunterricht vor allem zwei Modelle:

- Eine Expertengruppe am Comenius-Institut hat schon früh eine Matrix „Grundlegende Kompetenzen religiöser Bildung" vorgelegt, mit zwölf Kompetenzen, die mit fünf Erschließungsdimensionen gekreuzt werden (Perzeption, Kognition, Performanz, Interaktion, Partizipation) und die auf vier „Gegenstandsbereiche" abgebildet werden sollen (subjektive Religion, Bezugsreligion des Religionsunterrichts, andere Religionen und/oder Weltanschauungen, Religion als gesellschaftliches Phänomen).[11] Vor allem durch die Matrix-Form sowie aufgrund der hohen Zahl der genannten Kompetenzen ist auch dieses Modell noch wenig eingängig und erscheint für die Praxis eher verwirrend. Zudem lässt die tendenziell religionswissenschaftliche Terminologie dieses Modells den Bezug auf den evangelischen Religionsunterricht mit seinem spezifischen Profil nicht mehr genügend erkennen und werden ethische Kompetenzen nur ungenügend berücksichtigt.[12] So verliert der Religionsunterricht bei diesem Kompetenzmodell an Profil und wird darüber hinaus keine angemessene Positionierung im Verhältnis vor allem zum Ethikunterricht erreicht. Dies erklärt, warum der 2010 von der EKD vorgelegte Orientierungsrahmen eine klarere Profilierung des Religionsunterrichts im Gegenüber zu religionskundlichen Angeboten (Ethik, LER in Brandenburg usw.) anstrebt und zugleich ethische Kompetenzen hervorhebt. Eine empirische Validierung wurde hier nicht unternommen.
- Eine von Dietrich Benner und Rolf Schieder geleitete Berliner Forschungsgruppe vertritt demgegenüber ein Modell, das mit nur zwei Kompetenzen überraschend einfach ausfällt: Deutungskompetenz und Partizipationskompetenz, zu denen als Voraussetzung noch religionskundliche Kenntnisse hinzukommen.[13] Allerdings kann hier die umgekehrte Frage

11 *Fischer/Elsenbast* (Hg.), Grundlegende Kompetenzen, a. a. O., 19 f.
12 Zur Diskussion s. *Elsenbast/Fischer* (Hg.), Stellungnahmen und Kommentare, a. a. O.
13 Vgl. die in Anm. 1 genannten Veröffentlichungen von D. Benner u. a.

aufgeworfen werden, ob die Begrenzung auf lediglich zwei Kompetenzen nicht zur Folge haben könnte oder sogar müsste, dass dann doch zahlreiche Untergliederungen eingeführt werden müssen – und damit eben wieder weitere (Unter-)Kompetenzen. Interessant ist bei diesem Modell auf jeden Fall aber der Versuch einer empirischen Prüfung, wie weit die entsprechenden Kompetenzen in einer bestimmten Klassenstufe wirklich ausgebildet sind und ausgebildet sein können. Allerdings ist es nicht gelungen, die Partizipationskompetenz empirisch zu validieren. Die empirische Unterstützung bei der Bestimmung von Kompetenzen und vor allem der darauf bezogenen Standards kann in entscheidender Hinsicht dazu beitragen, dass es nicht einfach bei abstrakten Anforderungen an den Unterricht oder an die zu erwerbenden Kompetenzen bleibt. Für die Praxis ist weder eine Überforderung durch unrealistisch hohe Standards noch umgekehrt eine Unterforderung hilfreich. Insofern verdient dieses Modell wie auch seine Weiterführung im Blick auf ethische Bildung große Beachtung.

Darüber hinaus ist auf theoretische und empirische Arbeiten zu einzelnen Kompetenzen hinzuweisen, die für den Religionsunterricht eine wesentliche Rolle, spielen. Das gilt insbesondere für interreligiöse Kompetenz, zu deren Förderung auch Interventionsstudien durchgeführt wurden.[14] Solche Untersuchungen sollten in den nächsten Jahren noch weiter vorangetrieben werden. Weitere Antworten auf die Frage, welche Kompetenzen und Standards für den Religionsunterricht maßgeblich sind und maßgeblich sein sollen, sollten zunehmend auch auf einer empirischen Grundlage formuliert werden.

Die *allgemeine Aufgabe*, das Verständnis von Kompetenzen und Standards für den Religionsunterricht weiter voranzutreiben, soll im vorliegenden Band nur in einer *spezifischen* Hinsicht aufgenommen werden, nämlich im Blick auf das m. E. allerdings zentral bedeutsame Verhältnis zwischen Elementarisierung und Kompetenz. Der Versuch, die Frage nach „gutem Religionsunterricht" in eine kompetenztheoretische Perspektive zu rücken, führt vor allem vor die Herausforderung, sich auch im Zusammenhang der Fachdidaktik sowie der Gestaltung von Religionsunterricht weit mehr als bislang üblich Klarheit darüber zu verschaffen, welche Kompetenzen Schülerinnen und Schüler im Religionsunterricht ausbilden sollen und wie erfolgreich der Religionsunterricht in dieser Hinsicht tatsächlich ist.

Auch wer – wie ich selbst – nicht ohne Weiteres davon überzeugt ist, dass sich alle mit dem Religionsunterricht verbundenen Erziehungs- und Bildungsaufgaben in das Modell von Kompetenzen und Standards überführen lassen, kann doch bestätigen, dass dieses Modell eine auch für den Religi-

14 Vgl. *H.-G. Ziebertz* (Hg.), Gender in Islam und Christentum. Theoretische und empirische Studien, Berlin 2010 sowie *F. Schweitzer/M. Bräuer/R. Boschki* (Hg.), Interreligiöses Lernen durch Perspektivenübernahme. Eine empirische Untersuchung religionsdidaktischer Ansätze, Münster/New York 2017.

onsunterricht produktive Diskussion ausgelöst hat.[15] Diese Einschätzung gilt auch für die praktische Gestaltung von (Religions-)Unterricht.[16] Zugleich bleibt festzuhalten, dass die Antwort auf die Frage nach gutem Religionsunterricht sich nicht in der Outcome-Perspektive erschöpfen kann, sondern religionspädagogisch-mehrdimensional entschlüsselt werden muss.

2. Unterrichtsqualität – religionspädagogisch-mehrdimensional entschlüsselt

Bislang war nur von Kompetenzorientierung im Unterricht die Rede, aus der sich eine erste Antwort auf die Frage nach „gutem Religionsunterricht“ ergibt. Unterricht ist so gesehen nur dann „gut“, wenn tatsächlich etwas gelernt werden kann und wenn, anders formuliert, Kompetenzen entwickelt werden können. Es wäre allerdings verfehlt, die sog. Outcome-Orientierung zur einzigen Qualitätsdimension machen zu wollen und alle anderen Dimensionen aus dem Blick zu lassen. Das widerspricht im Übrigen auch der empirischen Bildungsforschung, die bei Qualitätsfragen neben der Wirkungsdimension, die sie selbst erforscht, die normative Bestimmung von Qualität als wesentlich ansieht.[17] Damit ist auch die Bedeutung der Fachdidaktik angesprochen. In manchen Fällen wird die Fach- bzw. Religionsdidaktik aber auch kritisch eingeschätzt: „Die Kluft zwischen der traditionellen, pädagogisch-psychologischen empirischen Unterrichtsforschung einerseits und der – nicht nur in Deutschland – stark normativ und hermeneutisch geprägten, nicht empirisch fundierten Allgemeinen Didaktik bzw. den Fachdidaktiken ist riesengroß“, so werden die Vorbehalte gegen fachdidaktische Perspektiven auch ausdrücklich auf den Punkt gebracht.[18] Aber ist der Vorwurf – *zu „normativ und hermeneutisch“* – wirklich stimmig? Andere wenden zu Recht ein, dass sich Qualitätsmerkmale für den Religionsunterricht zumindest nicht allein mit empirischen Mittel bestimmen lassen, „denn es muss eine Entscheidung darüber gefällt werden, welche Sachverhalte und Wirkungen man als Ausdruck hoher

15 So auch die aus meiner Sicht sehr zustimmungsfähige Einschätzung von *R. Englert*, Bildungsstandards für Religion. Was eigentlich wissen sollte, wer solche formulieren wollte. In: *Sajak*, Bildungsstandards, a. a. O., 9–28.

16 S. als hilfreiche praxisorientierte Einführung *G. Ziener*, Bildungsstandards in der Praxis. Kompetenzorientiert unterrichten, Seelze-Velber 2006.

17 Vgl. *M. Kuntert/U. Trautwein*, Psychologie des Unterrichts, Paderborn 2013 19 f.

18 *A. Helmke/T. Helmke/F.-W. Schrader*, Unterrichtsqualität: Brennpunkte und Perspektiven der Forschung. In: *K.-H. Arnold* (Hg.), Unterrichtsqualität und Fachdidaktik, Bad Heilbrunn 2007, 51–72, 66.

Qualität betrachten will". Solche „normativen Setzungen" seien auch in Zukunft unverzichtbar.[19]

Weithin Beachtung gefunden hat der Vorschlag von Hilbert Meyer, der „guten Unterricht" folgendermaßen definiert:

„*Guter Unterricht* ist ein Unterricht, in dem

(1) im Rahmen einer demokratischen Unterrichtskultur
(2) auf der Grundlage des Erziehungsauftrags
(3) und mit dem Ziel eines gelingenden Arbeitsbündnisses
(4) eine sinnstiftende Orientierung
(5) und ein Beitrag zur nachhaltigen Kompetenzentwicklung aller Schülerinnen und Schüler geleistet wird".[20]

Weiter entfaltet wird diese Definition dann anhand von „Zehn Merkmalen guten Unterrichts": „Klare Strukturierung des Unterrichts, hoher Anteil echter Lernzeit, lernförderliches Klima, inhaltliche Klarheit, sinnstiftendes Kommunizieren, Methodenvielfalt, individuelles Fördern, intelligentes Üben, transparente Leistungserwartungen, vorbereitete Umgebung".[21]

Solche allgemeindidaktischen und schulpädagogischen Überlegungen machen deutlich, dass sich Unterrichtsqualität weder allein empirisch noch im Blick auf die Kompetenzentwicklung bestimmen lässt, so wichtig empirische Unterrichtsforschung sowie die zu erwerbenden Kompetenzen auch sind.[22] Von zentraler Bedeutung ist in diesem Zusammenhang die Unterscheidung zwischen *Produkt*- und *Prozess*qualität: Ein Unterricht, der bei Tests zu guten Ergebnissen führt, muss deshalb noch lange nicht „gut" sein – manches gute Abschneiden bei Leistungsvergleichen lässt sich auch durch gleichsam militärischen Drill erreichen. Wege oder Mittel und Ziele dürfen pädagogisch gesehen aber niemals auseinanderfallen. Zumindest insofern gilt – zugespitzt, wenn auch nicht ausschließlich: Der Weg ist das Ziel – oder besser: Wege und Ziele müssen einander entsprechen.

Vor diesem Hintergrund lässt sich die Religionsdidaktik in sinnvoller Weise auf die Qualitätsdiskussion beziehen, auch wenn in der Religionsdidaktik die Frage nach „gutem Religionsunterricht" lange Zeit wenig Beachtung fand und erst allmählich Einzug in die Lehrbücher findet.[23] Religionsdidaktische

19 *E. Terhart*, Nach PISA. Bildungsqualität entwickeln, Hamburg 2002, 52; vgl. auch *Klieme/Rakoczy*, a. a. O.

20 *H. Meyer*, Was ist guter Unterricht? Berlin ^{2}2004, 13.

21 Ebd., 23 ff.

22 Vgl. dazu als Überblick *F. Schweitzer*, Religionsunterricht erforschen: Aufgaben und Möglichkeiten empirisch-religionsdidaktischer Forschung. In: Zeitschrift für Pädagogik und Theologie 60 (2008), 59–73.

23 Vgl. zum Folgenden: Was ist guter Religionsunterricht? (Jahrbuch der Religionspädagogik 22), Neukirchen-Vluyn 2006, darin bes. *F. Schweitzer*, „Guter Religionsunterricht" – aus der Sicht der Fachdidaktik, 41–51 (aus dieser Darstellung übernehme ich im Folgenden einige Passagen) sowie *R. Englert*, Die Diskussion über Unterrichtsqualität – und was die Religionsdidaktik daraus lernen könnte, 52–64.

Lehrbücher bieten auch dort, wo nicht ausdrücklich von Qualität die Rede ist, häufig Ausführungen zu folgenden Aspekten, die sich als Dimensionen von Unterrichtsqualität begreifen lassen: Ziele, Inhalte, Berücksichtigung der Kinder und Jugendlichen sowie der Unterrichtenden, Methoden, Medien, Raumgestaltung, Umgang mit Zeit, Kommunikationsformen, Arbeits- und Sozialformen, Prinzipien und Grundregeln für die Unterrichtsgestaltung.[24]

Ich selbst habe vorgeschlagen, von *vier übergreifenden Qualitätsdimensionen* für den Religionsunterricht auszugehen: Ziele – Inhalte – Personen – Prozesse.

- *Ziele* des Unterrichts gehen einerseits insofern allen Qualitätsfragen notwendig voraus, als der Unterricht erst anhand bestimmter Ziele beurteilt werden kann. Andererseits können Ziele selbst der Qualitätsfrage unterworfen werden, etwa im Blick auf ihre bildungstheoretische Angemessenheit. Dabei kann auch die empirische Überprüfbarkeit eine Rolle spielen: Für den Unterricht festgelegte Ziele müssen sich zumindest in bestimmten Hinsichten in den erreichten Ergebnissen spiegeln lassen. Auch für den Religionsunterricht wäre der Anspruch auf eine solche Gestaltung abzulehnen, deren Effektivität sich von vornherein jeder Überprüfung entzieht. Ebenso auszuschließen ist aber eine Beschränkung nur auf das, was sich empirisch überprüfen lässt. Im Blick auf solche Verengungen habe ich die provozierende These formuliert: *Das Beste am Religionsunterricht wird von den Standards nicht erfasst.*[25]
  Für den Religionsunterricht spielen die *Inhalte* des Unterrichts eine konstitutive Rolle. Auch eine wie auch immer verstandene „religiöse Kompetenz" ist zumindest im Blick auf das Christentum ohne bestimmte inhaltsbezogene Kenntnisse nicht denkbar. So gibt es beispielsweise keine Kompetenz im Umgang mit der Bibel, die nicht von der Vertrautheit mit bestimmten Schlüsseltexten abhängig wäre. Die Konzentration allein auf allgemeine, nicht von der Kenntnis bestimmter Inhalte abhängige Kompetenzen steht in der Tradition sog. formaler, also nicht inhaltlich oder substanziell bestimmter Bildungstheorien, die bekanntlich zu einer Unterschätzung der Inhaltsdimension tendieren.[26] Insofern ist es nicht überraschend, dass auch in anderen Fächern gegenüber entsprechenden Kompetenzmodellen nachdrücklich auf die unverzichtbare Bedeutung der Inhaltsdimension sowie der entsprechenden Festlegung verbindlicher In-

24 Vgl. z.B. *G. Hilger/S. Leimgruber/H.-G. Ziebertz*, Religionsdidaktik. Ein Leitfaden für Studium, Ausbildung und Beruf, München 2001 (Neuausgabe 2010), *M. Rothgangel/G. Adam/R. Lachmann* (Hg.), Religionspädagogisches Kompendium, Göttingen [8]2013, *U. Baumann u.a.*, Religionsdidaktik. Praxishandbuch für die Sekundarstufe I und II, Berlin 2005.

25 *Schweitzer*, „Guter Religionsunterricht", a.a.O., 46.

26 Dazu inzwischen schon klassisch *W. Klafki*, Studien zur Bildungstheorie und Didaktik, Weinheim/Basel 1963, 25 ff. („Kategoriale Bildung").

halte verwiesen wird.[27] Damit steht auch für die Zukunft fest: Ohne Rückgriff auf bildungstheoretische Analysen ist keine verantwortliche Bestimmung von Unterrichtsqualität möglich. Darüber sollte auch der heute im Zusammenhang der Kompetenzdiskussion verbreitete Hinweis auf das Erfordernis eines sog. Kerncurriculums nicht hinwegtäuschen. Die Frage nach dem Kerncurriculum ist nur eine veränderte Form der Frage nach dem Bildungskanon und führt deshalb vor alle ungelösten Fragen, die sich heute mit dem Kanonproblem verbinden - man denke nur an die zahlreichen (insgesamt aber vergeblichen) Versuche, sich auf einen Literaturkanon für den Deutschunterricht der Gegenwart zu einigen.[28]

- Bei den *Personen* ist in erster Linie an die Schülerinnen und Schüler zu denken, zugleich aber auch an die Lehrerinnen und Lehrer sowie an die Eltern. Im Blick auf Kinder und Jugendliche ist die Qualität von Religionsunterricht davon abhängig, ob es gelingt, den Unterricht auf ihre Lern- und Entwicklungsmöglichkeiten bzw. -bedürfnisse abzustimmen. Dabei sind nicht nur lernpsychologisch-empirische Aspekte zu bedenken, sondern auch übergreifende Fragen wie die, in welchem Maße sich die Kinder und Jugendlichen durch Unterricht und Lehrpersonen persönlich oder existenziell angesprochen, unterstützt und angenommen fühlen. Dazu gehört beispielsweise die heute eher selten genannte Frage nach der Glaubwürdigkeit von (Religions-)Lehrerinnen und Lehrern, die sich im Übrigen einer empirischen Untersuchung keineswegs entzieht.[29]
  Nicht verwechselt werden sollte die Frage nach Personen mit der Resonanz, die der Unterricht beispielsweise in der Schüler- oder Lehrerschaft findet. Zwar ließe sich nur schwerlich behaupten, dass Religionsunterricht dann „gut" sei, wenn alle mit ihm unzufrieden sind, aber umgekehrt dürfen „beliebt" und „gut" in diesem Zusammenhang nicht einfach miteinander gleichgesetzt werden.[30]
- Der Bezug auf *Prozesse* als einer übergreifenden Qualitätsdimension schließt verschiedene Aspekte ein: Kommunikations-, Arbeits- und Sozialformen, den Umgang mit Räumen und Zeit, aber auch religionsdidaktische Ansätze (u.a. sog. Konzeptionen: Bibelorientierung, Problemorientierung, Symboldidaktik usw.), Prinzipien und Regeln für die

27 Z. B. *Weißeno*, Politikkompetenz, a.a.O, 13.

28 Dieses Problem bleibt auch bei dem von der EKD herausgegebenen Kerncurriculum ungelöst; vgl. Kerncurriculum für das Fach Evangelische Religionslehre in der gymnasialen Oberstufe. Themen und Inhalte für die Entwicklung religiöser Kompetenzen, hg. vom *Kirchenamt der EKD*, Hannover 2010 (ekd-texte 109).

29 Vgl. dazu *A. Biesinger/J. Münch/F. Schweitzer*, Glaubwürdig unterrichten. Biographie – Glaube – Unterricht, Freiburg u. a. 2008 auch mit empirischen Befunden. Auf Fragen der Lehrerbildung und Professionalisierung kann an dieser Stelle nur verwiesen werden.

30 So zu Recht auch *A. Bucher*, Religionsunterricht zwischen Lernfach und Lebenshilfe. Eine empirische Untersuchung zum katholischen Religionsunterricht in der Bundesrepublik Deutschland, Stuttgart u. a. 2000, 26.

Unterrichtsgestaltung sowie Formen der Themenkonstitution (Transformation von Inhalten in Themen). Es ist ein Nachteil u. a. der PISA-Untersuchungen, dass Unterrichtsprozesse dort nicht berücksichtigt werden. Zugleich fehlt es allerdings auch in der Religionsdidaktik an empirischen Befunden zur Prozessqualität von Religionsunterricht.[31] Es wäre deshalb besonders wichtig, das Bemühen um „guten Religionsunterricht“ dadurch weiter voranzutreiben, dass ausdrücklich auch die Prozessqualität dieses Unterrichts empirisch erforscht wird.

„Guter Religionsunterricht“ lässt sich nur mehrdimensional bestimmen. Dies bedeutet aber keineswegs, dass die Wirkungen oder Lernergebnisse, wie sie von den Outcome-Standards gemessen werden, deshalb gleichgültig wären. Insofern bleibt eine Evaluation von Unterrichtsqualität anhand von Bildungsstandards bedeutsam. Die Gesamtevaluation von Unterricht sollte sich aber auf sämtliche Qualitätsdimensionen beziehen.[32] Die Bereitschaft zur Evaluation ist selbst ein Merkmal „guten Religionsunterrichts“, nicht nur im Blick auf Schulleistungsvergleiche, sondern auch aus fachdidaktischer Sicht.

Vor diesem Hintergrund lässt sich nun auch genauer sagen, welchen Beitrag der Elementarisierungsansatz zu „gutem Religionsunterricht“ zu leisten vermag.

3. Elementarisierung als Beitrag zu „gutem Religionsunterricht“

Von einem „Beitrag“ der Elementarisierung zu „gutem Religionsunterricht“ ist insofern einschränkend zu sprechen, als Elementarisierung eine notwendige, aber nicht hinreichende Voraussetzung für Unterrichtsqualität darstellt. Zugleich soll aber auch deutlich werden, dass Elementarisierung tatsächlich – als eine notwendige Voraussetzung – zu „gutem Religionsunterricht“ beiträgt.

Geht man von den Merkmalen guten Unterrichts aus, wie sie von der Allgemeinen Didaktik und von der Pädagogischen Psychologie oder empirischen Bildungsforschung geboten werden, ist leicht zu erkennen, dass Unterrichtsqualität von einer Reihe von Faktoren beeinflusst wird, die in der Regel nicht in der Fachdidaktik behandelt werden, weil sie nicht nur ein bestimmtes Fach, sondern Aufgaben für allen Unterricht bezeichnen. Dazu gehören etwa Fragen der effizienten Klassenführung und der Zeitnutzung, des Unterrichtsklimas, der Förderung sowohl der einzelnen Schülerinnen und Schüler als auch allgemein eines aktiven, speziell eines kognitiv aktivierenden Lernens, des Übens, der Leistungsbewertung sowie der Ausgestaltung von Lernumgebung

31 Vgl. *Schweitzer*, Religionsunterricht erforschen, a.aO., 66 f. Zum aktuellen Stand vgl. *F. Schweitzer/R. Boschki* (Hg.), Researching Religious Education: Classroom Processes and Outcomes, Münster/New York (i. Dr.).

32 Vgl. *Schweitzer*, Religionspädagogik, aaO., 131 ff.

und Schulkultur.[33] Die mit allen diesen Aspekten verbundenen Anforderungen lassen sich zwar nur in enger Verbindung mit der fachlich-inhaltlichen Arbeit erfüllen. Insofern besteht ein durchaus beständiger Zusammenhang zur Fachdidaktik. Gleichwohl werden solche Anforderungen in der fachdidaktischen Diskussion, auch im Bereich der Elementarisierung, in der Regel nicht eigens erörtert. Insofern kann auch für den Elementarisierungsansatz keineswegs beansprucht werden, dass er eine hinreichende, alle bedeutsamen Aspekte umfassende Antwort auf die Frage nach „gutem Religionsunterricht" geben könnte.

Die allgemeindidaktischen und pädagogisch-psychologischen Merkmalkataloge zur Unterrichtsqualität lassen zugleich erkennen, dass sie in bestimmten Hinsichten fachdidaktisch ergänzt und erweitert werden müssen. Anforderungen wie inhaltliche Klarheit, Schülerorientierung und Anpassung an die jeweiligen Lernvoraussetzungen, aber auch die klare Strukturierung von Aufgabenstellungen und Erklärungen der Inhalte können im Religionsunterricht ohne Berücksichtigung der spezifisch fachlichen (vor allem theologischen und religionspädagogischen) Zusammenhänge gar nicht erfüllt oder angemessen erörtert werden. Dies lässt sich noch weiter zuspitzen: Die in der pädagogisch-psychologischen Lehr-Lern-Forschung gebotenen Darstellungen zur Unterrichtsqualität könnten dazu führen, dass das Gewicht fachlich-inhaltlicher Erschließungsprozesse unterschätzt wird. Beispielsweise hilft eine gelungene Klassenführung allein nicht weiter, wenn der Religionsunterricht die lebensbezogenen Fragen und Orientierungsbedürfnisse von Kindern und Jugendlichen nicht erreicht. Allerdings gilt auch umgekehrt: Inhaltliche Qualität erspart nicht das Bemühen um angemessene Klassenführung oder andere allgemeine Qualitätsmerkmale.

Als Ergebnis lässt sich festhalten, dass die fachdidaktische Elementarisierung zur Ausprägung bestimmter Merkmale von Unterrichtsqualität beitragen kann, insbesondere im Blick auf den Umgang mit Unterrichtsinhalten, ein verstehendes Lernen und die Schülerorientierung. Im weiteren Sinne unterstützt die Elementarisierung damit auch Aspekte wie Motivation und Methodenvielfalt. Noch offen soll an dieser Stelle bleiben, was Elementarisierung zur Kompetenzorientierung von (Religions-)Unterricht beitragen kann. Diese Frage soll im nächsten Kapitel aufgenommen werden.

Am Ende dieses ersten Kapitels sind noch zwei weiterreichende Überlegungen wichtig. „Guter Religionsunterricht" ist nicht nur eine Frage der Erschließung von Inhalten, sondern hängt auch von der Auswahl der Inhalte selbst ab. Daran wird auch in der Diskussion über Kompetenzen erinnert, wenn gesagt wird, dass Kompetenzen bildungstheoretische Entscheidungen voraussetzen. Eine entsprechende Ausarbeitung des Elementarisierungsansatzes, die ihren Niederschlag dann etwa in der elementarisierenden Gestal-

33 Vgl. A. *Helmke*, Unterrichtsqualität und Lehrerprofessionalität. Diagnose, Evaluation und Verbesserung des Unterrichts, Seelze [5]2014.

tung von Lehr- oder Bildungsplänen finden könnte, liegt bisher nicht vor. In dieser Hinsicht bietet der Elementarisierungsansatz jedoch zumindest Kriterien, die eine kritische Überprüfung der Auswahl von Unterrichtsinhalten, etwa im Blick auf ihre Zugänglichkeit oder ihre Lebensbedeutung für Kinder und Jugendliche, möglich machen.

Schließlich: „Guter Religionsunterricht“ hängt wie jeder Unterricht in hohem Maße von den Lehrerinnen und Lehrern als Personen ab.[34] Aspekte wie Engagement und Lehrmotivation, kommunikative Fähigkeiten, fachwissenschaftliche und diagnostische Expertise sind hier besonders wichtig. Aufgrund des spezifischen Charakters von Religionsunterricht kommen dazu noch weitere Hinsichten, etwa die der bereits genannten Glaubwürdigkeit des Unterrichts.[35] Deshalb habe ich vorgeschlagen, dass sich der Elementarisierungsansatz verstärkt nicht nur auf die Schülerinnen und Schüler, sondern auch auf die Unterrichtenden beziehen sollte.[36] Die Öffnung und Sensibilisierung für dialogische Unterrichtsprozesse setzt eigene – „elementare“ – Klärungen der Unterrichtenden voraus. Elementarisierung wird so gesehen zu einer Herausforderung auch für die (Religions-)Lehrerbildung.[37]

34 Vgl. den Überblick bei *Helmke*, a. a. O., 103 ff.

35 *Biesinger/Münch/Schweitzer*, a. a. O.

36 *F. Schweitzer* mit weiteren Beiträgen von *K.E. Nipkow u. a.*, Elementarisierung im Religionsunterricht. Erfahrungen, Perspektiven, Beispiele, Neukirchen-Vluyn [4]2013, 214.

37 Vgl. dazu den Beitrag von *P. Kliemann* im vorliegenden Band.

Friedrich Schweitzer

Elementarisierung als Weg zum Kompetenzerwerb

Im vorangehenden ersten Kapitel hat sich ergeben, dass sich die Frage nach „gutem Religionsunterricht" nur bei gleichzeitigem Rückgriff auf Perspektiven der Fachdidaktik und der Kompetenzorientierung angemessen beantworten lässt. Auch Produkt- und Prozessorientierung müssen dabei gleichermaßen berücksichtigt werden. Die Outcome- oder Kompetenzorientierung darf sinnvollerweise nicht dazu führen, dass nach der Prozessqualität von Religionsunterricht nicht mehr gefragt wird.

Eine gleichzeitige Berücksichtigung der Qualitätskriterien von Religionsdidaktik und Kompetenzorientierung setzt allerdings voraus, dass diese beiden Bezugsgrößen nicht einfach nebeneinander stehen. Genau genommen gehört auch die Kompetenzorientierung zur Didaktik. Wenn Religionsdidaktik die Theorie des Lehrens und Lernens im Religionsunterricht sein soll, muss sie auch die Frage nach den Kompetenzen einschließen.[1] Mit dieser an der Definition von Religionsdidaktik orientierten und insofern noch bloß formalen Forderung ist allerdings noch wenig gewonnen. Aufgezeigt werden müssen die inneren Zusammenhänge in der Sache selbst, so dass die Verknüpfung von Religionsdidaktik und Kompetenzorientierung einleuchten kann.

Im Folgenden soll dabei nicht die Religionsdidaktik insgesamt in den Blick genommen werden, sondern gleichsam exemplarisch der religionsdidaktische Ansatz der Elementarisierung.[2] Die Konzentration auf den Elementarisierungsansatz entspricht der Thematik des vorliegenden Bandes sowie weitergehend der Überzeugung, dass dieser Ansatz noch immer produktive Impulse für die Religionsdidaktik enthält, die bislang noch nicht ausgeschöpft sind. Darüber hinaus empfiehlt sich der Elementarisierungsansatz im vorliegenden Zusammenhang noch aus einem weiteren Grund: Wie besonders Rudolf Englert gezeigt hat, eignen sich die sog. religionspädagogischen Konzeptionen nur wenig als Grundlage für ein Modell von Kompetenzen und Bildungsstandards. Sie seien „zu sehr ideenpolitisch-programmatischer Natur, als dass sie ein über positionelle Differenzen hinwegtragendes, verbindliches Fundament für die

1 Vgl. *F. Schweitzer*, Religionspädagogik, Gütersloh 2006, 137 ff., wo ein solches Verständnis von Religionsdidaktik breiter entfaltet wird.

2 Mit dieser Zuspitzung wird dieser Ansatz dargestellt bei *F. Schweitzer* in Zus. mit *K.E. Nipkow u. a.*, Elementarisierung im Religionsunterricht. Erfahrungen, Perspektiven, Beispiele, Neukirchen-Vluyn [4]2013.

Begründung religionsunterrichtlicher Bildungsstandards bieten könnten".[3] Zu Recht ist festgestellt worden, dass sich der Elementarisierungsansatz nicht in die Reihe der „Konzeptionen" einreihen lässt.[4] Die Elementarisierungsfrage steht vielmehr gleichsam quer zu den „Konzeptionen": „Das Elementarisierungsproblem betrifft alle Konzeptionen in entsprechender Weise. Elementarisierung ist ein durchgehendes didaktisches Prinzip [...] Es geht also um die Frage nach *Qualität* und *Profil* [...]"[5] Aus meiner Sicht empfiehlt gerade dies den Elementarisierungsansatz als mögliche Grundlage für eine Verknüpfung zwischen Religionsdidaktik und Kompetenzorientierung, die dann nicht nur im Horizont etwa einer einzelnen „Konzeption" einzuleuchten vermag.

1. Zur Verknüpfung von Religionsdidaktik und Kompetenzorientierung

Zur Verknüpfung von Religionsdidaktik und Kompetenzorientierung bieten sich prinzipiell zwei verschiedene Wege an. Denkbar ist es, von einem der religionspädagogischen Kompetenzkataloge auszugehen[6] und zu fragen, welche Implikationen bestimmte Kompetenzen im Blick auf die Unterrichtsgestaltung einschließen. Ein solches Vorgehen ist durchaus sinnvoll. Wer beispielsweise in erster Linie an wissensbezogenen Kompetenzen interessiert ist, wird eine andere Unterrichtsgestaltung vorziehen, als diejenigen, die in erster Linie Handlungskompetenzen anstreben. Und soweit bei den Kompetenzen auch Emotionen und Einstellungen berücksichtigt werden sollen, wie dies im Anschluss an das Kompetenzverständnis von Franz E. Weinert der Fall ist[7], muss der Religionsunterricht noch einmal anders ausgerichtet sein. Insofern besitzen Kompetenzen immer auch prozessbezogene Implikationen hinsichtlich der Unterrichtsgestaltung.

3 *R. Englert*, Bildungsstandards für Religion. Was eigentlich wissen sollte, wer solche formulieren wollte. In: *C.P. Sajak* (Hg.), Bildungsstandards für den Religionsunterricht – und nun? Perspektiven für ein neues Instrument im Religionsunterricht, Berlin 2007, 9–28, 16.

4 *P. Biehl/M. Rothgangel*, Hat die Rede von Konzeptionen noch ihr Recht? Ein Briefwechsel zur jüngeren Geschichte der Religionspädagogik. In: *H.F. Rupp/R. Wunderlich/M. L. Pirner* (Hg.), Denk-Würdige Stationen der Religionspädagogik. Festschrift für Rainer Lachmann, Jena 2005, 427–442.

5 Ebd., 431 (*P. Biehl*); die Überlegungen Biehls treffen in dieser Hinsicht zu, weniger allerdings in anderen Hinsichten. Die Frage nach „Qualität" und „Profil" bedeutet nicht, dass die anderen Elementarisierungsdimensionen deshalb von mir preisgegeben würden, vgl. *Schweitzer*, Elementarisierung im Religionsunterricht, a. a. O.

6 Zu diesen Katalogen s. o., S. 10 f.

7 Vgl. *F.E. Weinert*, Vergleichende Leistungsmessung in Schulen – eine umstrittene Selbstverständlichkeit. In: *Ders.* (Hg.), Leistungsmessungen in Schulen, Weinheim/Basel ^{2}2002, 17–32, 27 f.

Der andere Weg geht umgekehrt von der Religionsdidaktik bzw. vom Elementarisierungsansatz aus. Er führt zu der komplementären Frage, welche Implikationen für den Kompetenzerwerb dieser Ansatz in sich schließt.

Im Folgenden möchte ich den zweiten Weg verfolgen, weil es auf diese Weise möglich wird, das Verständnis der verschiedenen Elementarisierungsdimensionen noch einmal knapp zu profilieren.[8] Darüber hinaus liegt das innovative Moment des vorliegenden Bandes im Einbezug fachdidaktischer Perspektiven auf die Kompetenzorientierung, wodurch ein einseitiges Denken nur von den Unterrichtsergebnissen her vermieden werden soll. Und schließlich – für die Praxis des Unterrichts aber keineswegs an letzter Stelle – führt der von der Religionsdidaktik ausgehende Weg zu Recht vor Augen, dass im Religionsunterricht auch dann Kompetenzen erworben werden können, wenn der Unterricht nicht ausdrücklich „kompetenzorientiert" sein soll. Kompetenzorientierung fordert keineswegs eine Abkehr von allem, was in der Praxis von Religionsunterricht als gut und richtig gelten kann.

2. Kompetenzen im Elementarisierungsansatz

In diesem Abschnitt soll nun der fachdidaktische Ansatz der Elementarisierung mit der Forderung nach kompetenzorientiertem Unterricht verknüpft werden. Diese Verknüpfung führt über den ursprünglichen Ansatz der Elementarisierung hinaus. Der Kompetenzerwerb spielte bei diesem Ansatz zunächst keine ausdrückliche Rolle. Welche Fähigkeiten oder eben Kompetenzen bei elementarisierendem Religionsunterricht erworben oder ausgebildet werden können, blieb im Hintergrund und wurde nicht genauer geprüft. Leitend war stattdessen die Frage nach der Gestaltung von Unterricht durch die Lehrenden. Insofern war schon immer deutlich, dass das Elementarisierungsmodell starke Implikationen im Blick auf Lehrerkompetenzen aufweist. Hinsichtlich der Schülerinnen und Schüler hingegen wurden eher die herkömmlichen didaktischen und bildungstheoretischen Kategorien (Erschließung, Lernziele u. Ä.) verwendet.

Zur Beantwortung der Frage nach den durch elementarisierenden Unterricht zu erwerbenden Kompetenzen folge ich den fünf bekannten Elementarisierungsdimensionen und nutze diese Gelegenheit dazu, die einzelnen Dimensionen zu konturieren. Leserinnen und Leser, die mit dem Elementarisierungsansatz noch nicht vertraut sind, werden die knappe Beschreibung vielleicht als zu knapp und als zu wenig informativ empfinden. Deshalb sei noch einmal auf die ausführlicheren Darstellungen mit einführendem Charakter verwiesen.[9]

8 Ausführlich bei *Schweitzer*, Elementarisierung im Religionsunterricht, a. a. O.

9 Bes. *Schweitzer*, Elementarisierung im Religionsunterricht, a. a. O., 9–30.

Jeder der fünf Elementarisierungsdimensionen werden im Folgenden eine oder zwei Kompetenzen zugeordnet. Auf diese Weise soll deutlich werden, welche Art und Ausrichtung von Kompetenzen in einer Erschließungsdimension im Vordergrund stehen. Dies schließt ein, dass jeweils auch noch weitere Kompetenzen berührt sind, die bei einer bestimmten inhaltlichen Ausgestaltung für die Bearbeitung eines Themas ebenfalls in den Vordergrund treten können. Insofern weist die Vorgehensweise an dieser Stelle einen heuristischen und dialogischen Charakter auf: Zunächst werden im vorliegenden Kapitel den fünf Elementarisierungsdimensionen Kompetenzen zugeordnet. Im zweiten Teil des Buches wird dann weniger von den Elementarisierungsdimensionen als vielmehr von bestimmten thematischen Zusammenhängen und Unterrichtsbeispielen her nach Kompetenzen gefragt, wobei im Vergleich zu der ersten Zuordnung weitere Kompetenzen in den Blick kommen. Im letzten Teil des Buches wird die Frage nach dem Zusammenhang von Elementarisierung und Kompetenzerwerb noch einmal in zusammenfassender Weise aufgenommen.

Die Darstellung im Folgenden bringt ein Nacheinander der Elementarisierungsdimensionen und damit auch der ihnen zugeordneten Kompetenzen mit sich. Mit dieser Form der Darstellung kehrt eine Schwierigkeit wieder, auf die schon bei früheren Darstellungen zum Elementarisierungsansatz ausdrücklich verwiesen wurde: Die lineare Beschreibung der Elementarisierungsdimensionen als Abfolge darf nicht darüber hinwegtäuschen, dass alle diese Dimensionen einen Zusammenhang im Sinne der in der Didaktik sog. Interdependenz bilden. So lassen sich beispielsweise die „elementaren Strukturen" gerade nicht von den „elementaren Zugängen" ablösen. Entsprechendes gilt dann auch für die Kompetenzen, deren Erwerb in den Interdependenzzusammenhang einbezogen ist.

Elementare Strukturen

Bei dieser Elementarisierungsdimension stehen didaktische Aufgaben der Auswahl, Konzentration, Reduktion und Vereinfachung im Zentrum. Das Wesentliche eines Themas oder Problems soll hervortreten, was eine Reduktion der (Stoff-)Fülle voraussetzt sowie nach einer Vereinfachung des Schwierigen und Komplexen verlangt. Bei alldem soll der Kern der Sache nicht verloren gehen, sondern gerade plastisch hervortreten.

In dieser Hinsicht geht es vor allem um *Sachkompetenz* als Vertrautheit mit einer Sache oder einem Thema. Besonderer Nachdruck liegt darauf, dass das Wesentliche einer Sache erfasst und durchdrungen, also nicht etwa durch Nebensächlichkeiten verdunkelt oder verdrängt wird. Die zu erwerbende Sachkompetenz lässt sich in unterschiedlichen Hinsichten ausdifferenzieren – beispielsweise im Blick auf biblische Inhalte oder religiöse Sprachformen, im Blick auf die Geschichte des Christentums oder die Gegenwart von Kirche sowie auf religiöse Aspekte in der Kultur der Gegenwart oder ethische Probleme und Herausforderungen. In zusammenfassender Form kann auch, wie etwa im Bildungsplan für Baden-Württemberg von 2003, von „religiöser Kompetenz“ gesprochen werden[10], dann im Sinne einer Vertrautheit mit religiösen oder christlichen Überlieferungen, Glaubensweisen, Institutionen und weiteren Aspekten sowie mit deren theologischer Deutung.

Elementare Zugänge

Die Verbindung zwischen elementaren Strukturen und Sachkompetenz ist einigermaßen evident. Es lässt sich kaum bezweifeln, dass eine solche Sachkompetenz im Religionsunterricht gefördert werden soll und auch gefördert werden kann. Schwieriger ist die Frage, welche Kompetenz sich mit der Dimension der elementaren Zugänge verbinden lässt. Denn diese Elementarisierungsdimension bezieht sich auf die unterschiedlichen Weltzugänge von Kindern, Jugendlichen und Erwachsenen. Sie berücksichtigt dabei u. a. entwicklungspsychologische Erkenntnisse und konstruktivistische Perspektiven. Insofern geht es um entwicklungsbedingte Zugänge oder einfach um die Art und Weise, wie Kinder und Jugendliche die Welt konstruieren.[11] Die besonderen Weltzugänge der Lernenden sollen berücksichtigt werden – dies ist eine der zentralen Forderungen, die den Elementarisierungsansatz auszeichnen, besonders im Blick auf Kinder und Jugendliche. Deren Eigenrecht soll gewahrt werden, nicht nur aufgrund didaktisch-praktischer Erwägungen, sondern aufgrund (theologisch-)anthropologischer und pädagogischer Voraussetzungen. An dieser Stelle wird auch die enge Verbindung zwischen Elementarisierung und der Kinder- oder Jugendtheologie deutlich.[12]

Damit zielt die Elementarisierungsdimension der elementaren Zugänge zunächst auf die Lehrenden, die auf die besonderen Weltzugänge und Verstehensweisen von Kindern und Jugendlichen aufmerksam gemacht werden. Diese Akzentuierung impliziert allerdings zugleich eine Unterstützung für die Lernenden in ihren jeweiligen Verstehensmöglichkeiten, die sie üben und dadurch weiter entwickeln können sollen. In entwicklungspsychologischen Untersuchungen werden diese Verstehensmöglichkeiten – vor allem bei Fritz Oser – mit dem Begriff des (religiösen) Urteils verbunden.[13] Als zu erwerbende Kompetenz

10 Vgl. oben, S. 12.

11 Zum Konstruktivismus sowie konstruktivistischen Ansätzen in der (Religions-)Didaktik, vgl. *G. Büttner* (Hg.), Lernwege im Religionsunterricht. Konstruktivistische Perspektiven, Stuttgart 2006. Inzwischen gibt es dazu auch ein eigenes Jahrbuch für konstruktivistische Religionsdidaktik (hg. von *G. Büttner u. a.)*.

12 Vgl. *F. Schweitzer*, Kindertheologie und Elementarisierung. Wie religiöses Lernen mit Kindern gelingen kann, Gütersloh 2011.

13 So bes. *F. Oser/P. Gmünder*, Der Mensch – Stufen einer religiösen Entwicklung. Ein strukturgenetischer Ansatz, Zürich/Köln 1984; zur Thematik vgl. als Überblick *F. Schweitzer*, Lebens-

kommt so gesehen vor allem das jeweilige Urteilsvermögen in den Blick. Urteilsfähigkeit ist dabei im weitesten Sinne zu verstehen als die Art und Weise, in der das Verhältnis zwischen Gott und Mensch, Transzendenz und Immanenz bestimmt oder konstruiert und gedeutet wird. Die Entwicklung von Urteilsfähigkeit kann angeregt werden, indem Lernende mit Problemen konfrontiert werden, die sich mit der ihnen zur Verfügung stehenden (Urteils-)Kompetenz nicht oder jedenfalls nicht ohne Weiteres lösen lassen. Im Zusammenhang einer an der Entwicklungspsychologie orientierten Didaktik ist dies genauer untersucht worden. Eine Anregung zur Weiterentwicklung des religiösen Urteils ist dann zu erwarten, wenn eine Person mit Argumenten der nächsthöheren Stufe konfrontiert wird, beispielsweise bei der von Oser beschriebenen Stufe 2 (do ut des) mit dem Argument, Gott lasse dem Menschen doch eigene Freiheit zum Handeln, weshalb auch nicht mit einer Strafe zu rechnen sei, wenn der Mensch diese Freiheit nutzt (Stufe 3). Durch dieses Argument wird die Annahme, die Beziehung zwischen Gott und Mensch folge dem Proporz von Geben und Nehmen, in Frage gestellt. Im Bereich der Entwicklung des moralischen Urteils ist die Wirksamkeit einer solchen gezielten Anregung von Entwicklung gut belegt (sog. +1-Methode).[14]

Als These lässt sich formulieren: Elementarisierender Unterricht trägt dann zur *Urteilskompetenz* bei, wenn ein gegebener Entwicklungsstand gezielt überschritten und wenn die weitere Entwicklung auf diese Weise angeregt wird.

Elementare Erfahrungen

Gemeint sind hier an erster Stelle die Erfahrungen heutiger Menschen, die im Unterricht aufgenommen werden sollen. Darüber hinaus zielt die Elementarisierungsdimension der elementaren Erfahrungen aber auch auf die Erfahrungshintergründe, die in einem biblischen Text oder bei einem Thema angesprochen sind. Die Hervorhebung solcher Erfahrungshintergründe soll eine Verknüpfung besonders mit den gegenwärtigen Erfahrungen von Kindern und Jugendlichen erleichtern.

Die Konzentration auf den Aspekt der Erfahrungen schließt bestimmte Fähigkeiten ein – Fähigkeiten im Blick auf den Umgang mit eigenen Erfahrungen, also Selbstwahrnehmung sowie eine entsprechende Sprachfähigkeit, die es erlaubt, über eigene und fremde Erfahrungen zu kommunizieren. Man kann die Dimension der elementaren Erfahrungen deshalb am ehesten mit der

geschichte und Religion. Religiöse Entwicklung und Erziehung im Kindes- und Jugendalter, Gütersloh [8]2016.

14 Im Blick auf den Religionsunterricht vgl. dazu *F. Oser*, Wieviel Religion braucht der Mensch? Erziehung und Entwicklung zur religiösen Autonomie, Gütersloh 1988, *F. Schweitzer/K. E. Nipkow/G. Faust-Siehl/B. Krupka*, Religionsunterricht und Entwicklungspsychologie. Elementarisierung in der Praxis, Gütersloh [2]1997.

Sprachkompetenz verbunden sehen sowie – mit einem Begriff, gegen den sich auch Vorbehalte formulieren lassen, gesprochen – der *Selbstkompetenz* als der Fähigkeit, mit sich selber umzugehen.[15] Der Erwerb von Sprachkompetenz oder Selbstkompetenz setzt freilich voraus, dass Erfahrungen im Unterricht nicht einfach nur von den Unterrichtenden angesprochen oder präsentiert werden, sondern dass die Kinder und Jugendlichen selber Gelegenheit bekommen, ihre Erfahrungen zu artikulieren. Ein solches Bildungsverständnis ist der pädagogischen Tradition keineswegs fremd. Die berühmte Befreiungspädagogik von Paulo Freire zielt im Kern auf die Verknüpfung einer kritischen Auseinandersetzung mit der eigenen Erfahrungs- und Lebenswelt einerseits und der Ausbildung einer darauf bezogenen Sprachfähigkeit als Voraussetzung von Freiheit und Autonomie andererseits.[16] Alphabetisierung als Zugang zur Schriftkultur wird bei Freire so ausgelegt, dass sie die Handlungskompetenz als Ausdruck persönlicher Autonomie stärkt oder sogar – bei Freires Arbeit mit den „Unterdrückten" – allererst ermöglicht.

Elementare Formen des Lernens

Elementarisierung ist nicht nur eine Frage der Inhalte und der thematischen Erschließung. Sie impliziert vielmehr eine Unterrichtskultur, die es Kindern und Jugendlichen erlaubt, als aktive Subjekte tätig zu werden, ihre Erfahrungen einzubringen und neue Erfahrungen zu machen. Gemeint ist also keineswegs allein, dass den im Blick auf Strukturen, Zugänge und Erfahrungen erschlossenen Themen nun noch entsprechende Methoden hinzugefügt werden sollen, auch wenn selbstverständlich die im Unterricht eingesetzten Methoden für diese Elementarisierungsdimension eine hervorgehobene Rolle spielen.

Erneut ist damit in erster Linie eine Kompetenz der Unterrichtenden angesprochen. Die Unterrichtenden müssen über die Fähigkeit zu einer auch im Blick auf die Lernformen elementarisierenden Unterrichtsgestaltung verfügen. Zugleich wird heute aber in der gesamten schulischen Bildungsdiskussion der *Methodenkompetenz* auch im Blick auf die Schülerinnen und Schüler ein hoher Stellenwert beigemessen. Kinder und Jugendliche sollen von Anfang an mit Methoden vertraut gemacht werden, die sie dann in unterschiedlichen Bereichen einsetzen können: Methoden des Recherchierens und des Präsentierens, aber auch Methoden pädagogischer und didaktischer Art, die nicht nur Erwachsenen nützlich sein können.

15 Problematisch ist der Begriff der „Selbstkompetenz" insofern, als sich das Verhältnis zu sich selbst nur in einem übertragenen Sinne als ein „Umgehen mit" beschreiben lässt. Der Mensch ist sich selber kein Gegenstand.

16 *P. Freire*, Pädagogik der Unterdrückten. Bildung als Praxis der Freiheit, Stuttgart 1971, vgl. auch *E. Lange*, Sprachschule für die Freiheit. Bildung als Problem und Funktion der Kirche, München/Gelnhausen 1980.

Elementarisierender Religionsunterricht trägt dann zur Methodenkompetenz bei, wenn dabei nicht nur eine bestimmte methodische Kompetenz der Unterrichtenden zum Tragen kommt, sondern wenn die Schülerinnen und Schüler selbst in Stand gesetzt werden, kompetent Methoden einzusetzen. Dazu gehört dann auch ein entsprechendes Bewusstsein im Hinblick darauf, dass man eine solche Methodenkompetenz erworben hat und nun über sie verfügt. Kinder und Jugendliche sollen wissen, dass sie etwas können.

Elementare Wahrheiten

Diese Elementarisierungsdimension betrifft die Auseinandersetzung mit existenziellen Fragen sowohl des Glaubens als auch des Lebens. Gemeint ist nicht die Vermittlung festliegender Wahrheiten, die gar nicht mehr hinterfragt werden dürften. Vielmehr geht es um das Angebot der Möglichkeit, nicht nur *über* Wahrheitsfragen zu sprechen (dritte Person-Perspektive), sondern sich dialogisch mit Wahrheitsansprüchen auseinanderzusetzen (zweite Person-Perspektive: Ich und Du). Beispielsweise erschöpfen sich biblische Geschichten keinesfalls in der Beschreibung objektiver Tatsachen oder geschichtlicher Ereignisse. Stattdessen steht die Sicht von Mensch und Wirklichkeit aus der Perspektive des Glaubens auf dem Spiel. Sich auf diese Geschichten einzulassen und sich von ihnen ansprechen zu lassen bedeutet deshalb auch, ihrem Wahrheitsgehalt nachzuspüren, nicht zuletzt in Bezug auf die eigene Person.

Als Kompetenz beschrieben werden kann im Blick auf die elementaren Wahrheiten am ehesten die *Orientierungskompetenz* oder, weiter spezifiziert, die *religiöse* bzw. *existenzielle Orientierungskompetenz*. Da bei den elementaren Wahrheiten in unserer Gegenwart immer auch konkurrierende Geltungs- und Wahrheitsansprüche auftreten, sollte die Dimension der elementaren Wahrheiten zugleich einen dialogischen Charakter gewinnen. Hier bieten sich Übergänge an zum interreligiösen Lernen. Kinder, Jugendliche oder Erwachsene lernen, kommunikativ oder eben dialogisch mit einander widersprechenden Glaubensüberzeugungen umzugehen. Deshalb kann auch von *Dialogkompetenz* gesprochen werden.

Zusammenfassender Überblick: *Elementarisierungsdimensionen und Kompetenzen*

Als heuristischer Ausgangspunkt für die angestrebte Verknüpfung zwischen Elementarisierungsdimensionen und Kompetenzen ergibt sich also folgendes Bild[17]:

17 Unten (S. 178) findet sich eine weitere Übersicht, in der die vorliegende Übersicht mit den in

Dimensionen der Elementarisierung	**Heuristische Zuordnung zu Kompetenzen**
Strukturen	*Sachkompetenz*
Erfahrungen	*Sprachkompetenz, Selbstkompetenz*
Zugänge	*Urteilskompetenz*
Lernformen	*Methodenkompetenz*
Wahrheiten	*Orientierungskompetenz, Dialogkompetenz*

3. Elementarisierung als Konsequenz von Kompetenzorientierung?

Die Diskussion über Kompetenzen und Standards für den evangelischen Religionsunterricht hat (noch) nicht zu einem abschließenden Ergebnis geführt, wohl aber zu einer breiten Diskussion.[18] Als Konsens kann jedoch gelten, dass auch die Festlegung von Kompetenzen und Standards den Grundanforderungen der Religionsdidaktik der Gegenwart entsprechen muss. Dies schließt beispielsweise das Ausgehen von den Kindern und Jugendlichen als einem wesentlichen Bezugspunkt für den Religionsunterricht ein.

Zur weiteren Konkretion beziehe ich mich beispielhaft auf eine Kompetenz aus dem Orientierungsrahmen der EKD:[19]

„Den eigenen Glauben und die eigenen Erfahrungen wahrnehmen und zum Ausdruck bringen sowie vor dem Hintergrund christlicher und anderer religiöser Deutungen reflektieren."

Bei dieser Kompetenz, wie sie hier beschrieben wird, tritt deutlich hervor, dass es sich um eine subjekt- und erfahrungsbezogene Kompetenzbeschreibung handeln soll. Deshalb wird an erster Stelle der „eigene Glaube" angesprochen und eine Verbindung zu den eigenen „Erfahrungen" gesucht.

Diese Beschreibung besitzt starke Implikationen im Blick auf die Gestaltung eines Religionsunterrichts, der den Erwerb dieser Kompetenz unterstützen soll. Dieser Unterricht muss nämlich dafür offen sein, dass Kinder und Jugendliche wirklich ihren eigenen Glauben zum Ausdruck bringen. Er muss

den thematischen Entfaltungen und Unterrichtsbeispielen (Teil 2 des vorliegenden Bandes) angesprochenen Kompetenzen verknüpft wird.

18 Zum Stand der Diskussion vgl. die in Kapitel 1, Anm. 3 angegebene Literatur (bes. die verschiedenen Diskussionsbände).

19 Vgl. dazu oben, S. 12 f. Zum Folgenden vgl. auch *F. Schweitzer*, Interreligiöse Bildung. Religiöse Vielfalt als Herausforderung und Chance, Gütersloh 2014.

sich auf Erfahrungen beziehen und klar umschriebene Situationen zum Thema machen. Und er muss den Kindern und Jugendlichen Anregungen dazu geben, mit eigenen Überzeugungen, Erfahrungen und für sie nachvollziehbaren Situationen wahrnehmend und reflektierend bzw. urteilend umzugehen. Diese Anforderung an den Religionsunterricht lässt ohne Weiteres eine Affinität zum Elementarisierungsansatz, wie er im vorliegenden Band verstanden wird, erkennen. Auch dies kann mit Hilfe der verschiedenen Elementarisierungsdimensionen erläutert werden:

Zunächst kann an die elementaren Erfahrungen sowie an die elementaren Zugänge gedacht werden. Nur wenn solche Erfahrungen und Zugänge berücksichtigt werden, kann es gelingen, den eigenen Glauben wahrzunehmen oder „eigene Erfahrungen“ aufzunehmen. Vorausgesetzt ist dabei durchweg eine Konzentration auf das Wesentliche im Sinne der elementaren Strukturen. Und da die Kompetenzbeschreibung deutlich auf Reflexion, Verstehen und Urteilen abhebt, sind – der spezifischen Ausrichtung des Religionsunterrichts folgend – auch die elementaren Wahrheiten berührt. Gemeint ist ja nicht nur eine distanzierte Reflexion, sondern auch eine existenzielle, subjektbezogene und persönliche Vertiefung der Urteilsbildung. Eine weitere Voraussetzung für „guten“ kompetenzorientierten Religionsunterricht besteht in der Nutzung entsprechender Lernformen, die so ausfallen sollten, dass die Kinder und Jugendlichen selber methodisch kompetent werden („Methodenkompetenz“).

Es erweist sich so gesehen also als sinnvoll, Elementarisierung als Konsequenz von Kompetenzorientierung zu verstehen. Dies unterstreicht noch einmal die für den vorliegenden Band insgesamt entscheidende These, dass sich „guter Religionsunterricht“ aus der bewussten Wahrnehmung des konstitutiven Zusammenhangs von Produkt- und Prozessqualität ergeben kann.

4. Was gewinnt der Elementarisierungsansatz durch Kompetenzorientierung?

Nachdem in diesem Kapitel die Bedeutung von Elementarisierung für die Kompetenzorientierung mehrfach herausgestellt wurde und sich ergeben hat, dass auch in Zukunft fachdidaktische und prozessbezogene Qualitätskriterien unverzichtbar bleiben, könnte nun umgekehrt die Frage gestellt werden, ob der Religionsunterricht – auch unter dem Aspekt der Elementarisierung – überhaupt von der Kompetenzorientierung profitieren kann. Denn nur unter dieser Voraussetzung ist der Versuch sinnvoll, den Elementarisierungsansatz im Blick auf die Kompetenzorientierung zu erweitern. Dazu möchte ich, am Ende dieses Kapitels, zwei Antworten anbieten:

Zum einen macht die Fragen nach Kompetenzorientierung offenbar etwas bewusst, was in einem „guten Religionsunterricht“, der dem Elementarisierungsansatz folgt, ohnehin geschieht oder jedenfalls angestrebt wird, was aber zugleich verstärkte Aufmerksamkeit verdient. In einem elementarisierenden Religionsunterricht werden, so hat sich gezeigt, tatsächlich Kompetenzen erworben. Insofern bringt die Frage nach Kompetenzen zwar nichts völlig Neues, aber sie lässt etwas erkennen, was gewiss wichtig und wertvoll ist. Religionsunterricht ist nur dann „gut", wenn er den Kindern und Jugendlichen dazu verhilft, Kompetenzen auszubilden und sich dessen auch selbst bewusst zu werden.

Zum anderen lässt die Frage nach dem Kompetenzerwerb bestimmte Aspekte und Aufgaben des Unterrichts deutlicher hervortreten, als dies in der Vergangenheit der Fall war. Insofern dient die Kompetenzorientierung einer Schärfung des Bewusstseins im Blick auf Aufgaben und Ziele, was auch zu einer verstärkten praktischen Wahrnehmung dieser Aufgaben und Ziele führen kann. Am klarsten wird dies vielleicht bei den elementaren Formen des Lernens. Es ist tatsächlich ein Gewinn oder ein Mehrwert für den Unterricht, wenn Methoden der Unterrichtsgestaltung nicht nur durch die Lehrerinnen und Lehrer zum Einsatz gebracht werden, weil sie als Erwachsene und „Profis" über ein entsprechendes Methodenbewusstsein und Methodenrepertoire verfügen, sondern wenn dies gezielt so geschieht, dass die Schülerinnen und Schüler selbst methodisch kompetent werden und also Methodenkompetenz erwerben. Dies wurde in der Elementarisierungsdiskussion lange nicht genügend beachtet. Die Forderung nach Kompetenzorientierung setzt in dieser Hinsicht neue Akzente und erweist sich damit als produktiv für eine Weiterführung der herkömmlichen (fach-)didaktischen Diskussion.

Am Ende sei noch einmal festgehalten, dass Elementarisierung und Kompetenzorientierung sich nicht als zwei voneinander unabhängige Größen gegenüberstehen. Die Beschreibung von Kompetenzen und Standards für den Unterricht ist selbst eine didaktische Aufgabe. Es wäre ein Rückfall hinter eine pädagogisch verantwortete Sicht von Schule und Unterricht, wenn Kompetenzanforderungen den didaktischen Zusammenhang durchbrechen oder den didaktischen Horizont ganz verlassen sollten. Dies würde nämlich bedeuten, dass Schule und Unterricht einfach gesellschaftlichen Anforderungen unterstellt werden, ohne dass die für jede Didaktik unverzichtbare Reflexion auf das eigene Recht von Kindern und Jugendlichen noch eine konstitutive Rolle spielen dürfte. Der Anspruch einer bildungstheoretischen Didaktik, dass alle Anforderungen aus der Gesellschaft nur in pädagogisch verantworteter und insofern in „gebrochener" Form in den Lernprozess eingehen dürfen, wird durch die Kompetenzorientierung nicht aufgehoben. Wenn gesagt wird, Kompetenzen und Standards sollen der Konkretion von Bildungszielen dienen, so muss dies im Sinne einer bildungstheoretischen Didaktik ausgelegt werden. Umgekehrt lässt sich aber auch sagen, dass eine bildungstheoretische Didaktik gerade dadurch zum Tragen kommen kann, dass die Bildungsziele in der Gestalt von Kompetenzen wirklich erreicht werden.

II Beispiele und Konkretionen

Sara Haen

Im Namen Gottes darf nicht mehr getötet werden. Elementarisierende Erschließung der *Bindung Isaaks* (Genesis 22)

Die Geschichte der *Bindung Isaaks* oder der *Akedat Jizhak*, wie sie im Judentum bezeichnet wird, hat nicht nur das Denken des Juden- und Christentums, sondern auch des Islam nachhaltig geprägt.[1] Sie hat für die drei monotheistischen Religionen identitätsstiftende Bedeutung, die in der jeweiligen Auffassung des Begriffs *Opfer* deutlich wird. Als eine der bekanntesten und auch umstrittensten Erzählungen hat sie eine enorme Wirkungsgeschichte entfaltet, die in die Weltliteratur Einzug gefunden hat.

Die Forderung Gottes „Nimm Isaak, deinen einzigen Sohn, den du liebhast, und geh hin in das Land Morija und opfere ihn dort zum Brandopfer" (V.2) ist sowohl für Schülerinnen und Schüler[2] als auch für Erwachsene höchst anstößig und nur schwer mit dem Gottesbild zu vereinbaren, das aus Unterricht und Verkündigung bekannt ist. Dietrich und Link erklären diesen Vers sogar zu einem „der schrecklichsten Sätze, die in der Bibel stehen, und sehr wohl geeignet, jeglichen Glauben zu zerstören"[3]. Die theologische Herausforderung für Lehrer besteht vor allem darin, verstehbar zu machen, warum Gott hier eine Forderung stellt, die gegen das Gebot „du sollst nicht töten" verstößt. Was ist das für ein Gott, der von einem Vater verlangt, seinen Sohn, zugleich das Teuerste und Liebste, das er hat, zu opfern? Und was für eine Heilige Schrift ist das, die solch grausames Geschehen überliefert?

In der Forschungsliteratur werden verschiedene Ansätze diskutiert, wie die Perikope Genesis 22 zu deuten ist, da sie mehrere Sichtweisen zulässt.[4] Der vorliegende Beitrag verfolgt das Ziel, das alttestamentliche Gottesbild aus der Erzählung selbst heraus zu deuten und in den Kontext der Abraham-Überlieferung in Genesis 12–25 zu stellen. Dabei soll deutlich werden, dass die Perikope als ein Dokument für Israels Zurückweisung des Menschenopfers angesehen werden kann und ein neues Gottesbild etablieren möchte. Die Erschließung der Erzählung findet neben einer exemplarischen Textanalyse anhand des Films *Take Now Your Son* von Dan Geva aus dem Jahr 1994 statt.

1 Vgl. hierzu den Sammelband *B. Greiner/B. Janowski/H. Lichtenberger* (Hg.), „Opfere deinen Sohn! Das ‚Isaak-Opfer' in Judentum, Christentum und Islam", Tübingen 2007.

2 Im Folgenden wird durchgängig der maskuline Terminus für beide Geschlechter verwendet.

3 *W. Dietrich/C. Link*, Die Dunklen Seiten Gottes. Bd. 2: Allmacht und Ohnmacht, Neukirchen-Vluyn [4]2009, 76.

4 Vgl. *H.-D. Neef*, Die Prüfung Abrahams. Eine exegetisch-theologische Studie zu Gen 22, 1–19, Tübingen [2]2014, 102.

Die filmische Auseinandersetzung mit der *Bindung Isaaks*, bei der die zentralen theologischen und anthropologischen Probleme dieser Erzählung deutlich werden sollen, strebt folgenden Mehrwert gegenüber einer reinen Textanalyse an: Sie stellt eine mögliche Interpretation der Erzählung dar und kann auf der Suche nach eigenen Deutungsansätzen hilfreich sein. Hinzu kommt, dass durch die Filmbilder zwar nicht die historische Distanz zwischen dem biblischen Geschehen und unserer heutigen Wirklichkeit überwunden wird, das biblische Geschehen in ihnen jedoch anschaulich und dadurch fassbarer wird. Ein dritter, nicht zu unterschätzender Aspekt ist, dass Filme eine größere Faszination auf Jugendliche ausüben und damit eine willkommene Abwechslung zu der ansonsten textlastigen Arbeit in der Kursstufe bieten.[5]

1. Religiöser Kompetenzerwerb am Beispiel von Gen 22

Die Frage, was unter religiöser Kompetenz zu verstehen ist und wie sie erworben werden kann, stößt in der Fachdidaktik auf großes Interesse. Sie setzt zunächst eine theologisch-religionspädagogische Kompetenz bei Lehrerinnen und Lehrern voraus, um die spezifischen Verstehensvoraussetzungen von Schülern angemessen zu erfassen und die individuellen Lernleistungen einzuschätzen zu können.[6] Die einzelnen Bildungspläne der Bundesländer entwickeln ihrerseits verschiedene Gütekriterien für Kompetenzen religiöser Bildung. Als Orientierung liegt dem vorliegenden Beitrag der Bildungsplan von Baden-Württemberg aus dem Jahr 2016 zugrunde. Religiöse Kompetenz wird hier definiert als „Fähigkeit, die Vielgestaltigkeit von Wirklichkeit wahrzunehmen und theologisch zu reflektieren, christliche Deutungen mit anderen zu vergleichen, die Wahrheitsfrage zu stellen und eine eigene Position zu vertreten sowie sich in Freiheit auf religiöse Ausdrucks- und Sprachformen (z. B. Symbole und Rituale) einzulassen und sie mitzugestalten."[7] Die Verben wahrnehmen, reflektieren, vergleichen, einlassen und mitgestalten sollen dabei nicht hierarchisch verstanden werden, vielmehr bilden sie ein Spektrum, welches mit unterschiedlichen Akzentuierungen im Unterricht vorkommen kann. Unterschieden wird zudem zwischen so genannten prozess-

5 Vgl. hierzu *R. Zwick*, Bibel im Film. In: *M. Zimmermann/R. Zimmermann (Hg.)*, Handbuch Bibeldidaktik, Tübingen 2013, 565–571.

6 *Kirchenamt der EKD*, Theologisch-Religionspädagogische Kompetenz. Kompetenzen und Standards für die Religionslehrerausbildung. Empfehlungen der Gemischten Kommission zur Reform des Theologiestudiums, Gütersloh 2008. *R. Burrichter/B. Grümme/H. Mendl/M. L. Pirner/M. Rothgangel/T. Schlag (Hg.)*, Professionell Religion unterrichten. Ein Arbeitsbuch, Stuttgart 2012.

7 *Ministerium für Kultus, Jugend und Sport Baden-Württemberg (Hg.)*, Bildungsplan für das Gymnasiums, Evangelische Religionslehre, 2016, 6.

haften und inhaltsbezogenen Kompetenzen. Laut Bildungsplan sollen folgende fünf prozesshafte Kompetenzen bei Schülern gefördert werden: Wahrnehmungs- und Darstellungsfähigkeit, Deutungsfähigkeit, Urteilsfähigkeit, Dialogfähigkeit und Gestaltungsfähigkeit. Für die vorliegende Stunde wird die Ausbildung der Deutungsfähigkeit angestrebt, die neben der Fähigkeit, religiöse Ausdrucksformen zu analysieren und sie als Ausdruck existenzieller Erfahrungen zu verstehen, auch die Auslegung insbesondere biblischer Texte fördert.[8]

Die inhaltsbezogenen Kompetenzen, die ausführlich in Kapitel 3 dargelegt werden, richten sich auf die Weiterentwicklung eines *theologisch-hermeneutischen* Verstehens, bei dem die konstitutive Bedeutung von Gen 22 für die biblisch-christliche Überlieferung herausgestellt werden soll.

2. Gewalt im Gottesbild der Bibel – Herausforderungen und Chancen

Das Verhältnis von Religion und Gewalt ist in jüngerer Zeit insbesondere mit Blick auf die drei monotheistischen Religionen kontrovers diskutiert worden und stellt ein äußerst komplexes Problemfeld dar.[9] Das Phänomen der religiösen Gewalt bedarf nicht nur einer ernsthaften theologischen Auseinandersetzung, sondern auch einer fundierten religionspsychologischen und gesellschaftsbezogen, einer politischen oder soziologischen Forschung, auf die jedoch im Rahmen dieser Ausführungen nicht genauer eingegangen werden kann.[10]

Es ist zu beobachten, dass das Thema *Gewalt in der Bibel* erst in den letzten vierzig Jahren zunehmend das Interesse der theologischen und exegetischen Forschung auf sich gezogen hat.[11] Im Zentrum der Untersuchungen stehen Texte über Gewalt, die auf ihre Wirkungsgeschichte[12] hin analysiert werden,

8 A.a.O., 8.

9 Stellvertretend sei hier die von Jan Assmann propagierte These angeführt, dass der monotheistischen Idee Gewalt und Gewalttätigkeit grundlegend inhärent seien; vgl. hierzu *J. Assmann*, Moses der Ägypter. Entzifferung einer Gedächtnisspur, Frankfurt a.M. [7]2011; vgl. auch *B. Uhde*, „Kein Zwang in der Religion“ (Koran 2.256). Zum Problem von Gewaltpotential und Gewalt in den ‚monotheistischen‘ Weltreligionen. In: Jahrbuch für Religionsphilosophie 2(2003), 69–89; *G. Baumann*, Gottesbilder der Gewalt im Alten Testament verstehen, Darmstadt 2006.

10 Vgl. hierzu ausführlich *F. Schweitzer* (Hg.), Religion, Politik und Gewalt. Kongressband des XII. Europäischen Kongresses für Theologie, 18.–22. September 2005 in Berlin, Gütersloh 2006.

11 Vgl. *A.A. Bucher*, Gewalt in der Bibel. In: *M. Zimmermann/R. Zimmermann (Hg.)*, Handbuch Bibeldidaktik, a.a.O., 693–696.

12 Vgl. *J. Ebach*, Das Erbe der Gewalt. Eine biblische Realität und ihre Wirkungsgeschichte, Gütersloh 1980; *N. Lohfink*, ‚Gewalt‘ als Thema alttestamentlicher Forschung. In: *Ders.* (Hg.), Gewalt und Gewaltlosigkeit im Alten Testament, Freiburg i. Br. 1983, 15–50.

insbesondere auch auf das ihnen jeweils zugrunde liegende Gottesbild.[13] Trotz dieses Interesses ist nach wie vor eine Diskrepanz zwischen ihm und der Praxis in Unterricht und Verkündigung zu erkennen. So macht Lohfink darauf aufmerksam, dass die Gewalt thematisierenden Texte der Bibel in der Forschungsliteratur und universitären Lehre auf Interesse stoßen, in der Verkündigung jedoch fast tabuisiert würden und somit im praktischen Bereich das Bild eines ausschließlich versöhnenden und liebenden Gottes entstehe.[14] Gerade angesichts dieser Diskrepanz ist zu fragen, welche Möglichkeiten sich Lehrenden bieten, auf die gern verschwiegenen Texte eines gewalttätigen Gottes einzugehen.

In der exegetischen Forschung lassen sich zahlreiche Strategien für den Umgang mit diesen Texten finden, die auf unterschiedliche hermeneutische Zielsetzungen zurückzuführen sind. Trotzdem ist es für den Unterricht notwendig, sich auf ein oder zwei Strategien festzulegen, die als möglicher Interpretationsansatz fungieren können. Im Folgenden werden drei dieser Strategien vorgestellt.

(1) Der Titel des vorliegenden Beitrags *Im Namen Gottes darf nicht mehr getötet werden* zeigt bereits, dass der Unterrichtsstunde ein gattungs- und traditionsgeschichtlicher Ansatz zugrunde liegt. Hinter ihm steht die Vorstellung, dass das Verständnis von Gen 22 als „Begründungsgeschichte (Ätiologie) für die Ablösung des Menschenopfers (Kultätiologie)"[15] zu deuten ist. Die Geschichte von der *Bindung Isaaks* ist als Schilderung eines realen Geschehens in höchstem Maße anstößig. Versteht man sie hingegen als mythologischen Text, so verliert sie einen Großteil ihrer Anstößigkeit, weil sie dann von einem hypothetischen, symbolischen Geschehen spricht. So gelesen verdeutlicht die Geschichte gerade, dass JHWH keine Kinderopfer will. Der Fokus richtet sich also auf die Veränderung in Abrahams Gottesvorstellung. Er wird von der Wahnvorstellung befreit, Menschenopfer erbringen zu müssen. Für junge Erwachsene ist diese Deutung, wie sich im Unterricht zeigt, nicht ohne Weiteres nachvollziehbar, da sie eine Überwindung des mythischen oder wörtlichen Verstehens voraussetzt. Dies ist der Grund, warum Mendl Gen 22 doch eher als eine „Väter- (und Mütter-) und keine Kindergeschichte"[16] einstuft. Der gattungs- und traditionsgeschichtliche Ansatz, der in der historisch-kritischen Bibelwissenschaft des 19. und 20. Jahrhunderts verbreitet ist, scheint mir trotz einiger Einwände für den Unterricht am besten geeignet, da

13 In Bezug auf die Deutungsmöglichkeiten eines gewalttätigen Gottes verdankt dieser Aufsatz hilfreiche Impulse von *W. Dietrich/C. Link*, a. a. O.

14 *N. Lohfink*, Der gewalttätige Gott des Alten Testaments und die Suche nach einer gewaltfreien Gesellschaft. In: Jahrbuch für biblische Theologie 2 (1987), 108.

15 *T. Naumann*, Die Preisgabe Isaaks. Genesis 22 im Kontext der biblischen Abraham-Sara-Erzählung. In: Opfere deinen Sohn, a. a. O., 24.

16 *H. Mendl*, Vom Gott der ins Dunkle führt. Eine exemplarische empirische Untersuchung zu Gen 22 (Die Opferung Isaaks). In: Religionspädagogische Beiträge 39 (1997), 65–92, 90.

er den Blick auf die Person Abraham richtet, mit der sich Schüler aufgrund der Erzählweise am stärksten identifizieren (vgl. unten 3.4).[17]

(2) Eine zweite Interpretationsstrategie ist, Gewalt thematisierende Texte nicht isoliert zu betrachten, sondern sie vor dem Hintergrund ihres Überlieferungskontextes zu sehen. So stellt Naumann heraus, dass er „Gen 22 als Erzählung von ‚Abrahams Preisgabe Isaaks' versteh[t], die sowohl erzählerisch wie auch in ihrer anthropologischen und theologischen Problematik fest in den vorhergehenden und nachfolgenden Erzählablauf der Abraham-Sara-Erzählung (Gen 11,27–25,18) eingebunden“[18] ist. Diese Strategie lässt sich als wechselseitige Ergänzung zu dem oben beschriebenen Ansatz sehen.

(3) In den vergangenen Jahren gab es den Versuch, sich den anstößigen und befremdlichen Gewalttexten zu stellen, ohne sofort nach ihrer Relativierung oder Überwindung zu fragen. So sind u. a. Dietrich und Link der Auffassung, dass die Erfahrungen, die in den Texten zur Sprache kommen, Hoffnungspotenzial für eine unter Gewalt leidende Welt enthalten.[19] Die Autoren halten den biblischen Zeugnissen zugute, dass in ihnen im Gegensatz zu unserem aufgeklärten Weltbewusstsein der Gottesglaube angesichts der Erfahrung gewaltvoller Ereignisse nicht von der Welterfahrung abgespalten werde. Grausame Erfahrungen an sich seien mit dem Gott der Bibel zu vereinbaren, lediglich ziellose Grausamkeit sei unvereinbar. Im Gespräch mit Schülern wird deutlich, dass dieser Ansatz für sie nur schwer nachvollziehbar ist, da ihre Suche nach Eindeutigkeit im Gottesbild der Bibel stark ausgeprägt ist.

Die im Unterricht angewendete Methode hängt also stark vom entwicklungspsychologischen Stand der Schüler und von der thematisierten biblischen Erzählung ab. Es ist jeweils im Vorfeld zu entscheiden, welche Zugänge möglich und sinnvoll erscheinen, und im Unterrichtsgeschehen selbst ist dann zu prüfen, ob die eingesetzte Zugangsweise den Schülern zugänglich ist. Möglicherweise ergeben sich im Unterrichtsgespräch Ansätze, die bisher in der Literatur nicht zu finden sind, denn in Gen 22 ist eine „Kontrasterfahrung“[20] angesprochen, die sich gerade mit den Erfahrungen der jungen Erwachsenen nicht deckt.

17 Dieser Ansatz wird von *Naumann* kritisiert: „Dieser domestizierenden Deutung von Gen 22 stehen eine Reihe von Schwierigkeiten im Weg. Die Idee einer uralten vorisraelitischen Tradition bleibt unbeweisbare Spekulation. Immerhin ist es im vorliegenden Text der israelitische Gott selbst, der das Opfer anordnet, um es später zu verhindern. Eine explizite Kritik am Kinderopfer wird in Gen 22 nirgends formuliert, und es findet sich auch kein Hinweis darauf, daß fortan eine neue Kultpraxis gelten soll, die Menschenopfer ablöst.“ (Die Preisgabe Isaaks, a. a. O., 25).

18 Ebd., 28.

19 Vgl. hierzu *W. Dietrich/C. Link*, Die dunklen Seiten Gottes. Band 1: Willkür und Gewalt. Neukirchen-Vluyn [4]2009, 16.

20 Vgl. hierzu die Ausführungen von *F. Schweitzer*, Elementarisierung im Religionsunterricht. Erfahrungen, Perspektiven, Beispiele, Neukirchen-Vluyn [4]2013, 21.

3. „Nimm Isaak, deinen einzigen Sohn, den du liebhast …"

3.1 Elementare Struktur der *Bindung Isaaks*

Die Erzählung Gen 22 besticht durch ihre knappe und klare Sprache, die sich nicht in Beschreibungen verliert, sondern Distanz zum Geschehen aufbaut und gedankliche Leerstellen lässt.[21] Genau diese Leerstellen sind es, die den Text im Unterricht für eine handlungs- und produktionsorientierte Herangehensweise interessant machen (vgl. 3.5). Der Erzählstil erweckt den Eindruck, als ob in dieser Geschichte bewusst ein begrenztes Vokabular verwendet wird. Dieses eröffnet mittels Wiederholung von Begriffen oder Anspielung an vorangehende Ereignisse aus der Abraham-Überlieferung einen eigenen Deutungskontext, der dem Leser mehr Informationen zukommen lässt, als es vordergründig scheint. Exemplarisch sind folgende Textstellen genannt:

(1) Der Erzähler wendet sich, bevor die eigentliche Geschichte beginnt, direkt an die Leser mit der Information, dass im Folgenden Gott Abraham prüfen werde. „Prüfen" (*nsh* Pi'el) ist in der Bibel eine seltene Vokabel, die in etwa dem deutschen ‚erproben' oder ‚testen' entspricht. Worin besteht diese Prüfung genau? Neef weist darauf hin, dass „der mit *nsh* angesprochene Bedeutungsumfang auf eine gemeinschaftliche Ebene zielt, die das Verhältnis Gott-Mensch und Mensch-Mensch berühre. Das Verb *nsh* mit personalem Objekt setze eine Verbundenheit voraus, auf Grund derer man etwas erproben, erwarten, erhoffen und befürchten dürfe. Der Inhalt der Erprobung hänge von der Stellung der Partner ab."[22] Zudem hat der Befehl „geh hin in das Land Morija" (V.2) im Wortlaut Anklänge an die Forderung, die Gott bereits in Gen 12,1 an Abraham gerichtet hat: „Geh aus deinem Vaterland und von deiner Verwandtschaft […] in ein Land, das ich dir zeigen will". Durch diese Anspielung drängt sich unwillkürlich die Frage auf, ob Gott sich nun etwa untreu wird, hatte er doch vormals große Nachkommenschaft versprochen.

(2) Einer der einfühlsamsten und zugleich nachdenklichsten Dialoge der Bibel ist der zwischen Abraham und Isaak in den Versen 6–8, der dadurch hervorgehoben ist, dass er durch die Beschreibung „Und so gingen die zwei *gemeinsam*" gerahmt ist. Das Wort *gemeinsam* (jachad), das die enge Bindung zwischen Vater und Sohn verdeutlicht, hat proleptischen Charakter, indem es die Antwort auf den Ausgang der Erzählung vorwegnimmt.

21 Hierzu ausführlich *H.-D. Neef*, a. a. O., bes. 53–135.
22 A. a. O., 83.

(3) Der Art eines Dramas entsprechend, baut der Erzähler bis zum Höhepunkt der Geschichte retardierende Momente ein: Es wird minutiös geschildert, wie Abraham Isaak bindet, ihn auf den Altar und das Holz legt, seine Hand ausstreckt und nach dem Messer greift, was versinnbildlicht, dass er mit seiner Tat zögert. In dem Moment, in dem er die Stimme des Engels vernimmt, antwortet er so, wie er zu Beginn der Erzählung Gottes Stimme geantwortet hat: „Hier bin ich" (V.1 und V.7). Der Wendepunkt im Gottesbild Abrahams wird sprachlich dadurch markiert, dass an die Stelle der Gottesbezeichnung *Adonai* nun die Bezeichnung *JHWH* tritt.

(4) Schüler wundern sich bezüglich Vers 19 häufig, dass nur von der Rückkehr Abrahams, nicht aber von der Isaaks berichtet wird. Eine Begründung dafür bleibt ungenannt. Der Verweis auf Vers 3, in dem ganz parallel nur von dem Aufbruch Abrahams gesprochen wird, reicht in der Regel als Erklärung nicht aus. Der in der Erzählung entstehende Eindruck, dass Isaak verlassen und einsam zurückgelassen wird, findet seine Entsprechung in der Verfilmung, die nur die Rückkehr Abrahams zeigt.

Es wird deutlich, dass es sich bei der *Bindung Isaaks* um einen höchst komplexen und vielschichtigen Text handelt, der in seiner sorgfältigen und kunstvollen Konstruktion mehrere Deutungsmöglichkeiten offen lässt. Die oben angeführten Beispiele zeigen, dass die exemplarische Analyse einer Geschichte des Alten Testaments es den Schülern ermöglicht, sowohl Aussagen über das Verhältnis zwischen Gott und Mensch als auch zwischen Vater und Sohn treffen zu können. Die Fragen, die der Text aufwirft, erfordern ein genaues Hinsehen und fördern damit nicht nur eine *hermeneutische Kompetenz*. Vielmehr werden die Schüler auch für biblische Erzählweise sensibilisiert. Die erworbene *Wahrnehmungs- und Deutungskompetenz* besteht also nicht nur in der Kenntnis der biblischen Geschichte, sondern auch im Wissen darum, wie schwierig es ist, eindeutige Aussagen über tradierte Texte zu gewinnen.

3.2 Take Now Your Son

Elementare Erschließung des Kurzfilms

Der Einsatz von (Kino-)Filmen im Religionsunterricht ist für viele Lehrerinnen und Lehrer selbstverständlich geworden.[23] Die Gründe dafür sind vielfältig. Einer der zentralen ist sicherlich der, dass es inhaltlich und strukturell viele Vergleichspunkte zwischen Religion und Kino gibt. Dieser These ist besonders Kirsner nachgegangen: „Der Raum ‚Kino' ist strukturell ein reli-

23 Vgl. hierzu *R. Zwick*, Bibel im Film, a. a. O.; *I. Kirsner/M. Wermke* (Hg.), Existenzielle Filmmotive in Religionsunterricht und Schulgottesdienst, Göttingen 2009.

giöser Kultraum. Zwei jeweils Totalität beanspruchende Systeme wie Kirche und Kino können nur über das Bewusstsein ihrer Differenz miteinander ins Gespräch gebracht werden".[24] Inhaltlich spielen in beiden Bereichen Themen wie Gewalt, Liebe oder Opfer eine zentrale Rolle, die in variierter Form gleichfalls ritualisiert auftreten. Kirsner nennt als ein verbindendes Element zwischen Religion und Kino den *Mythos*, der sich mit Formen der Lebensbewältigung Einzelner oder von Gruppen auseinandersetzt.[25]

Das Motiv des Opfers, das sich wie ein Leitmotiv durch die Menschheits- und Filmgeschichte zieht, ist auch im Kurzfilm *Take Now Your Son* bestimmend, dessen Titel ein Zitat aus Gen 22 ist. Dieser Kurzfilm, bei dem Dan Geva Regie führte und der 1994 von der Jerusalemer Film und Television School produziert wurde, thematisiert das Ende von Abrahams Ringen mit sich und Gott. Trotz der wörtlichen Aufnahme des biblischen Textes im Titel stellt der Film in mancher Hinsicht eine schockierende und zugleich ergreifende Interpretation der alttestamentlichen Vorlage dar.[26] Der Film ist mit einfachen, sehr reduzierten Mitteln gestaltet:

Es werden nur die drei Personen Abraham, Isaak und Sara gezeigt, die in einfache Nomadenkleidung gehüllt sind. Der Ort ist eine äußerst karge und verlassene Wüste. Einzige Requisiten sind ein Wanderstab, ein Bündel Holz und ein Widder. Der Ton beschränkt sich auf Windgeräusche, Vogelschreie, das Summen von Fliegen und das immer wieder im Hintergrund aufziehende unheimliche Grollen, das mit Gottes Gegenwart assoziiert werden kann. Die Angespanntheit der Situation wird dadurch verstärkt, dass kein Wort gesprochen wird. Durch die Verwendung eines Gelbfilters ist die Farbgebung auf die Skala der Ocker-, Gelb- und Brauntöne reduziert. Die Perspektive wechselt zwischen der Wahrnehmung Saras, die ihren Mann und ihren Sohn weggehen und Abraham allein wieder zurückkommen sieht, derjenigen Isaaks, der hinter seinem Vater herläuft, und einer Außenperspektive, von der aus Abraham und Isaak aus naher Distanz beobachtet werden. Mittels der Verwendung einer Handkamera kann der Zuschauer problemlos den Perspektivwechsel verfolgen. Die Gefühle und Gedanken Abrahams im Ringen mit Gott, die im biblischen Text nicht zur Sprache kommen, werden im Film angedeutet. Vor allem wird ein Hinauszögern der Gewissensentscheidung Abrahams dadurch deutlich gemacht, dass er als nachdenklich, in sich gekehrt und zeitweise auch schlafend dargestellt wird. Besondere Spannung erzeugt der Film im Unterschied zur biblischen Überlieferung dadurch, dass er am Ende nicht den *Kairos* des Eingreifens Gottes im Gegensatz zu vielen Dar-

24 *I. Kirsner*, Religion und Kino, Mythos und Wirklichkeit. In: *Ders./M. Wermke* (Hg.), Religion im Kino. Religionspädagogisches Arbeiten mit Filmen, Jena 2014 (Nachdruck der 2. Auflage von 2005), 11–42, 12.

25 Vgl. dazu *Kirsner*, a. a. O., 42.

26 Die Zusammenfassung und Beschreibung des Films ist in Anlehnung an die „Arbeitshilfen" des Katholischen Filmwerks, die von dem Programmbereich AV-Medien in Frankfurt herausgegeben werden, formuliert.

stellungen der Kunst zeigt: In dem Moment, in dem in der Erzählung Gottes Eingreifen steht, ist ein Schlag vernehmbar, und die Kamera schwenkt in grelles Licht und blendet auf den allein nach Hause zurückkehrenden Abraham über.

Die Kurzcharakterisierung zeigt, dass der Film nicht nur etliche Leerstellen des biblischen Textes füllt, sondern durch die Verwendung einzelner Symbole zusätzlich eine Fülle an Interpretationsmöglichkeiten bietet.[27]

3.3 Elementare Erfahrungen Jugendlicher mit Gewalt in anthropologischer und theologischer Perspektive

Dass Gewalt heute nicht nur im gesellschaftlichen Kontext, sondern auch im persönlichen Umfeld von Jugendlichen ein Problem darstellt, ist bekannt. Der Bildungsplan Baden-Württemberg für die Klassenstufen 7/8 nimmt dezidiert Genesis 22–23 als Beispieltext auf. Zudem werden in der Kursstufe unter den inhaltsbezogenen Kompetenzen in den Bereichen *Mensch* und *Religionen und Weltanschauungen* verschiedene Aspekte von Gewalt und Gewaltlosigkeit thematisiert, die eine Beschäftigung mit Gen 22 nahelegen.

Die Aufnahme der Erzählung von der *Bindung Isaaks* in den Kanon der Schullektüre soll die Chancen unterstreichen, auch gewaltvolle Texte im Unterricht zu behandeln und sie nicht von vornherein kategorisch auszublenden. Eine reflektierte Bibeldidaktik kann auch biblische Gewalttexte aufnehmen und verdeutlichen, dass starke Emotionen wie Zorn, Eifersucht oder Wut tief im Menschen verwurzelt sind. Die Erzählung von der *Bindung Isaaks* kann deshalb im Unterricht nicht tabuisiert werden, sondern vielmehr sollte die Chance einer Distanzierung zu den Gewalterfahrungen von Jugendlichen in zweifacher Hinsicht deutlich werden: Zum einen findet die Auseinandersetzung primär nicht im zwischenmenschlichen Bereich statt, sondern ist auf das Verhältnis Gott-Mensch gerichtet. Sie ist damit der lebensweltlichen Erfahrung Jugendlicher entzogen und in die Welt der Bibel verschoben, die als fremd wahrgenommen wird, insofern sie sich nicht mit gegenwärtigen, sondern der Vergangenheit angehörenden Erfahrungen auseinandersetzt.

Der Film greift – wie bereits gezeigt – diese Aspekte der Verfremdung auf. Die Verdichtung bringt für eine ernsthafte Auseinandersetzung mit dem Phänomen Gewalt diverse Vorteile: Gerade bei emotional so stark aufgeladenen Themen führt der Bezug auf einen biblischen Text zu einer sachlichen Reflexion über Gewalt. Es zeigt sich im Unterricht, dass die Schüler über die Wahrnehmung des Fremden leichter den Bezug zu ihrer eigenen Lebenswelt herstellen und ausgehend von dem dahinterstehenden Gottesbild auch nach dem zugrundeliegenden Menschenbild fragen. Im Unterrichtsgespräch wird

27 Auf die einzelnen methodischen Schritte wird in 3.5 eingegangen.

zumeist deutlich, dass Jugendliche auf der Suche nach möglichen Antworten häufig auf eigene Erfahrungen mit Gott zurückgriffen.[28]

Liest man Erfahrungsberichte über religiöse Erziehung, so trifft man immer wieder auf den „bedrohlichen, moralisierenden und strafenden Gott“[29], der in der Kindheit erlebt wurde und von dem es sich im Laufe der späteren Entwicklung zu befreien gilt. Gewalttätigkeit könnte hier insofern als Eigenschaft Gottes erfahren worden sein, als Gewalterfahrungen auf den strafenden Gott als Urheber zurückgeführt werden. Es ist zu beobachten, dass in jüngeren empirischen Studien zu den Gottesvorstellungen von Jugendlichen die Frage nach gewalttätigen Zügen keine Rolle spielt. Vielmehr scheint es eine Erwartung von Jugendlichen an Gott zu sein, ihn „als Verkörperung von Güte und Garant des Guten“[30] erfahren zu können.

Die gemeinsame Reflexion im Unterricht über die als fremd wahrgenommene Erfahrung Abrahams einerseits und die persönlichen Erfahrungen mit Gott andererseits verlangt ein hohes Maß an Sprachfähigkeit und Selbstwahrnehmung. Die durch die Erzählung aufgeworfenen Fragen geben den Schülern Gelegenheit, eigene Überzeugungen klar darzulegen und sich gegen andere Positionen abzugrenzen.

3.4 *Isaaks Bindung* als didaktische Herausforderung

Elementare Zugänge

Die didaktische Herausforderung, sich als Lehrende gekonnt „zwischen dem Pol der Überforderung einerseits und dem der Unterforderung andererseits“[31] zu bewegen, wird besonders deutlich bei der Behandlung von Gen 22. Nicht von ungefähr hat Mendl für seine empirische Untersuchung über einzelne Phasen des schulischen Lehr- und Lernprozesses diesen biblischen Text ausgewählt. Er konnte bei diesem Text sicher gehen, dass er auf allen Schulstufen zu kontroversen Diskussionen führen würde.

Die hier thematisierte Unterrichtsstunde hat in verschiedenen Unterrichtssituationen gezeigt, dass Schüler ganz unterschiedliche Verstehensvoraussetzungen mitbringen und sich ganz individuell mit dem Text auseinandersetzen. So steht – selbst für manche Schüler der Kursstufe – von vornherein fest, dass Gen 22 ausschließlich dazu dient, den absoluten Gehorsam Abrahams gegenüber Gott zu veranschaulichen, der als notwendige Voraussetzung

28 Vgl. hierzu *T. Schlag/F. Schweitzer*, Brauchen Jugendliche Theologie? Jugendtheologie als Herausforderung und didaktische Perspektive, Neukirchen-Vluyn 2011.

29 *F. Schweitzer*, Lebensgeschichte und Religion. Religiöse Entwicklung und Erziehung im Kindes- und Jugendhalter, Gütersloh [8]2016, 19.

30 *K.E. Nipkow*, Erwachsenwerden ohne Gott? Gotteserfahrungen im Lebenslauf, München [4]1992, 52.

31 *Schweitzer*, Elementarisierung im Religionsunterricht, a. a. O., 23.

für einen christlichen Überzeugungen entsprechenden Lebensstil gilt. Aus Sicht der kognitiv-strukturellen Theorie der religiösen Entwicklung, etwa der Theorie des religiösen Urteils nach Oser und Gmünder, entspricht diese Haltung den Stufen eins und zwei, auf denen von einem Eingreifen eines (gewalttätigen) Gottes ausgegangen wird. Andere Schüler stufen in ersten Spontanäußerungen - ganz ähnlich den Beobachtungen von Mendl - das Verhalten Abrahams als nicht nachvollziehbar und brutal ein.[32] In dieser Haltung kann man die dritte Stufe des religiösen Urteils wiedererkennen, die ein Eingreifen Gottes bzw. eines Ultimaten in die Welt ablehnt und auf der der Mensch als autonom von Gott verstanden wird.

Eine der zu erwerbenden Kompetenzen dieser Stunde könnte darin liegen, neben bereits vorhandenen Deutungsmustern durch die Hinzunahme des gattungs- und traditionsgeschichtlichen Ansatzes eine weitere Deutungsmöglichkeit zu gewinnen. Dabei sollte Gen 22 als Beispiel für die Überwindung eines nicht-biblischen Gottesbildes stehen: Abraham, der sich zwanghaft verpflichtet fühlt, Gott Menschenopfer zu erbringen und damit einem Gewalt fordernden Gott zu gehorchen, erkennt, dass der biblische Gott keine Menschenopfer will. Entsprechend markiert die Erzählung auch einen Wendepunkt im Gottesbild. Es wird bei der Auseinandersetzung mit dieser Erzählung aber immer auch darauf ankommen, wie sehr sich die Lehrperson mit den verschiedenen theologischen Deutungen befasst und welcher Interpretationsansatz überzeugen kann. Dies setzt ein hohes Maß an theologisch-religionspädagogischer Kompetenz voraus.

3.5 Die *Bindung Isaaks* symbolisch gedeutet

Elementare Lernformen durch das Medium Film

Seit einigen Jahren steht Lehrenden auch in der Religionsdidaktik eine Fülle von Unterrichtsmaterial für den Umgang mit Filmen zur Verfügung. Neben zahlreichen Monographien, die das Verhältnis von Religion und Film thematisieren,[33] kann auf ausführliches Zusatzmaterial in Form von Karten, Bildern und Texten sowie methodischen Tipps und Arbeitsblättern zurückgegriffen werden.[34] Diese Materialvielfalt macht deutlich, dass das Medium Film einen zentralen Stellenwert im Religionsunterricht hat und damit eine Ergänzung zur in der Kursstufe weit verbreiteten analytischen Textarbeit bietet.

32 *Mendl*, a. a. O., 81.

33 Vgl. hierzu u. a. *Kirsner/Wermke*, a. a. O.; *I. Kirsner/M. Wermke* (Hg.), Gewalt - Filmanalyse für den Religionsunterricht, Göttingen 2004; *M.L. Pirner/T. Breuer* (Hg.), Medien-Bildung-Religion. Zum Verhältnis von Medienpädagogik und Religionspädagogik in Theorie, Empirie und Praxis, München 2004.

34 Vgl. hierzu die Reihe „dvd-complett“ des Evangelischen Medienhauses Stuttgart.

Für eine Analyse des Kurzfilms *Take Now Your Son* kann die Klasse in drei Arbeitsgruppen geteilt werden, die mit jeweils unterschiedlichen Beobachtungsaufgaben den Film bis kurz vor seinem Höhepunkt ansehen. Das überraschende Ende soll bewusst vorenthalten werden, da es mit großer Wahrscheinlichkeit in der sich anschließenden Auswertung im Mittelpunkt der Diskussion stehen wird. Die Schüler halten stichwortartig ihre Beobachtungen fest, die im anschließenden Unterrichtsgespräch gesammelt und im weiteren Verlauf gedeutet werden.

Eine erste Gruppe analysiert die Farbgebung, Licht- und Schattenwirkung und die Geräusche. Als mögliches Ergebnis kann festgehalten werden, dass diese Aspekte die extreme Situation ausloten, in die Abraham gestellt ist. Weiter verzichtet der Film auf jeglichen Dialog. Einzig das Aufheulen des Windes, die Vogelschreie und das Donnergrollen sind zu vernehmen. Damit wird die Einsamkeit und Alleingelassenheit der beiden Protagonisten versinnbildlicht. Eine zweite Gruppe analysiert die Sequenz unter dem Blickwinkel des Symbols Weg. Auf der einen Seite sieht man karge Wüstenlandschaften soweit das Auge reicht, andererseits drängt sich Abraham durch eine schulterbreite Schlucht. Es kann gezeigt werden, dass das Symbol Weg ebenfalls die extreme Lage, in die Abraham während seiner Entscheidungsfindung gestellt ist, verdeutlicht. Eine letzte Gruppe konzentriert sich auf die Analyse der Gestik und Mimik Abrahams. Durch seinen zielstrebigen Schritt scheint er sich in seiner Entscheidung sicher zu sein, andererseits richtet er suchende und zweifelnde Blicke gen Himmel. Eine endgültige Entscheidung scheint er also noch nicht getroffen zu haben. Diese Beobachtungsaufgaben sind mit Blick daraufhin ausgewählt, was in Abraham während seiner dreitätigen Wanderung vorgegangen sein könnte. Durch die Symbole Licht und Weg und Abrahams Gestik und Mimik kommt das zur Sprache, was indirekt gezeigt werden soll: ein im Spannungsfeld zwischen Vatergefühlen und Gottesgehorsam stehender Mann. Allein die Konzentration auf wenige Gestaltungsaspekte ermöglicht es, das wahrnehmbar zu machen, was der biblische Text verschweigt, nämlich die Gefühle und Gedanken Abrahams, Isaaks und Saras.

Da der biblische Text das verborgen hält, was Abraham während seiner dreitätigen Wanderung fühlt, denkt und empfindet, sollen die Schüler anschließend, motiviert durch ein Szenenbild, einen inneren Monolog verfassen, der eine Weiterführung und Konkretisierung bedeutet. Die Ergebnisse eröffnen ein breites Spektrum an Gefühlen und Gedanken, das von einem sich seinem Schicksal ergebenen Abraham bis hin zu einem Gott anklagenden und verzweifelnden Mann reichen kann. Erst im Anschluss an die Auswertung dieser Monologe wird das Gespräch über den Wandel im Gottesbild Abrahams unter dem gattungs- und traditionsgeschichtlichen Ansatz geführt. Zum Schluss der Stunde wird das Filmende mit seinem offenen Ausgang gezeigt. Die Schüler können daraufhin die Unterschiede zur biblischen Vorlage herausstellen und über die möglichen Intentionen des Regisseurs Dan Geva spekulieren.

Durch die schrittweise Analyse des Kurzfilms wird für die Schüler klar erkennbar, dass die Arbeit mit Filmen eine komplexe und vielschichtige Angelegenheit ist. Ebenfalls sollte deutlich werden, dass das Betrachten eines Films nicht nur Unterhaltungswert hat, sondern dass gezielte Beobachtungsaufgaben auch zu einem besseren Verständnis des Textes führen können. So kann als Ergebnis der produktionsorientierten Herangehensweise in Form eines inneren Monologs gezeigt werden, dass die ansonsten den Schülererfahrungen so fern liegende Erzählung Anlass geben kann, über eigene Erfahrungen, Gefühle und Ängste nachzudenken, diese in Worte zu kleiden und in Beziehung zur biblischen Geschichte zu setzen. Folglich können die Schüler nicht nur eigene Erfahrungen reflektieren, sondern werden dazu befähigt, sich in andere (Problem-)Kontexte hinein zu denken und zu fühlen.

3.6 Öffnung hin zu einer mehrdimensionalen Deutung

Elementare Wahrheiten

Erfahrungen mit dieser Unterrichtsstunde zeigen, dass diejenigen Schüler, die zuvor den biblischen Text als grausam und unverständlich eingestuft hatten, sich auf neue Deutungen einlassen konnten. Die Schüler hingegen, die vom unbedingten Gehorsam gegenüber Gott überzeugt waren, haben vehement gegen diese für sie neue Interpretation protestiert. Daher lässt sich folgender Beobachtung Mendls zustimmen: „Daß Gen 22 auch für Schüler in der Oberstufe viele Probleme aufwirft, die im Kontext des schulischen Religionsunterrichts und innerhalb einer einzelnen Unterrichtsstunde nicht ohne Weiteres gelöst werden können, belegen gerade die Passagen, in denen die Lehrpersonen neue Deutungsansätze einschlagen, die Schülerinnen und Schüler [...] wieder auf ‚ihre' Themen und Fragestellungen zurückfallen und daran weiterdiskutieren."[35] Die Schwierigkeit der Schüler, sich auf den gattungs- bzw. traditionsgeschichtlichen Ansatz einzulassen, liegt möglicherweise auch darin begründet, dass sie in erster Linie die Geschichte aus der Sicht Abrahams verstehen.[36]

Entscheidend bei der Behandlung von Gen 22 ist also, dass man als Lehrender die bereits vorhandenen Deutungsmuster der Schüler ernst nimmt und zugleich auf neue Verstehensmöglichkeiten hinweist. Dabei ist vor allem das eigene Urteilsvermögen der Schüler gefragt, das gerade in dieser Erzählung als *religiöses Urteil* das Verhältnis zwischen sich und Gott oder einem Ultimaten bestimmt. Insofern kann man von der Ausbildung einer (theologischen) Deutungskompetenz sprechen, die gezielt den gegebenen Entwicklungsstand überschreitet und durch Impulse von außen für weitere Deutungsmöglichkeiten offen ist.

35 *Mendl*, a. a. O., 85.
36 Vgl. hierzu die ähnliche Beobachtung bei *Mendl*, ebd., 82.

4. Reflexion

Die Geschichte von der *Bindung Isaaks* ist ein sensibles Thema, das Schüler und Lehrer in gleichem Maße vor Herausforderungen stellt. Diesbezüglich lassen sich etliche Beobachtungen bestätigen, die Mendl zu Unterrichtsstunden gewonnen hat, die sich mit Gen 22 beschäftigen, wenngleich seinem Fazit, diesen Text als Unterrichtstext kritisch zu überdenken, nicht zuzustimmen ist.[37] Es ist richtig, dass der biblische Text Schülern eine intensive Auseinandersetzung mit einer widersprüchlichen Erfahrung zumutet, mit der sich auch Theologen sehr schwer tun. Ebenfalls kann bestätigt werden, dass die dunkle Seite des christlichen Gottes im Alltag von Schülern keine oder nur eine sehr geringe Rolle spielt. Vor diesem Hintergrund scheint es gerechtfertigt zu sein, neben den genannten Kompetenzen, die im Unterricht erworben werden können, nicht zu hohe Ansprüche an den Lernerfolg zu stellen. Eher sollte der Blick auf einen langfristigen Lernerfolg gerichtet sein, der auf die Förderung komplementären Denkens zielt.

Die Stärke der hier besprochenen Unterrichtsstunde liegt in der methodischen Herangehensweise: Zum einen werden die anthropologischen und theologischen Vorstellungen der Schüler ernst genommen und ins Zentrum des Unterrichtsgeschehens gestellt. Zum anderen zeigt sich, dass die Hinzunahme des Kurzfilms *Take Now Your Son* durch den bildlichen Perspektivwechsel in der Kameraführung den gedanklichen Perspektivwechsel unterstützt. Dadurch kann es gelingen, die anfängliche Ablehnung gegenüber der Geschichte, die aus der „Zuschauerperspektive an Gen 22 herangetragen" wird, zu überwinden, und zu der „Innenperspektive eines nachempfindenden Betroffenen" zu gelangen.[38] Diese Entwicklung kann in der Auswertung des Films bei etlichen Schülern festgestellt werden.

Kritisch anzufragen bleibt, wie stark die Elementarisierung exegetischer Zugänge zu biblischen Geschichte möglich ist. In der Unterrichtspraxis hat sich gezeigt, dass die Komplexität eines biblischen Textes und seine vielschichtige Entstehungsgeschichte bisher lehrerzentrierte Methoden erfordern. Mit der Elementarisierung exegetischer Zugänge zu biblischen Texten tut sich die Religionspädagogik aber nach wie vor schwer.[39] So stellt sich die Aufgabe für die Zukunft, über mögliche neue Zugänge nachzudenken.

37 Ebd., 90.

38 Ebd., 89.

39 Vgl. hierzu *K. Wegenast*, Religionspädagogik und Exegetische Wissenschaft. Zu einem umstrittenen Verhältnis im Haus der Theologie. In: *W.H. Ritter/M. Rothgangel* (Hg.), Religionspädagogik und Theologie. Enzyklopädische Aspekte. FS Wilhelm Sturm zum 65. Geburtstag, Stuttgart 1998, 63–81.

Friedrich Schweitzer

Kreationismus und Intelligent Design im Religionsunterricht? Neue Herausforderungen zum Thema Schöpfungsglaube

Lange Zeit konnte es scheinen, dass Kreationismus und Intelligent Design für den Religionsunterricht in Deutschland kein dringliches Thema seien. Dieses Thema und noch mehr die aggressive Auseinandersetzung um die Frage, ob die Evolutionstheorie überhaupt in der Schule gelehrt werden dürfe oder jedenfalls nicht ohne den gleichzeitigen Hinweis auf ihre Grenzen, schienen allein in den USA zu Hause zu sein. Auch aus amerikanischer Sicht handelte es sich um genuin amerikanische Phänomene, die auf die so nur in den USA vorfindlichen geschichtlichen Voraussetzungen und Konstellationen begrenzt seien. Der amerikanische Paläontologe Stephen Jay Gould konnte noch vor 30 Jahren die Menschen in Neuseeland mit dem Hinweis beruhigen, dass der Kreationismus für andere Länder nicht ansteckend sei.[1] Inzwischen wird darauf hingewiesen, dass es sich ganz im Gegenteil um ein weltweites Phänomen handelt, das sich beispielsweise auch in Deutschland mit zunehmender Häufigkeit beobachten lässt. Der Biologe Ulrich Kutschera hat einen ganzen Band „Kreationismus in Deutschland" mit entsprechenden Dokumenten und Stellungnahmen veröffentlicht.[2]

Im Jahre 2006 – im Vorfeld des Darwin-Jahres (2009), 150 Jahre nach Erscheinen von Darwins erstem bahnbrechenden Werk zur Evolutionstheorie („Die Entstehung der Arten") – wurde im englischen Original der internationale Bestseller von Richard Dawkins „The God Delusion" („Der Gotteswahn") veröffentlicht, dessen Thesen als eine besondere Art des Anti-Kreationismus angesehen werden können.[3] Die Annahmen des Kreationismus sollen hier so widerlegt werden, dass zugleich auch jeder Schöpfungsglaube, ja, jeder Gottesglaube hinfällig wird und überholt wird durch eine allein an der Idee der Evolution ausgerichtete Weltanschauung.

Vor diesem Hintergrund kann es kaum mehr erstaunen, dass es dann auch zu einer intensiven öffentliche Debatte um Evolution und Schöpfung in Biologie- und Religionsunterricht an deutschen Schulen kam, die inzwischen zwar wieder abgeflaut, aber in der Sache nicht erledigt ist. Worum genau ging

1 Vgl. *R.N. Numbers*, The Creationists: From Scientific Creationism to Intelligent Design. Expanded Edition, Cambridge/London 2006, 399.

2 *U. Kutschera* (Hg.), Kreationismus in Deutschland. Fakten und Analysen, Berlin 2007.

3 *R. Dawkins*, The God Delusion, London 2007 (erweiterte Taschenbuchausgabe); dt.: Der Gotteswahn, Berlin 2007.

es damals? Wohl eher zufällig ausgelöst durch ein nur als redaktioneller Bericht veröffentlichtes Interviewgespräch mit der damaligen hessischen Kultusministerin Karin Wolff im Sommer 2007, ließ diese Debatte u. a. erkennen, wie wenig geklärt die Fragen nach dem Verhältnis zwischen Glaube und Naturwissenschaft auch in Deutschland tatsächlich sind und wie wenig in Medien und Öffentlichkeit zwischen Schöpfungsglaube, Kreationismus und Intelligent Design unterschieden wird. Deshalb hat dann der Rat der Evangelischen Kirche in Deutschland (EKD) eine Orientierungshilfe „Weltentstehung, Evolutionstheorie und Schöpfungsglaube in der Schule" veröffentlicht, die insbesondere auf Religionsunterricht und Schule zielt.[4] Darin wird herausgearbeitet, wie sich der christliche Schöpfungsglaube mit naturwissenschaftlichen Erklärungen sinnvoll verbinden lässt und welche Aufgaben sich daraus für die Schule ergeben.

Der vorliegende Beitrag soll klären, ob und in welcher Hinsicht eine Auseinandersetzung mit Kreationismus und Intelligent Design im Religionsunterricht sinnvoll sein kann. Für die Prüfung dieser Frage werden die religionsdidaktischen Erschließungsdimensionen des Elementarisierungsmodells eingesetzt und wird darüber hinaus gefragt, welche Kompetenzen in diesem Zusammenhang gefördert werden können.[5]

1. Kreationismus und Intelligent Design – harter Kern oder Zerrbilder des Schöpfungsglaubens?

Zunächst ist es wichtig, sich klar zu machen, dass die Begriffe *Kreationismus* und *Intelligent Design* zwar verwandte, aber doch durchaus zu unterscheidende Sachverhalte bezeichnen. Dies gilt ebenso für ihre jeweilige Entstehungsgeschichte wie für ihre inhaltliche Ausrichtung, obwohl auch gewisse Überschneidungen zwischen beiden nicht zu übersehen sind.

Die Entstehung des Kreationismus kann als Reaktion auf Charles Darwins Evolutionstheorie angesehen werden.[6] Darwins „Über die Entstehung der Arten" („On the Origin of Species by Means of Natural Selection") erschien 1859. Entsprechend setzt die Geschichte des Kreationismus im letzten Drittel des 19. Jahrhunderts ein (wobei die Frage nach Vorläufern, etwa im Sinne eines historischen Verständnisses der biblischen Schöpfungserzählungen, hier außer Acht bleiben soll). Sie erreicht ihren eigentlichen Höhepunkt al-

4 Hannover 2008 (EKD-Texte 94); der Vf. des vorliegenden Beitrags war als Autor an dieser Orientierungshilfe beteiligt.

5 Vgl. zum Folgenden insgesamt auch *F. Schweitzer*, Schöpfungsglaube – nur für Kinder? Zum Streit zwischen Schöpfungsglaube, Evolutionstheorie und Kreationismus, Neukirchen-Vluyn 2012.

6 Die ausführlichste geschichtliche Darstellung findet sich bei *Numbers*, a. a. O.

lerdings erst mit der Herausbildung des christlichen „Fundamentalismus" in den USA zu Beginn des 20. Jahrhunderts.[7] Im Zentrum des Kreationismus steht das Interesse, an der als „Bericht" oder historische „Darstellung" aufgefassten Schöpfungserzählung von Gen. 1 in einem wortwörtlichen Sinne festhalten zu können. Präziser ausgedrückt, müsste man sagen: Die Auslegung der biblischen Schöpfungserzählung als *historischer Bericht* sollte möglich bleiben. Insofern lässt sich der Kreationismus auch als eine Spielart des Biblizismus verstehen, der eine Abwehr gegen die historisch-kritische Auslegung der Bibel darstellt.[8]

Nach Hansjörg Hemminger sind für den heutigen Kreationismus vor allem folgende Überzeugungen kennzeichnend, die sich gegen naturwissenschaftliche Erkenntnisse wenden:

- „Die Erde ist weniger als 10.000 Jahre alt. Sie wurde einschließlich aller Lebewesen und des Menschen in sechs Tagen erschaffen, wie die Bibel es sagt.
- Die Lebewesen wurden von Gott so geschaffen, wie sie heute sind, oder als Grundtypen, aus denen die heutigen Arten in wenigen tausend Jahren hervorgingen.
- Die Sintflut fand so statt, wie in der Sintfluterzählung beschrieben. Nach Ansicht vieler (nicht aller) Kreationisten entstanden die geologischen Ablagerungen einschließlich der Fossilien durch die Sintflut oder kurz danach.
- In der ursprünglichen Schöpfung gab es keine Sünde und keinen Tod. Der Tod kam erst durch den Fall des Menschen in die Welt".[9]

Mit vielen, heute zum Teil skurril anmutenden Argumenten und „Beweisen" wurde versucht, die Evolutionstheorie zugunsten des „biblischen Schöpfungsberichts" zu widerlegen, wobei dieser freilich selbst mit Hilfe zahlreicher exegetisch illegitimer Deutungen so verändert wurde, dass es „irgendwie" zu passen schien. Wichtig war allein, die Irrtumsfreiheit der Bibel als historisches Dokument zu erweisen.

Begleitet wurde die Geschichte des Kreationismus allerdings von einer durchaus typisch US-amerikanischen Erscheinung – den juristischen Auseinandersetzungen um die Frage, ob die Evolutionstheorie in der Schule gelehrt werden dürfe. Diese Voraussetzung ist auch für die Entstehung des *Intelligent Design* bedeutsam. Als dessen Ausgangspunkt wird gerne das amerikanische Schulbuch „Of Pandas and People" genannt, das im Jahre 1989 erschien. Durch dieses Buch wurde die Rede von „Intelligent Design" in

7 Ebd., 51 ff. Knappe Informationen zur Geschichte des Fundamentalismus u. a. in den USA bietet etwa *J. Lauster*, Art. Fundamentalismus. In: Taschenlexikon Religion und Theologie. Bd. 1, 2008, 386–390.

8 Vgl. dazu die Beiträge in *B. Janowski/F. Schweitzer/C. Schwöbel* (Hg.), Schöpfungsglaube vor der Herausforderung des Kreationismus, Neukirchen-Vluyn 2010.

9 *H. Hemminger*, Mit der Bibel gegen die Evolution. Kreationismus und „intelligentes Design" – kritisch betrachtet. EZW-Texte 195/2007, 6.

großem Stile popularisiert. Aufschlussreich ist dabei der Befund, dass dieses Buch zunächst den Kreationismus propagieren sollte, dann aber, nach einem Entscheid des Supreme Court von 1987, dass Unterricht in Kreationismus nicht verfassungsgemäß sei, von Kreationismus auf Intelligent Design umgestellt wurde.[10] Im Unterschied zum Kreationismus ist Intelligent Design also eine Erscheinung des späten 20. Jahrhunderts. Allerdings kann auch auf frühere Vorläufer einer nicht biblizistischen, sondern wissenschaftlichen Kritik an der Evolutionstheorie verwiesen werden, aber die für das Verständnis von Intelligent Design wichtigen Veröffentlichungen sind doch auf die Zeit seit den 1980er Jahren zu datieren. Eine Rolle spielte auch der – in diesem Sinne kaum intendierte – Einfluss des Anti-Kreationisten Richard Dawkins, dessen „God Delusion" bereits genannt wurde. Schon 1986 hatte er mit seinem Buch „The Blind Watchmaker" die Evolution mehr oder weniger als Gott eingesetzt und Darwin dafür gedankt, dass er „es möglich gemacht habe, ein intellektuell erfüllter Atheist" zu sein. Dawkins verwirft die ersten Kapitel der Genesis als eine weitere Spielart von Schöpfungsmythos, „der eben von einem bestimmten Stamm der Horten im mittleren Osten angenommen worden sei". Überhaupt sei der Glaube „eines der größten Übel der Welt, vergleichbar mit dem Pockenvirus, aber schwerer auszurotten".[11]

Intelligent Design ist kein Biblizismus. Er beruft sich vielmehr von Anfang an ausdrücklich auf „wissenschaftliche Argumente", die freilich auch Raum schaffen sollen für Gott als den „Designer". Denn die „Eigenschaften der Lebewesen" seien nur zu verstehen, „wenn man sie als Ergebnis einer intelligenten Planung durch den Schöpfer betrachtet".[12] Insofern zielt der Versuch des Intelligent Design darauf, die Stimmigkeit der Evolutionstheorie zu widerlegen. Bei diesem Versuch erhielten die Vertreter dieser Sichtweise Unterstützung durch das amerikanische Discovery Institute sowie Spenden in Millionenhöhe von evangelikaler Seite.[13] Der wissenschaftliche Chronist des Kreationismus Ronald L. Numbers versäumt allerdings umgekehrt auch nicht den Hinweis darauf, dass der Anti-Kreationist Dawkins von dem „Microsoft-Millionär Charles Simonyi" einen Lehrstuhl in Oxford spendiert bekommen habe und von diesem stolz als „Darwins Rottweiler" gelobt worden sei.[14] Interessen gibt es offenbar nicht nur auf einer Seite.

In der Sicht der allermeisten Theologen mögen Kreationismus und Intelligent Design in der Sicht ihrer Vertreter als harter Kern des Schöpfungsglaubens angesehen werden, aber dieses Urteil findet keineswegs allgemeine Zustimmung im Christentum. Die Auslegung der biblischen Schöpfungs*erzählung* als Schöpfungs*bericht* stellt exegetisch- und systematisch-theologisch

10 *Numbers*, a. a. O., 375 f.; *Hemminger*, a. a. O., 39 f.

11 Zitiert nach *Numbers*, a. a. O., 374 f.

12 *Hemminger*, a. a. O., 39.

13 *Numbers*, a. a. O., 382.

14 Ebd., 375.

eine Verengung oder Verzerrung dar. Sie wird jedenfalls den biblischen Schöpfungstexten nicht gerecht. Exemplarisch zeigt dies das Schöpfungslob in den Psalmen (etwa Psalm 104), das schon aufgrund seiner poetischen Gestalt nicht mit einem wie auch immer als „wissenschaftlich“ zu bezeichnenden Bericht verwechselt werden kann.[15] Der Versuch des Intelligent Design, die Evolutionstheorie anhand von deren Lücken zu widerlegen, führt zu einem „Lückenbüßergott“, wie ihn schon Dietrich Bonhoeffer als sinnlos abgelehnt hat. In einer solchen Auffassung findet Gott seinen Platz in den Lücken der naturwissenschaftlichen Forschung, aber eben jeweils nur solange, bis die entsprechende Lücke geschlossen worden ist und Gott gleichsam zur nächsten Lücke flüchten muss usw. usw.[16]

So sind denn Kreationismus und Intelligent Design auch keineswegs die einzigen Arten und Weisen, auf die die Theologie auf die Evolutionstheorie geantwortet hat. Vielmehr gibt es bekanntlich eine fortgesetzte Diskussion zwischen Theologie und Naturwissenschaften, auf die im vorliegenden Beitrag mit seiner Konzentration auf Kreationismus und Intelligent Design allerdings nur als weiteren Horizont und als eigenes Thema auch für den Unterricht verwiesen werden soll.[17] Doch zunächst muss von den Kindern und Jugendlichen im Religionsunterricht die Rede sein.

2. Sind Kinder und Jugendliche „geborene Kreationisten“?

Wenn Kinder davon sprechen, wie Gott die Welt „gemacht“ habe, fällt es manchen Erwachsenen und besonders Religionslehrerinnen und -lehrern manchmal schwer, ruhig zu bleiben. Viel näher läge es ihnen, sofort ent-

15 Vgl. *B. Janowski*, Konfliktgespräche mit Gott. Eine Anthropologie der Psalmen, Neukirchen-Vluyn 2003, 62 f., 206, der diesen Schöpfungspsalm unter dem Aspekt „Vom Leben zum Tod“ aufnimmt und ihn mit dem Thema „Lebensversorgung durch Gott“ verbindet.

16 *D. Bonhoeffer*, Widerstand und Ergebung. Briefe und Aufzeichnungen aus der Haft, hg. v. *E. Bethge*, Hamburg 1951. Dort heißt es: „Es ist mir wieder ganz deutlich geworden, dass man Gott nicht als Lückenbüßer unserer unvollkommenen Erkenntnis figurieren lassen darf; wenn nämlich dann – was sachlich zwangsläufig ist – sich die Grenzen der Erkenntnis immer weiter herausschieben, wird mit ihnen auch Gott immer wieder weggeschoben und befindet sich demgemäß auf einem fortgesetzten Rückzug. In dem, was wir erkennen, sollen wir Gott finden, nicht aber in dem, was wir nicht erkennen; nicht in den ungelösten, sondern in den gelösten Fragen will Gott von uns begriffen sein. Das gilt für das Verhältnis von Gott und wissenschaftlicher Erkenntnis.“ (155) Und: „Gott als moralische, politische, naturwissenschaftliche Arbeitshypothese ist abgeschafft, überwunden; ebenso aber als philosophische und religiöse Arbeitshypothese (Feuerbach!). Es gehört zur intellektuellen Redlichkeit, diese Arbeitshypothese fallen zu lassen bzw. sie so weitgehend wie irgend möglich auszuschalten. Ein erbaulicher Naturwissenschaftler, Mediziner etc. ist ein Zwitter.“ (177)

17 Vgl. dazu neben der im Folgenden genannten Literatur beispielsweise die informative Darstellung bei *J. Polkinghorne*, Theologie und Naturwissenschaften. Eine Einführung, Gütersloh 2001.

schieden zur Korrektur solcher Auffassungen zu schreiten, die den biblischen Glauben verdinglichen und verzerren. Aus Kindermund scheint hier eine theologisch noch immer nicht aufgeklärte Welt der religiösen Sozialisation zu sprechen, vielleicht sogar unter dem Einfluss eines christlichen Fundamentalismus.

Eine solche Reaktion von Erwachsenen übergeht freilich einen entscheidenden Unterschied zwischen den kindlichen Vorstellungen von Schöpfung und Weltentstehung einerseits und Kreationismus und Intelligent Design andererseits. Während Kreationismus und Intelligent Design sich als Versuch herausgebildet haben, *gegen* naturwissenschaftliche Erkenntnisse an einem Verständnis der biblischen Schöpfungserzählungen als historischen Berichten oder an einem göttlichen Designer als Alternative zur Evolutionstheorie festzuhalten, ist eine solche Entgegensetzung zur Wissenschaft dem kindlichen Denken fremd. Die kindlichen Vorstellungen von Schöpfung und Weltentstehung liegen einer kritischen Reflexion auf unterschiedliche und möglicherweise gegensätzliche Deutungsweisen biographisch weit voraus. Der „wörtliche Glaube" von Kindern, wie er in psychologischen Entwicklungstheorien beschrieben worden ist, unterscheidet sich deshalb deutlich von dem wortwörtlich-historisierenden Glauben von Kreationisten. Deshalb gilt auch: Wer den Kreationismus ablehnt, kann einem kindlichen Glauben gleichwohl offen und anerkennend begegnen.[18]

Für Kinder stellt das Nebeneinander von unterschiedlichen Betrachtungsweisen in der Regel kein Problem dar. Vielfach ändert sich dies aber mit dem Übergang ins Jugendalter, wenn aus diesem Nebeneinander eine Konkurrenz divergierender „Erklärungen" der Weltentstehung wird, die nicht aufzulösen ist. Dieser Konflikt wird religionspädagogisch häufig unterschätzt, wie etwa Oliver Kliss eindrücklich gezeigt hat.[19] Sein Gewicht gewinnt dieser Konflikt daraus, dass er sich nicht einfach auf eine isolierte kognitive Herausforderung bezieht, sondern Teil des „Abschieds von der Kindheit" und vom „Kinderglauben" oder jedenfalls von einem kindlichen Weltbild ist. Auch für Jugendliche, die keine ausdrückliche religiöse Erziehung erfahren haben und die keinerlei von kreationistischen Vorstellungen beeinflussten religiösen Sozialisation ausgesetzt waren, geht es dabei um einen Umbruch im Weltbild und eine weitreichende Neuorientierung.

Drei Entwicklungsverläufe können im Blick auf den kindlichen Schöpfungsglauben idealtypisch unterschieden werden: Mit dem als kindisch und als nicht mehr nachvollziehbar wahrgenommenen Kinderglauben kann jede Form von Glaube zugunsten eines zumindest der Intention nach rational-aufgeklärten Weltbildes abgelehnt werden. Der Kinderglaube kann aber auch,

18 Vgl. *Schweitzer*, Schöpfungslaube – nur für Kinder?, a. a. O.

19 *O. Kliss*, Hat Gott die Welt geschaffen? Schöpfungsglaube und Naturwissenschaft in Klasse 9, in: *F. Schweitzer* in Zus. mit *K.E. Nipkow u. a.*, Elementarisierung im Religionsunterricht. Erfahrungen, Perspektiven, Beispiele, Neukirchen-Vluyn ^{4}2013, 47–69.

wie manche Äußerungen Jugendlicher zeigen, als eine Art isoliertes Residuum weiterexistieren. Dies setzt allerdings voraus, dass die Kompatibilität dieses Residualglaubens mit den übrigen Lebens- und Handlungsorientierungen nicht auf die Probe gestellt wird. Die dritte Möglichkeit liegt in einer reflektierten Verbindung zwischen Glaube und Wissenschaft, zwischen Schöpfungs- und Evolutionsvorstellungen, wie sie etwa mit dem Begriff der Komplementarität beschrieben werden kann. In der Fähigkeit zu einem komplementären Denken liegt religionspädagogisch gesehen das Ziel.[20]

Bei ihren empirischen Untersuchungen zu „Weltbildentwicklung und Schöpfungsverständnis" bei Kindern und Jugendlichen kommen Reto Fetz/Helmut Reich/Peter Valentin zu dem Ergebnis, dass ein Erreichen komplementären Denkens entscheidend von dem Übergang von der „Objekt- zur Mittelreflexion" abhängig sei, d.h. dass über die „Mittel" des Denkens oder Erkennens reflektiert und deren unterschiedliche Reichweite eingeschätzt wird:

„Der entscheidende Schritt, der über den Kinderglauben hinausführt, ist der Schritt von der Objektreflexion zur *Mittelreflexion*. Dieser Schritt besagt generell, dass sich die Reflexion nicht bloß auf die gegenständlich vorgestellte und gedachte Welt bezieht, sondern auf die Vorstellungen und Denkkategorien selbst, das heißt eben auf die Mittel, die das Subjekt einsetzt, um die Objektwelt vorzustellen und zu denken."[21]

Dieser Schritt sei so bedeutsam, weil nun auch die „Repräsentationsmittel hinterfragt, kritisiert, abgelehnt, mit Bedacht neu gewählt oder sogar eigens elaboriert werden" können.[22] Dies bedeutet, dass nun beispielsweise die Frage, ob Gott sich mit Hilfe naturwissenschaftlicher Erkenntnismethoden erfassen oder gar nachweisen, aber auch widerlegen lasse, erörtert und geklärt werden kann.[23] Daraus ergeben sich wichtige Impulse für den Unterricht.

Die Aufgaben für den Unterricht erwachsen dabei nicht zuletzt aus den offenbar zunehmenden Schwierigkeiten, die Jugendliche im Blick auf den Schöpfungsglauben zu haben scheinen. Beispielsweise ergab eine bundesweite und internationale Befragung von Konfirmandinnen und Konfirmanden, dass es nur noch eine abnehmende Minderheit ist, die der Aussage „Die

20 Vgl. auch die verwandte, aber etwas anders ausgerichtete Darstellung bei *C. Höger*, Abschied vom Schöpfergott? Welterklärungen von Abiturientinnen und Abiturienten in qualitativ-empirisch religionspädagogischer Analyse, Berlin 2008; vgl. auch *ders.*, Kein Pauschalabschied vom Schöpfergott: Welterklärungen von Abiturientinnen und Abiturienten. Eine qualitativ-empirische Studie. In: H.-G. Ziebertz (Hg.), Praktische Theologie – empirisch. Methoden, Ergebnisse und Nutzen, Berlin 2011, 99–126.

21 *R.L. Fetz/K.H. Reich/P. Valentin*, Weltbildentwicklung und Schöpfungsverständnis. Eine strukturgenetische Untersuchung bei Kindern und Jugendlichen, Stuttgart u.a. 2001, 247.

22 Ebd., 252.

23 Vgl. dazu auch die Befunde aus der Befragung von Erwachsenen bei *M. Rothgangel*, Naturwissenschaft und Theologie. Wissenschaftstheoretische Gesichtspunkte im Horizont religionspädagogischer Überlegungen, Göttingen 1999, 87 ff.

Welt ist von Gott erschaffen" zustimmen kann.[24] Ein komplementäres Verständnis wird offenbar in der Regel nicht erreicht.

3. Chancen eines erkenntnis- und wissenschaftstheoretisch reflektierten Unterrichts

In der Überschrift zu diesem Abschnitt spreche ich bewusst nicht vom *Religions*unterricht, sondern einfach von Unterricht.[25] Denn die im letzten Abschnitt als wesentlich herausgestellte „Mittelreflexion", die auch als erkenntnis- und wissenschaftstheoretische Reflexion beschrieben werden kann, sollte nicht nur im Religionsunterricht gepflegt werden, sondern auch in anderen Fächern der Schule, nicht zuletzt in den naturwissenschaftlichen Fächern.[26] Darüber hinaus empfiehlt sich bei Themen im Umkreis von Glaube und Naturwissenschaft generell die Möglichkeit eines fächerverbindenden Unterrichts, etwa zwischen Religionsunterricht und Biologie.[27] Meine These zielt nun darauf, dass die Behandlung von Kreationismus und Intelligent Design die Ausbildung einer Mittelreflexion unterstützen kann. In einem weiteren Schritt soll darüber hinaus gezeigt werden, dass ein solcher Unterricht auch in wesentlicher Weise zur Kompetenzbildung beiträgt.

Die Kennzeichnung von Kreationismus und Intelligent Design (s. o., 1.) macht deutlich, dass diese beiden Begriffe ihre Konturen durch einen Vergleich miteinander sowie durch den Bezug auf Schöpfungsglaube einerseits und Evolutionstheorie andererseits gewinnen können. Darüber hinaus erwies sich die Entstehungsgeschichte beider als hilfreicher Zugang zu ihrem Verständnis. Aus den Überlegungen zur religiösen Entwicklung im Kindes- und

24 Vgl. *F. Schweitzer/K. Niemelä/T. Schlag/H. Simojoki* (Hg.), Youth, Religion and Confirmation Work in Europe. The Second Study, Gütersloh 2015, 296.

25 Zum weiteren Hintergrund des Folgenden vgl. neben der bereits genannten Darstellung von M. Rothgangel auch die Arbeiten von *V.-J. Dieterich*, Naturwissenschaftlich-technische Welt und Natur im Religionsunterricht. Eine Untersuchung von Materialien zum Religionsunterricht in der Weimarer Republik und in der Bundesrepublik Deutschland (1918–1985). 2 Bde., Frankfurt/M. u. a. 1990, *ders*, Glaube und Naturwissenschaft (Oberstufe Religion Materialheft 2), Stuttgart [8]1996 mit dem dazugehörigen Lehrerheft (Stuttgart [2]1996).

26 Vgl. dazu die Hinweise in *EKD*, Weltentstehung, a. a. O., 18 ff., wo „Anforderungen an eine umfassende und differenzierte Bildung" formuliert und Anregungen für Religionsunterricht und die Zusammenarbeit mit anderen Fächern gegeben werden.

27 Aus der Biologiedidaktik vgl. die Themenheft: Unterricht Biologie 32(April 2008) zu „Evolution & Schöpfung" sowie Der mathematische und naturwissenschaftliche Unterricht 60(2007), Heft 4 zu Evolutionsbiologie und Kreationismus. Zu Schülervorstellungen aus biologiedidaktischer Perspektive vgl. *M. Hammann/R. Asshoff*, Schülervorstellungen im Biologieunterricht. Ursachen für Lernschwierigkeiten, Seelze 2014. Als Versuch eines Brückenschlags zwischen Religions- und Biologieunterricht vgl. *S. Gemballa/F. Schweitzer*, Was können Biologieunterricht und Religionsunterricht voneinander erwarten? In: Janowski u. a., a. a. O., 172–191

Jugendalter (s. o., 2.) ergibt sich die Einsicht, dass eine Konzentration auf die *erkenntnis- und wissenschaftstheoretischen Voraussetzungen* von Kreationismus, Intelligent Design, Schöpfungsglaube und Evolutionstheorie religionspädagogisch besonders hilfreich ist. Entsprechend muss der Unterricht ausgerichtet sein.[28] Dies kann ansatzweise bereits in der Sekundarstufe I geschehen, vor allem aber in der Sekundarstufe II.

Soweit sich ein solcher Unterricht auf das Thema Religion bezieht, mündet er in der Konsequenz im weiteren Horizont des Verhältnisses von Glaube und Wissenschaft insgesamt. Ob die sich an Immanuel Kant anlehnende unterrichtliche Zielsetzung, dem Glauben durch eine klare Bestimmung der Vernunft in ihren Möglichkeiten und Grenzen Raum zu schaffen, ausreichend ist, lasse ich an dieser Stelle offen.[29] Kaum zu bezweifeln scheint mir, dass die Einsicht in die bleibende Unterschiedenheit der Weltzugänge – des Glaubens einerseits und der wissenschaftlichen Erkenntnis andererseits – gerade im Jugendalter weiterführend sein kann. Zumindest hingewiesen sei aber auch auf die Frage, ob die schiedlich-friedliche Trennung zwischen dem Bereich des Glaubens und dem Bereich der Wissenschaft nicht jeden Dialog und jede Form der wechselseitigen Kritik vorschnell ausschließt. Insofern sind Versuche, das wechselseitig kritische Gespräch zwischen Theologie und Naturwissenschaft, unter Voraussetzung ihrer bleibenden Unterschiedenheit, gleichwohl weiter voranzutreiben, auch religionspädagogisch zu beachten.

Weitere Fragen, die im Unterricht aufgenommen werden sollten, beziehen sich auf das Verständnis von Wahrheit. Wenn Jugendliche meinen, man müsse sich zwischen Genesis 1 und Evolutionstheorie entscheiden, denn beides „könne ja nicht gut gleichzeitig stimmen"[30], liegt darüber hinaus eine Thematisierung des Verständnisses von Wahrheit nahe. Ziel dieser Thematisierung ist ein differenzierendes Wahrheitsverständnis, das der bleibenden Geltung und Bedeutsamkeit unterschiedlicher Wahrheiten bzw. unterschiedlicher Formen von Wahrheit Rechnung trägt, beispielsweise mit der Unterscheidung zwischen Wahrheit von Tatsachenbehauptungen und der Wahrheit geschichtlicher Deutungen oder poetischer Aussagen.[31] Dies betrifft direkt die

28 Vgl. als weiteren Hintergrund auch die entsprechenden wissenschaftstheoretischen sowie auf eine „religionspädagogische Vermittlung wissenschaftstheoretischer Aspekte" bezogenen Überlegungen bei *Rothgangel*, aaO., bes. 239 ff. Vgl. auch *P. Kliemann/F. Schweitzer*, Schöpfung als Thema des Religionsunterrichts. Bildungspläne – Religionsdidaktische Modelle – Herausforderungen. In: ZPT 61 (2009), 382–391.

29 Weiterführende Impulse finden sich z. B. bei *Polkinghorne*, a. a. O.; zu Fragen von Evolution und Schöpfung des Menschen bietet der Band *L. Klinnert* (Hg.), Zufall Mensch? Das Bild des Menschen im Spannungsfeld von Evolution und Schöpfung, Darmstadt 2007 knappe und anregungsreiche Beiträge.

30 Vgl. oben.

31 Vgl. *W. Härle/M. Heesch/R. Preul* (Hg.), Befreiende Wahrheit. Festschrift für Eilert Herms zum 60. Geburtstag, Marburg 2000, darin bes. *F. Schweitzer*, Bildung und Wahrheit, ebd. 563–576, *K.E. Nipkow*, Wahrheitsfrage und Schule. Zur kategorialen Klärung zerbrechender Zusam-

Frage nach „elementaren Wahrheiten", auch unter Berücksichtigung unterschiedlicher entwicklungsbezogener Auffassungen von Wahrheit.

4. Welche Kompetenzen werden gestärkt?

Die Überlegungen zu einer elementarisierenden Erschließung des Themas Kreationismus und Intelligent Design führten zu einer Akzentuierung besonders der elementaren Strukturen (Abschnitt 1) sowie der elementaren entwicklungsbedingten Zugänge (Abschnitt 2). Darüber hinaus brechen im Unterricht Wahrheitsfragen auf (Abschnitt 3), die auf die Elementarisierungsdimension der elementaren Wahrheiten verweisen.

Dieser Akzentuierung entsprechend können besonders drei Kompetenzen in einem solchen Unterricht gestärkt werden:

- *Sachkompetenz* im Blick auf Kreationismus und Intelligent Design, aber auch auf den weiteren Zusammenhang von Schöpfungsglaube und Evolutionstheorie. Die entsprechende Sachkompetenz umfasst nicht nur Kenntnisse und also ein Wissen um die entsprechenden Auffassungen, sondern auch den Einblick in deren jeweilige Entstehung und ihre Voraussetzungen sowohl in der Geschichte als auch hinsichtlich von Erkenntnis- und Wissenschaftstheorie. Soweit man sich dieser Terminologie bedienen möchte, gewinnt diese Sachkompetenz eine wissenschaftspropädeutische Ausrichtung.
- Damit geht die Sachkompetenz bereits über in die *Urteilskompetenz*, die in Anlehnung an Theorien der Entwicklung eines Denkens in Komplementarität einen Schwerpunkt bei der sog. Mittelreflexion besitzen soll. Unterricht über Kreationismus und Intelligent Design, wie er hier empfohlen wird, schließt eine Reflexion auf die Mittel und Wege, die Formen, Möglichkeiten und Grenzen des menschlichen Denkens und Erkennens in konstitutiver Weise ein. Die Urteilsfähigkeit gewinnt dadurch auch im Blick auf Glaube und Religion neue Möglichkeiten.
- *Orientierungskompetenz* in der Auseinandersetzung mit unterschiedlichen Weltanschauungen und Wahrheitsansprüchen spielt bei der vorliegenden Thematik eine ebenfalls unverzichtbare Rolle. Der Einblick in die unterschiedlichen Begründungen konkurrierender sowie nicht miteinander konkurrierender Wahrheitsansprüche ist in sich selbst orientierend. Durch den Bezug der Überzeugungen auf die eigene Person, der im Unterricht „durchgespielt" werden sollte, wird die bleibende Bedeutung unterschiedlicher Dimensionen von Wahrheit auch existenziell nachvollziehbar.

menhänge, ebd. 577–590. Entwicklungspsychologische Überlegungen bei *F. Schweitzer*, Wahrheit im Wandel des Lebenslaufs. In: Praxis Gemeindepädagogik 60(2007), 6–8.

So gesehen steht außer Zweifel, dass Kreationismus und Intelligent Design im Religionsunterricht aufgenommen werden können und sogar aufgenommen werden sollten – weil sie aktuelle Herausforderungen auch für die Diskussion in Deutschland sind und die Auseinandersetzung damit Chancen für weiterreichende Bildungsprozesse eröffnet.

Ulrike Baumann

Reich Gottes für mich? Die Botschaft Jesu im Religionsunterricht der Oberstufe

1. Einführung

Der evangelische Religionsunterricht in der gymnasialen Oberstufe hat eine elementare religiöse Bildung von Schülerinnen und Schülern im mittleren Jugendalter zum Ziel. Religionsdidaktisch folgt daraus die Aufgabe der Elementarisierung, d. h. zusammen mit den Jugendlichen Inhalte des christlichen Glaubens zu erschließen. Dazu gehört im Kern das Bekenntnis zu Jesus Christus. Es wird im Kernlehrplan für den evangelischen Religionsunterricht in der gymnasialen Oberstufe in Nordrhein-Westfalen durch das Inhaltsfeld 3 „Das Evangelium von Jesus Christus" repräsentiert.[1] Dieser Lehrplan orientiert sich an Kompetenzen, die von den Schülerinnen und Schülern im Laufe des Oberstufenunterrichts erworben werden sollen. Auf einer obersten Ebene sind dies Wahrnehmungs- und Deutungsfähigkeit, Urteilsfähigkeit, Dialogfähigkeit, Gestaltungsfähigkeit sowie methodische Fähigkeiten. Diese übergeordneten Kompetenzerwartungen werden auf theologische Inhaltsfelder bezogen, wodurch auch das Inhaltsfeld 3 deutlichere Konturen gewinnt: Im Laufe der Qualifikationsphase sollen die Schülerinnen und Schüler u. a. die Botschaft Jesu vom Reich Gottes anhand der Gleichnisse und der Bergpredigt darstellen können. Sie sollen erläutern können, welche Lebensorientierungen und Hoffnungsperspektiven sich aus dieser Botschaft ergeben; dies gilt besonders für das Leben der christlichen Kirche, die das Auftreten Jesu als Anbruch des Reiches Gottes versteht. Begründet sollen die Schülerinnen und Schüler die individuellen und sozialen lebenspraktischen Folgen beurteilen, die in Geschichte und Gegenwart mit der Reich-Gottes-Botschaft verbunden sind.[2] Dabei erwarten der Kernlehrplan ebenso wie die darauf aufbauenden Vorgaben für das Zentralabitur eine Verbindung zu christologischen Reflexionsanstrengungen.

Es geht also um die Fähigkeit, Bekenntnisinhalte verstehen und erkenntnismäßig durchdringen zu können, wobei auch die religiöse und ethische Urteilsbildung eine entscheidende Rolle spielt. Diese vom Kernlehrplan vorgegebene Obligatorik werden die Schülerinnen und Schüler nur durch einen

1 *Ministerium für Schule und Weiterbildung des Landes Nordrhein-Westfalen*, Kernlehrplan für die Sekundarstufe II, Gymnasium/Gesamtschule, Evangelische Religionslehre, Düsseldorf 2013, 16.
2 Ebd., 42–43.

elementarisierenden Unterricht erreichen, dem es um die wechselseitige Erschließung von Inhalten und Personen geht. Reich-Gottes-Botschaft und Christologie geraten dabei ausgehend von Fragen und Deutungen in den Blick, die Schülerinnen und Schüler von ihren lebensweltlichen Erfahrungen her thematisieren. Es gilt also die potenziell für die Jugendlichen elementaren Aspekte des Inhaltsfeldes zu erkennen. Nur vor diesem fachdidaktischen Hintergrund ist einzuschätzen, was die inhaltsfeldbezogenen Kompetenzerwartungen des Kernlehrplans für die Gestaltung und Qualität des Religionsunterrichts bedeuten. Für den Erwerb dieser Fähigkeiten sind die Wege und elementaren Formen des Lernens sehr bedeutsam. Nur die Aktivität der Schülerinnen und Schüler beim Lernen ermöglicht Kompetenzerwerb, und das hat Konsequenzen für die Gestaltung der Unterrichtsprozesse. Es gilt, offene Lernsituationen und komplexe Lernaufgaben zu konstruieren, deren Bearbeitung es erfordert, mehrere Kompetenzen gleichzeitig anzuwenden und sie durch Übung weiter zu entwickeln. Ein guter Religionsunterricht ermöglicht die Selbsttätigkeit der Schülerinnen und Schüler und traut ihnen im christologischen Bereich eine produktive Auslegung biblischer Texte zu. Er bindet die von den Jugendlichen selbst hergestellten Bezüge reflektiert ein und übergeht dabei auch solche Äußerungen nicht, die von der wissenschaftlich ermittelten Aussageabsicht eines Textes abweichen. Vielleicht spiegelt sich gerade in ihnen die gewünschte elementare Betroffenheit durch die Sache. Die folgende Darstellung entfaltet dies für eine 11. Jahrgangsstufe am Beispiel der Reich-Gottes-Botschaft Jesu und verbindet dabei Kompetenzorientierung und Elementarisierung miteinander.

2. Reich Gottes – ein unzugänglicher Begriff?

Die Zugänge zu christologischen Themen unter Oberstufenschülerinnen und -schülern heute sind vielfältig und heterogen. Das belegt Tobias Ziegler in seiner Studie unter 16- bis 17-jährigen Jugendlichen in 25 evangelischen Religionsklassen an Gymnasien in Baden-Württemberg.[3]

Ziegler gewann seine empirischen Daten durch eine offene schriftliche Befragung, die zu 386 Aufsätzen zum Thema *„Was ich von Jesus denke …“* führte. Anhand von fünf offenen Fragen sollten die Schülerinnen und Schüler ihre Sicht von Jesus Christus gegenüber einem fiktiven Gesprächspartner entfalten und reflektieren. Mit Hilfe rekonstruktiv-hermeneutischer Interpretation und inhaltsanalytischen Methoden werden anhand der Aufsätze sowohl individuelle Zugänge der Jugendlichen zur Christologie in den Blick

3 Vgl. *T. Ziegler*, Jesus als „unnahbarer Übermensch“ oder „bester Freund“. Elementare Zugänge Jugendlicher zur Christologie als Herausforderung für Religionspädagogik und Theologie, Neukirchen-Vluyn 2006.

genommen als auch elementare Zugangsweisen herausgearbeitet, die für die Befragten insgesamt charakteristisch sind. Ergebnisse der Befragung flossen in drei von Ziegler dokumentierte Gruppendiskussionen über elementare christologische Wahrheitsfragen ein. Aus den Dokumenten wurden die Zugänge zur Christologie herausgearbeitet sowie ihr Zusammenhang mit verschiedenen Erfahrungshintergründen und unterschiedlichen Fassungen der Wahrheitsfrage.[4]

In den Aufsätzen und Gesprächen zeigten sich die Jugendlichen durchaus kompetent, in religiösen und ethischen Fragen begründet zu urteilen. Außerdem konnten sie in einem religiösen Dialog von einem Standpunkt aus argumentieren und die Perspektive des andern einnehmen. Eine für die Mehrheit charakteristische Einstellung zu Jesus Christus hat Ziegler aber nicht einmal tendenziell erheben können. Das Spektrum der Zugänge reicht „von Jugendlichen, die von ‚Jesus Christus' kaum oder gar nicht angesprochen werden, über solche, deren Gewissheiten des Kinderglaubens erschüttert werden, bis zu denen, für die der Glaube an Jesus *die* existentielle Grundüberzeugung ihres Lebens bedeutet."[5] Diese Pluralität ist eine Herausforderung für religiöse Lernprozesse, und der Religionsunterricht kann dabei mit dem Interesse der Jugendlichen rechnen. Bei rund 60 % der von Ziegler befragten Jugendlichen war die Motivation zur kritischen Auseinandersetzung mit elementaren christologischen Wahrheitsfragen hoch. Da sie die Wahrheit christologischer Aussagen kontrovers beurteilen, ist der Streit zunächst unter den Jugendlichen selbst auszutragen und angesichts der sich dort zeigenden Aporien vertiefend auf biblische Texte und elementare exegetische Einsichten zurückzugreifen.

Für einen Großteil der Jugendlichen beschränkten sich die elementaren Strukturen von Jesu Identität auf seine Sicht als Gottes Sohn, die allerdings äußerst umstritten ist. Außerdem sehen ihn viele als Wundertäter, der seinen Auftrag durch karitative Taten erfüllte. Mädchen zeigten sich dem Glauben an Jesus Christus gegenüber aufgeschlossener als Jungen. Weibliche Jugendliche sehen hier häufiger eine Quelle stärkender Erfahrungen wie Kraft, Mut und Hoffnung. Sie charakterisieren ihr Verhältnis zu Jesus eher als eine Vertrauensbeziehung, die mit einer engen Freundschaft vergleichbar ist. Jungen fokussierten die Wunder Jesu eher als Ausdruck von Macht, und die Solidarität Jesu mit uns Menschen in seinem Leiden und Fühlen war ihnen weniger zugänglich. Die Mehrheit aber war sich darin einig, dass eine Orientierung an Jesus als Leitfigur für das menschliche Zusammenleben förderlich ist.[6] Die 16-jährige Olga schildert Jesus als Prediger des Gottesglaubens:

„Die Menschen glauben an Jesus Christus, weil er sehr überzeugend sprach und die Menschen, auch die Armen, verstehen konnte … Ich denke Gottes Glaube, oder das,

4 Ebd., 169–170, 185.
5 Ebd., 501.
6 Ebd., 502–515.

was in der Bibel steht, sind oft nicht so verständlich, aber anhand von Jesu Gleichnissen und Lebenswegen sind sie teilweise einfacher zu verstehen. Gottes Glaube wurde durch Jesus verkörpert."[7]

Inhaltlich wird Jesu Reden von Gott meist nicht spezifiziert, und Äußerungen wie die der 17-jährigen Silke sind selten:

„Jesus war ein junger Mann, der den Menschen das Reich Gottes näher bringen wollte. Er wollte den Menschen helfen, eine Religion zu finden, in der jeder anerkannt wird und gleich viel wert ist, egal ob Pharisäer, Zöllner, Prostituierte, Arme oder Kranke."[8]

In den 386 Aufsätzen wird das Reich Gottes nur 15 Mal genannt, der Begriff „Evangelium" als Bezeichnung der frohen Botschaft taucht nur 4 Mal auf. Manche sehen die Folgen des durch Jesus bewirkten Heils eher in einem als „Paradies" bezeichneten Jenseits als in der Gegenwart. Dass sich Jesus der Gleichnisse zur Verkündigung der Reich-Gottes-Botschaft bedient, wird nie erwähnt.[9] Hier liegt der stärkste Unterschied zu den o.g. verbindlichen Vorgaben, die das Reich Gottes berechtigterweise als elementar für die Botschaft Jesu herausstellen.

„Evangelium" und „Reich Gottes" stehen im Zentrum der Verkündigung Jesu. Er nimmt hier Vorstellungen mit einer längeren Vorgeschichte auf. Im Alten Testament ist von der gegenwärtigen Königsherrschaft Gottes die Rede, die eine kosmische Dimension hat (Ps 145,10–13). Vergleichbar ist die Wendung „Himmelreich" (Mt 3,2; 5,3), die nichts anderes meint als „Gott regiert als König". Die Metapher „Himmel" ermöglicht vielfältige Assoziationen, um das Verständnis dieser Gottesherrschaft anzubahnen.

Das in griechischen Übersetzungen zu findende Wort *Basileia* kann „Reich" und „Herrschaft" bedeuten. Hier werden räumliche Aspekte und Aspekte des Handelns angesprochen, die das Kommen und Wirken Gottes kennzeichnen. Die jüdische Erwartung der Königsherrschaft Gottes lässt präsentische und futurische Deutungen zu, wobei letztere mit dem Kommen des Messias bzw. Menschensohns verbunden werden kann. Jesus setzt in seiner Verkündigung diese reiche Tradition voraus und akzentuiert sie auf seine Weise. Er spricht vom Kommen des Reiches Gottes in der Zukunft und in präsentischen Aussagen, wobei die Zukunft gewissermaßen in die Gegenwart hineinragt und sie bestimmt. Mk 1,15 bringt beides exemplarisch in Verbindung. Jesus ruft dazu auf, „das Leben in Gegenwart und Zukunft unter der Perspektive Gottes zu betrachten und sich deshalb jetzt schon auf das Gottesreich auszurichten."[10]

7 Ebd., 246–247.
8 Ebd., 262.
9 Ebd., 219–220, 297–298, 512.
10 *P. Müller/G. Büttner/R. Heiligenthal/J. Thierfelder*, Die Gleichnisse Jesu, Stuttgart 2002, 111; *G. Theißen/A. Merz*, Der historische Jesus. Ein Lehrbuch, Göttingen 1996, 221–255.

Wie kann eine so umfassende theologische Vorstellung für Jugendliche zugänglich und verständlich werden? Den von Ziegler befragten Jugendlichen zufolge hat der Religionsunterricht in der Sekundarstufe I zur Erschließung eines Zugangs zum Thema „Jesus Christus“ wenig beigetragen. Viele greifen auf die in der Kindheit angeeignete Christologie zurück. Jesus sei in der Grundschule durch das Hören von Geschichten und das Malen von Bildern intensiv behandelt worden. Den Erfahrungen der Kindheit ist also als einer unhintergehbaren Ausgangsbasis bei christologischen Lernprozessen Rechnung zu tragen. Andererseits lassen die narrativen Entfaltungsversuche vermuten, „dass jene Erzählungen seit ihrer mythisch-wörtlichen Aneignung nicht weiter reflektiert worden sind“[11]. Deshalb verwundert es nicht, dass sich manche Jugendliche vor dem Hintergrund ihrer aktuellen Entwicklungsaufgaben und Interessen davon absetzen. Die Botschaft Jesu verlangt in der Oberstufe nach einer dem Entwicklungsstand der Jugendlichen entsprechenden Profilierung. Dass die biblischen Quellen das Reich Gottes nicht eindeutig definieren, führt hier zu religionspädagogischen Chancen. Kompetenzen mit Blick auf die Christologie sind ohne inhaltsbezogene Kenntnisse nicht denkbar. Ich werde deshalb auf das Gleichnis vom Sämann und seine Deutung (Mk 4,3–9, 13–20) sowie auf die Weisung vom Sorgen in der Bergpredigt (Mt 6,25–34) zurückgreifen, um damit das in den verbindlichen Vorgaben angedeutete Ziel einer kompetenzorientierten und elementaren Erschließung der Reich-Gottes-Botschaft Jesu zumindest partiell zu erreichen.

3. Reich-Gottes-Texte elementar und kompetenzorientiert erschließen

Für den Religionsunterricht im Jugendalter besteht die entscheidende Herausforderung in der Reformulierung und Systematisierung der in der Kindheit herausgebildeten narrativen Christologie. Elementarisierung zielt dabei nicht nur auf Inhalte, sondern auf elementare Formen des Lernens, die eine fruchtbare Auseinandersetzung mit den von den Schülerinnen und Schülern eingebrachten Perspektiven, Erfahrungen und Wahrheitsfragen erlauben. In der Oberstufe sollen sie biblische Texte, die für den christlichen Glauben grundlegend sind, methodisch reflektiert auslegen können. Bevor die Schülerinnen und Schüler aber selbst imstande sind, Methoden kompetent einzusetzen, müssen sie mit ihnen vertraut werden und sie bewusst einüben können. Dafür ist ein Lernen besonders fruchtbar, das auf eigenem Entdecken beruht und verschiedene Erkenntniswege mit ihrer eigenen Logik zulässt, sofern die daraus hervorgehenden Einsichten theologisch verantwortbar sind.

11 *Ziegler*, a. a. O., 532, 524–529.

Das setzt eine gewisse Vertrautheit mit der biblischen Überlieferung voraus. Deshalb sollen die Schülerinnen und Schüler zunächst das Markusevangelium oder die Bergpredigt im Ganzen lesen und in einem Bibeltagebuch ihre Leseerfahrungen und -beobachtungen notieren.[12]

In einem ersten elementaren Gespräch sind die Wahrnehmungen und Fragen der Jugendlichen aufzunehmen und auf die ihnen zugrunde liegenden Quellen zu befragen, um sie auf dem Hintergrund der religiösen Entwicklung zu verstehen. Zur Kompetenz der Unterrichtenden gehört es, durch eine geeignete Auswahl von Texten und ihr Arrangement dafür zu sorgen, dass sich die Jugendlichen selbst durch eine originale Begegnung mit der Reich-Gottes-Botschaft und ihren Symbolen weiterführende Einsichten erschließen.

Urteilsfähigkeit entwickeln

Ein guter Bibelunterricht arbeitet in einem dialogischen Prozess mit den Schülerinnen und Schülern auf eigene Deutungen hin, die theologisch vertretbar und ihrem Entwicklungsstand angemessen sind. Hierzu können Markus 4,3–9, 13–20 und Matthäus 6,25–34 als Schlüsseltexte dienen, an denen die Jugendlichen ihre Verstehensmöglichkeiten üben und sich dadurch weiterentwickeln. Als Kompetenz kommt die Fähigkeit zur Unterscheidung deskriptiver und normativer Aussagen in den Blick.

Das Gleichnis vom Sämann und seine Deutung kommen ohne das Stichwort „Reich Gottes“ aus; erst der Kontext von Markus 4 verweist auf diesen Zusammenhang, Das Gleichnis selbst (V. 3–9) ist deutungsoffen und ermöglicht Zugänge von verschiedenen Verstehensvoraussetzungen her. Es schließt auch Jesusbilder nicht aus, die sich der „säkularen“ Kultur in Film, Werbung und Popmusik verdanken. Der Zusammenhang von Saat und Wachsen wird den Jugendlichen zunächst selbstverständlich erscheinen. Deshalb sollte man von der Frage ausgehen, wie sich in der Bibel das Gleichnis und seine Deutung zueinander verhalten. Dabei ist zu erwähnen, dass sich die Deutung bereits einer frühen Phase der Ausbreitung des christlichen Glaubens verdankt und ohne diesen geschichtlichen Kontext nicht zu verstehen ist. Die Schülerinnen und Schüler sollten ihre allegorische Form nachvollziehen und hinterfragen, was ihre Fähigkeit zu kontextkritischem Denken fördern dürfte.

„Gerade weil die Allegorese schnell zu in sich stimmigen Ergebnissen führt, vergisst man bei der Deutung leicht die Offenheit des Gleichnisses – und gerät damit an die Grenzen dieser Interpretation.“[13] Die Allegorie entspricht dem Bedürfnis, die Welt zu benennen und zu definieren. Auf diese Weise bekommt

12 Vgl. *A. Reinert*, Das Markusevangelium. Ein Arbeitsheft zur selbstständigen Erschließung einer ganzen biblischen Schrift. In: entwurf 2+3/2007, 51 f.; *G. Obst*, „Anfangs habe ich gemurrt …“. Erfahrung mit Bibellesetagebüchern in der Sek II, ebd., 46–50.

13 *Müller u. a.*, a. a. O., 97.

das Rätselhafte eine feste Struktur und man kennt sich aus. Das Gleichnis ist demgegenüber kein Rätsel, sondern eine Ahnung der von Gott gewährleisteten Verlässlichkeit der Welt. Es geht nicht nur um Wissen, sondern um ein grundlegendes Verstehen, was den elementaren Zugangsweisen im Jugendalter entspricht.

Der Unterricht wird in Kleingruppen mit dem Auftrag fortgesetzt, über die Bedeutung der Symbolik von Saat und Ernte im Gleichnis Jesu zu diskutieren. Dabei ist mit Anregungen zur Weiterentwicklung der religiösen Urteilskompetenz zu rechnen, weil einzelne Jugendliche mit Argumenten der nächsthöheren Entwicklungsstufe konfrontiert werden. Im mittleren Jugendalter trifft man in kognitiver Hinsicht eine Vielfalt der Stufen der religiösen Entwicklung an. Aus der Perspektive der Modelle von James W. Fowler und Fritz Oser/Paul Gmünder bewegt sich das Spektrum zwischen Stufe 2 und Stufe 4 der „Glaubensentwicklung“ bzw. des „religiösen Urteils“, wobei die Verstehensweisen der Stufe 3 häufig vorkommen. Fruchtbar sind auch christologische Dilemmata, die Jugendliche hier selbst aufwerfen. Sie sind nicht selten Ausdruck des Übergangs zwischen den Entwicklungsstufen.

Für die Dynamik der religiösen Entwicklung im mittleren Jugendalter gelten folgende Aspekte als charakteristisch: das adoleszente Autonomiestreben, die Subjektivierung von Religiosität, die Bedeutung der Anderen für den eigenen Glauben, die Identitätssuche. Für die Behandlung der Weisung vom Sorgen haben diese Aspekte z. T. gegensätzliche Effekte. Nicht zuletzt geht es hier um die Aufarbeitung der aus dem Hinterfragen des Kinderglaubens resultierenden Fragen und Erwartungen. Ein elementarisierender Unterricht wird die vertiefend zu behandelnden Aspekte durch narrative Zugänge der Schülerinnen und Schüler erheben. Als Einstieg eignet sich die immer noch aktuelle Karikatur „Der traurige Lebenslauf des Karl Meyer“ von Helga Gebert,[14] die Anlass sein kann, von eigenen Lebenserfahrungen zu berichten. Die Unterrichtenden sollten vor allem die Punkte aufgreifen und vertiefen, an denen sich elementare Betroffenheit zeigt. Im Anschluss wird der Text (Mt 6,25–34) gelesen. Er wird zunächst anstößig, ärgerlich und unvernünftig erscheinen. Wovor wollte Jesus eigentlich warnen? Dass sich die Ansprüche Jesu in diesem Text mit einem autonomen ethischen Urteil in Einklang bringen lassen, werden viele zunächst nicht für möglich halten. Jesus ruft dazu auf, „zuerst“ nach Gottes Reich und seiner Gerechtigkeit zu trachten. Was heißt das?

Deutungsfähigkeit fördern

Die Begriffe „Reich Gottes“ und „Gerechtigkeit“ sind für Jugendliche nicht elementar und es herrscht vermutlich ein ethisches Verständnis vor. Auch die

14 Vgl. *R. Mokrosch*, Die Bergpredigt im Alltag. Anregungen und Materialien für die Sekundarstufe I/II, Gütersloh 1991, 182.

Gleichnisse werden häufig als moralische Weisungen aufgefasst, durch die Jesus die Menschen auf den rechten Weg bringen will. Die Texte sagen aber, dass Gott für die Menschen sorgt. Damit sie diesen elementaren Kern erkennen, ist es nötig, dass sich die Schülerinnen und Schüler die Textstruktur nach Sinnabschnitten erarbeiten. Es geht um die Kompetenz, biblische Texte sachgemäß zu erschließen und methodisch reflektiert zu deuten. Dabei sind die Aneignungsprozesse der Schülerinnen und Schüler mit sachbezogenen theologischen Kriterien zu verbinden.

Als Interpretationshilfe sollte ein Arbeitsblatt dienen, das auf Schlüsselwörter, Gegensätze und Auffälligkeiten in der Sprachstruktur ausgerichtet ist, um die Jugendlichen zu einer kreativen Lektüre der Texte anzuleiten und so elementare Einsichten zu eröffnen.[15] Sie schreiben Wörter heraus, die ihnen religiös geprägt erscheinen, und übersetzen sie in heutige Sprache. Im Gespräch zeigt sich, ob sie dabei auch Symbole aus ihrer Lebenswelt einbringen. Lassen diese Symbole eine Nähe zur Gedankenwelt der Texte erkennen, so dass bereits eine gewisse Vertrautheit mit der Sache deutlich wird? Im Mittelpunkt des Gleichnisses steht der Same, sein Ergehen auf schlechtem Boden in dreifacher Variation und sein Ertrag auf gutem Boden in dreifacher Fülle. Der große Ertrag gleicht den Misserfolg nicht nur aus, sondern übertrifft ihn. Zum Kontext des Gleichnisses gehören weitere Gleichnisse, in denen eine Saat allen Widrigkeiten zum Trotz aufgeht (Mk 4,26–32). Die Deutung sagt, wer das erste nicht versteht, wird auch alle anderen nicht verstehen (V. 13). Was also ist ein Gleichnis? Eine Gruppe kann zu diesem Begriff in Schulbüchern recherchieren und die Ergebnisse im Plenum präsentieren.[16] Dabei sollten sie die Unterrichtenden begleiten, damit sie sich auf das Wesentliche konzentriert. Entwicklungspsychologisch spielen hier Strukturen eine Rolle, die es erlauben, in der Dialektik zeichenhafter Gegenwärtigkeit und künftiger Vollendung zu denken: Ein Gleichnis nimmt die alltägliche Erfahrung der Adressaten auf und macht sie transparent für das Reich Gottes, das man darin schon jetzt ahnen kann.

Die Deutung hat diese elementare Struktur des Gleichnisses verändert: Hier spielt das Hören in jedem Element der Erläuterung eine herausragende Rolle. Der Same wird mit dem „Wort“ identifiziert. Wie ist das zu erklären? Eine Lehrerinformation erläutert, dass im Hintergrund ein Sprachgebrauch steht, der sich auf die frühchristliche Verkündigung von Jesus bezieht, der gegenüber sich die Menschen auf unterschiedliche Weise verhielten. Frühe Christen haben das Gleichnis also mit eigenen Erfahrungen verbunden und diese Auslegung hat eine so starke Dynamik entfaltet, dass man das Gleichnis bis in

15 Vgl. hierzu *H. Futterlieb*, Die Bergrede (Mt 5–7) im Religionsunterricht der gymnasialen Oberstufe. In: Jahrbuch der Religionspädagogik 23(2007), 157–165.

16 Vgl. z.B. *H.J. Rundnagel/T. Ziegler*, Wer ist Jesus für uns heute? Warum spricht Jesus in Gleichnissen? Was würde Jesus tun? In: *U. Baumann/F. Schweitzer* (Hg.), Religionsbuch Oberstufe, Berlin 2014, 196–199.

die Gegenwart hinein fast nur noch von der Deutung her verstanden hat. Damit wurde der Erfahrungsbereich des ursprünglichen Gleichnisses erweitert, aber auch festgelegt. Die Möglichkeiten und Grenzen solcher historisch-kritischen Informationen sind danach auszuloten, wie viel eigene Fragen der Jugendlichen sie berühren.

Die Weisung vom Sorgen argumentiert vom Größeren zum Geringeren (V. 25): Leben und Leib sind größer als Nahrung und Kleidung. Also wird Gott erst recht Leben und Leib erhalten. Das zweite Argument geht vom Geringeren zum Größeren (V. 26, 28–30): Da Gott die Vögel und Lilien kleidet, wird er erst recht Menschen nähren und kleiden. Hier wird eine eher „von oben" ansetzende Begründung durch eine Perspektive „von unten" komplementär ergänzt. Gott hat Leib und Leben erschaffen und deshalb soll der Mensch ihm das Sorgerecht dafür überlassen. Jesus wendet sich gegen eine panische Absicherungssorge, die Gott nichts mehr zutraut und ihm im täglichen Leben keinen Platz einräumt. Wer dem nahen Gottesreich schon jetzt entspricht, wird versorgt. Diese Einsicht setzt ein Verständnis der Texte voraus, bei dem existenziell-symbolische Wahrheit an Bedeutung gewinnt.

Sprachfähigkeit bilden

Im Zentrum des Bibelunterrichts steht die Arbeit an exemplarischen Texten, die aus einer Wirklichkeit stammen, die nicht die Wirklichkeit der Schülerinnen und Schüler ist. Dennoch geht es bei dieser Auseinandersetzung im Kern um eine Verknüpfung mit der eigenen Erfahrungs- und Lebenswelt. Dabei können Kompetenzen zur Selbstwahrnehmung, zur Wahrnehmung religiöser Spuren in der Lebenswelt und eine auf beides bezogene Sprachfähigkeit ausgebildet werden. Dies setzt voraus, dass die Lernenden ausgehend von den Texten Gelegenheit erhalten, ihre elementaren Erfahrungen zu artikulieren. Die Jugendlichen bleiben zunächst beim „Sitz im Leben" der Texte selbst und üben sich darin, sie möglichst genau zu verstehen, bevor sie eine Übertragung in die eigene Lebenswelt entwickeln.

In das Gleichnis sind Erfahrungen aus der Landwirtschaft eingegangen, und weil aus diesem Hintergrund theologische Schlüsse gezogen werden, ist es wichtig, ihn möglichst umfassend aufzuhellen. Dies kann in einem Schülerreferat geschehen, das z. B. auf die entsprechenden Passagen bei Peter Müller u. a. zurückgreift.[17] Es geht um das, was bei der üblichen Breitwurfsaat immer wieder passiert. Die Zusammenstellung der Vorkommnisse wirkt allerdings übersteigert und lenkt den Blick zunächst ausschließlich auf die Widrigkeiten, die das Wachstum behindern konnten. Die Hinweise haben verfremdenden Charakter und rufen den Einspruch der Erfahrung hervor: Trotz aller Widrigkeiten setzt sich die Saat auf gutem Boden durch und bringt großen Ertrag.

17 Vgl. *Müller u. a.*, a. a. O., 86–91.

Dass Saat und Ernte Bilder von Gott und seinem Handeln sind, gehörte zum damaligen Weltwissen. Sie hören nicht auf, weil Gott dies zugesagt und bestätigt hat (Gen 1,11; 8,22), so dass die Welt mit ihren selbstverständlichen Vorgängen selbst ein Gleichnis ist. Was der Text gleichnishaft umschreibt, liegt – im Verbund mit den anderen beiden Gleichnissen – auf der Hand. Es geht um die sichere Erwartung, dass Gottes Reich sich durchsetzt. Man darf sich den Blick dafür nicht verstellen lassen. Hier ist mit dem Widerspruch mancher Jugendlicher zu rechnen, denen diese religiöse Erfahrungsweise allenfalls im Rahmen der Kindheit als Erwartung an ein harmonisches Weltbild plausibel erscheinen mag. Dazu gehört die Vorstellung, dass Gott die Dinge schon in Ordnung bringen wird. Aber kann ein erwachsener Mensch in der postmodernen Welt ihr entsprechen? Vielleicht haben diese Jugendlichen den christlichen Glauben noch kaum in seinen lebensgeschichtlichen und gesellschaftlichen Bezügen reflektiert. Deshalb kann es für sie interessant sein, von diesbezüglichen Erfahrungen ihrer Mitschüler und der Unterrichtenden zu hören.

Wer die Deutung des Gleichnisses liest, tritt in einen neuen Erfahrungshorizont ein: Die Erkenntnis der frühen Christen, dass die für sie grundlegend wichtige Botschaft bei anderen Menschen kein bleibendes Interesse weckte, hat sich im Bild von den verschiedenen Arten des Bodens verdichtet. Das führte zur Unterscheidung von Menschengruppen, die man auch moralisch differenzieren konnte, so dass die Gefahr der vorschnellen Festlegung und des Vorurteils naheliegt. Möglicherweise lässt sich gerade dieser Aspekt mit den Erfahrungen der Jugendlichen verknüpfen. Nicht selten berichten sie von negativen Erfahrungen mit Christen in ihrem Umfeld, vor allem dem sturen Beharren auf Wahrheitsansprüchen. Im Unterrichtsgespräch wäre demgegenüber zu erarbeiten, dass ein existenzieller Bezug zur Person Jesu und seiner Botschaft eine Stärkung der persönlichen Autonomie bedeuten kann. In den Gleichnissen Jesu geht es um eigenes Wahrnehmen, Hören und Verstehen (Mk 4,9).

Auch die Weisung vom Sorgen verwendet ein Schöpfungsargument: Gott erhält die Vögel des Himmels und kleidet die Lilien auf dem Feld schöner als Salomo in seiner Pracht, obwohl sie nicht arbeiten und spinnen. Im Blick sind Menschen, die nicht säen und ernten, weil sie in der Nachfolge Jesu ihren Beruf aufgegeben haben. Eines der Bilder zielt dabei auf die typische Arbeit der Männer draußen auf dem Feld, das andere auf die Arbeit der Frauen im Haus. Der Sitz im Leben dieser Worte ist der Kreis von Wandercharismatikern um Jesus; doch zugleich sprechen sie alle Menschen an. Dass man sein Leben nicht durch Sorgen verlängern kann (V. 27) und jeder Tag seine eigene Plage hat (V. 34), das sind allgemein menschliche Erfahrungen. Jesus ermutigt alle Menschen, die Sorge an Gott abzugeben und ihm wie einem Vater zu vertrauen. Um die Bedeutung dieser Ermutigung für Jugendliche heute zu thematisieren, kann ein Rollenspiel hilfreich sein. Durch entsprechende Textvorlagen angeregt werden Familienszenen entwickelt, in denen junge Erwachsene ihre

Vorstellungen vom gegenwärtigen und künftigen Leben in unserer Gesellschaft artikulieren.[18] Wünschen sie sich nur störungsfreie Harmonie und Zufriedenheit, oder bringen sie auch persönliche und gesellschaftliche Probleme zur Sprache? Dass es hier sinnvoll ist, zwischen berechtigter und unberechtigter, zwischen konstruktiver und destruktiver Sorge zu unterscheiden, wird den Jugendlichen schnell einleuchten. Aber was bedeutet es, angesichts der von ihnen genannten Probleme dem Reich Gottes und seiner Gerechtigkeit zu entsprechen?

4. Reich Gottes für mich – elementare Fragen nach Wahrheit

Dass sich Jugendliche persönlich angesprochen und angenommen fühlen, gehört zu einem guten Religionsunterricht. Er stellt existenzielle Fragen in den Vordergrund, die Auseinandersetzung mit elementaren Fragen nach der Wahrheit des christlichen Glaubens für das Leben. Dabei geht es im Sinne einer Orientierungskompetenz auch um die Fähigkeit, biblische Zeugnisse in Beziehung zur persönlichen und gesellschaftlichen Wirklichkeit zu setzen und ihre Bedeutung für das heutige Leben aufzuweisen. Weil in der Gegenwart immer konkurrierende Wahrheits- und Geltungsansprüche im Spiel sind, sollten Jugendliche lernen, ihre eigenen Überzeugungen im Blick auf mögliche andersdenkende Dialogpartner zu kommunizieren. Erst in diesem Fall kann von Dialogfähigkeit gesprochen werden.

Im Zusammenhang von Markus 4,3–9 stellt sich die Wahrheitsfrage als Frage nach der Verlässlichkeit der Welt. In der Perspektive dieses Gleichnisses ist die Verlässlichkeit der Schöpfung zu betrachten. Insofern stellt sich hier die elementare Frage nach Gott. Darüber hinaus ist im Kontext des Gleichnisses die Frage nach dem Grund von Hoffnung angesprochen und nach der Möglichkeit, Hoffnungsbilder über den Alltag hinaus zu entwerfen. Beides hat sowohl im Rahmen der Verkündigung Jesu grundlegende Bedeutung als auch als Grundfrage nach elementarer Wahrheit im Jugendalter. Aber diese Frage lässt sich nicht ein für alle Mal beantworten, sondern stellt sich als „große Frage" immer wieder. Das zeigt sich bereits im Zusammenhang mit der Deutung des Gleichnisses, denn die frühen Christen stellten die Wahrheitsfrage neu, und deshalb gewann das Gleichnis in ihrer veränderten Situation eine neue Bedeutung. Daraus ergibt sich die Frage, ob das Gleichnis prinzipiell auch heute Bedeutung gewinnen und zum Verständnis des eigenen Lebens helfen kann. Ist es wahr in dem Sinn, dass wir die eigene Situation von ihm her erkennen? Elementare Wahrheit ist nicht personenneutral, sondern sie geht erst in Gesprächen und Begegnungen auf und überzeugt Jugendliche im

18 In qualitativ angelegten Jugendstudien sind immer wieder aktuelle Äußerungen zu finden, die hier als Vorlage dienen können.

Prozess der Auseinandersetzung mit den Inhalten des Unterrichts. Doch woran wird in ihren Äußerungen ersichtlich, dass es um Wahrheit geht, von der sie elementar betroffen sind? Friedrich Schweitzer u. a. machen dies an einem Abwägen, Schwanken oder Hin-und-her-gerissen-Sein zwischen einfachen Alternativen bei der Beurteilung eines Sachverhalts fest, der die Betreffenden erkennbar emotional und gedanklich bewegt.[19] Bei der Auseinandersetzung mit dem Gleichnis ist damit zu rechnen, dass das Alternativpaar „verlässlich/nicht verlässlich" besonderes Gewicht bekommt. Die Unterrichtenden sind herausgefordert, die individuellen Erfahrungsbezüge, die Jugendliche hier in Zustimmung oder Ablehnung selbst herstellen, aufmerksam wahrzunehmen und in den Lernprozess einzubinden. Dabei sollten sie besonders die von den Jugendlichen ins Spiel gebrachten lebensweltlichen Symbole aufnehmen, denn über sie ergeben sich oft überraschend neue Zugänge zu den biblischen Symbolen. Für Jugendliche spielt die Verlässlichkeit von Beziehungen eine zentrale Rolle. Viele glaubende Jugendliche berichten von einer heilsamen Beziehung zu dem für sie gegenwärtigen Jesus, und dies gilt es zu würdigen. Aber diese Äußerungen sind auch kritisch auf ihre Bezüge zum irdischen Wirken Jesu und zum menschlichen Miteinander zu befragen. Voraussetzung dafür ist ein Klima der Offenheit und des Respekts, damit Jugendliche sich überhaupt trauen, in der Lerngruppe offen zu ihrem Glauben zu stehen.

Es ist deutlich, dass Jesus in der Bergpredigt nicht menschliche Sorge an sich kritisiert. Wer verantwortlich ist, sorgt vor und sichert sich ab, aber wer immer nur an morgen denkt, versäumt das Heute. Jesus kritisiert eine zerstörerische, panische Sorge, die Gott misstraut. Er fordert dazu auf, sich „zuerst" Gottes Güte und dem Kommen seines Reiches zu überlassen. Reinhold Mokrosch empfiehlt, dazu im Religionsunterricht Kriterien zu erarbeiten, z. B.: Nehme ich Leib und Leben als Geschenk an? Sorge ich mit dem Vertrauen auf Gott? Dient meine Sorge auch den anderen und dem Leben überhaupt? Kann ich auf Absicherung verzichten?[20] Ein elementarisierender Unterricht aber wird solche Gesichtspunkte im Horizont christologischer Wahrheitsfragen behandeln, von denen Schülerinnen und Schüler selbst ausgehen. Dazu gehört die Frage, wie sich Jesus als wahrer Mensch verstehen lässt, der uns in allem gleich ist und trotzdem aufgrund seiner Heilsbedeutung etwas Besonderes bleibt. Ein perfektes Jesus-Ideal bewirkt angesichts des Zustands der Welt bei Jugendlichen eher Resignation und erschwert die Entwicklung von Autonomie. Aber einige Jugendliche sehen in Jesus einen von Gott mit seinen Ängsten, Gefühlen und Schwächen angenommenen Menschen, der für sie gleichwohl zu unserer Erlösung auserwählt ist.[21] Sie erfahren

19 Vgl. *F. Schweitzer/K.E. Nipkow/Faust-Siehl/B. Krupka*, Religionsunterricht und Entwicklungspsychologie. Elementarisierung in der Praxis, Gütersloh 1995, 125.

20 Vgl. *Mokrosch*, a. a. O., 123.

21 Vgl. *Ziegler*, a. a. O., 392–396.

gerade die Befreiung von Vollkommenheitsansprüchen durch Jesus als heilsam, denn wenn das Unvollkommene liebenswert erscheint, kann das Fehlen eigener Vollkommenheit bejaht werden.

Henrik Simojoki

Kompetenz in Anbetracht des Todes. Elementarisierende Erkundung eines Grenzfalls

1. Reflektierter Umgang mit der Endlichkeit des Lebens – eine grundlegende Kompetenz nicht nur religiöser Bildung?

Man kann die Relevanz der Todesthematik für einen kompetenzorientierten Religionsunterricht unterschiedlich weit oder eng fassen. Eng gefasst handelt es sich bei der Frage nach Sterben und Tod um eine zentrale Problemstellung des Religionsunterrichts, die sich – wie jede andere auch – zur Erlangung und Überprüfung inhaltsunabhängig formulierter Kompetenzen eignet. In diese Richtung weist beispielsweise der von einer Expertengruppe am Comenius-Institut erarbeitete Entwurf zu „Grundlegenden Kompetenzen religiöser Bildung"[1]: Der Themenbereich „Sterben, Tod, Auferstehung" dient hier als Testfall für die Fähigkeit, „religiöse Deutungsoptionen für die Widerfahrnisse des Lebens wahrzunehmen, zu verstehen und ihre Plausibilität zu prüfen"[2].

Ist die Auseinandersetzung mit der Todesthematik in der Prüfaufgabe der Expertengruppe exemplarisch und funktional auf eine allgemeiner gefasste religiöse Grundkompetenz bezogen, so gewinnt sie in anderen Begründungsansätzen eine noch grundlegendere Bedeutung. Es fällt auf, dass dies vor allem dort der Fall ist, wo Erziehungswissenschaftlerinnen und -wissenschaftler sich zum Zusammenhang von Religion und Bildung äußern. In besonders prinzipieller Weise streicht Volker Ladenthin die bildungstheoretische Relevanz dieser Fragestellung heraus: Insofern es dem Menschen unmöglich sei, sich nicht zur eigenen Endlichkeit zu verhalten, sei es unter der Perspektive von Bildung – gedacht als Befähigung zu „gültiger Selbstbestimmung" – schlechterdings unerlässlich, das eigene Verhältnis zur Endlichkeit reflektiert zu gestalten.[3] Daher stellt das Bewusstsein der Endlichkeit in der

1 *D. Fischer/V. Elsenbast* (Red.), Grundlegende Kompetenzen religiöser Bildung. Zur Entwicklung des evangelischen Religionsunterrichts durch Bildungsstandards für den Abschluss der Sekundarstufe I. Erarbeitet von der Expertengruppe am Comenius Institut, Münster 2007.

2 Ebd., 30. Interessanterweise enthält das von der EKD auf der Grundlage dieses Entwurfs erarbeitete Kompetenzmodell für den Religionsunterricht keine expliziten Bezüge zu Tod und Sterben oder überhaupt zur Endlichkeit des Lebens. Vgl. *Kirchenamt der EKD* (Hg.), Kompetenzen und Standards für den Evangelischen Religionsunterricht in der Sekundarstufe I. Ein Orientierungsrahmen (EKD-Texte 111), Hannover 2011.

3 *V. Ladenthin*, Religionsunterricht und die Bildung des Menschen. In: *H.-G. Ziebertz/G.R. Schmidt*

Sicht Ladenthins „kein neben anderen Themen *vielleicht auch mögliches* Thema von Bildung“ dar. Es ist vielmehr ein *„Moment der Bildung selbst“*.[4] Mit anderen Worten: Die Fähigkeit, reflektiert mit der eigenen Endlichkeit umzugehen, ist in bildungstheoretischer Sicht eine Basiskompetenz, die Bildung allererst als solche qualifiziert. Folglich gilt: „Alle vernünftigen Urteile im Verhältnis zur Welt, zu den Anderen und zu sich müssen sich daraufhin befragen lassen, ob sie die eigene Endlichkeit mitbedacht haben.“[5]

In diesem angedeuteten Spannungsgefüge soll nun die Frage nach dem Tod aufgenommen werden. Dies geschieht in der Erwartung, dass sich der Zugang der Elementarisierung dazu eignet, die kompetenztheoretischen Implikationen dieser für den Bildungsauftrag des Religionsunterrichts offenkundig zentralen Thematik vertiefend auszuloten. Im Blick auf den anthropologischen Begründungsansatz, wie er etwa in der oben referierten erziehungswissenschaftlichen Argumentation zutage tritt, kann die elementarisierende Erschließung dazu beitragen, die vom Religionsunterricht eher allgemein eingeforderte Befähigung zur Orientierungskompetenz in Anbetracht der Endlichkeit des Lebens schärfer zu umreißen, gerade auch hinsichtlich ihrer Grenzen. Des Weiteren soll sich in der mehrperspektivischen Annäherung zeigen, in welcher Weise die Auseinandersetzung mit Tod und Sterben im evangelischen Religionsunterricht über die von der Expertengruppe akzentuierte Deutungskompetenz hinaus zur Ausbildung relevanter Kompetenzen religiöser Bildung verhelfen kann.

Einen ersten Orientierungspunkt für diese Suchbewegung bieten die Vorgaben des 2016 veröffentlichten gymnasialen Bildungsplans von Baden-Württemberg, bei dem es sich um einen kompetenzorientierten Bildungsplan der zweiten Generation handelt, der folglich auch diachrone Analysen erlaubt.[6] Die Dimension „Tod und Sterben“ begegnet erstmals explizit in den Bildungsstandards der Klassenstufe 9/10, also verhältnismäßig spät, und zieht sich durch vier inhaltsbezogene Bereiche durch („Mensch“, „Welt und Verantwortung“, „Gott“ und „Jesus Christus“). Im Einzelnen werden folgende subjektbezogene Kompetenzerwartungen formuliert:

- „persönlichen und gesellschaftlichen Umgang mit Sterben, Tod und Trauer analysieren (zum Beispiel Hospiz, Trauerprozesse, Bestattungskultur)“,
- „unterschiedliche Deutungen der Wirklichkeit (zum Beispiel lebenswelt-

(Hg.), Religion in der Allgemeinen Pädagogik. Von der Religion als Grundlegung bis zu ihrer Bestreitung (RPG 9), Freiburg 2006, 114–125, 120.

4 Ebd., 121.

5 Ebd.

6 *Ministerium für Kultus, Jugend und Sport Baden-Württemberg* (Hg.), Bildungsplan 2016 – Gymnasium: Evangelische Religionslehre, Stuttgart 2016, abrufbar unter: http://www.bildungsplaene-bw.de/site/bildungsplan/get/documents/lsbw/export-pdf/depot-pdf/ALLG/BP2016BW_ALLG_GYM_REV.pdf (13.10.2017).

lich, religiös, naturwissenschaftlich) anhand von Beispielen (zum Beispiel Tod und Sterben, Krankheit) darstellen“,
- „existenzielle Herausforderungen (zum Beispiel Erfolg, Glück, Sinn, Krisen, Krankheit, Verlust, Tod) zu Fragen nach Zufall, Schicksal und Wirken Gottes in Beziehung setzen“,
- „die Bedeutung des Todes und der Auferstehung Jesu Christi für christliche Hoffnung beschreiben“,
- „christliches Verständnis von Tod und Auferstehung mit anderen religiösen und philosophischen Vorstellungen vergleichen“.[7]

Diese Mehrperspektivität markiert einen deutlichen Fortschritt gegenüber dem in dieser Hinsicht weniger nuancierten Bildungsplan von 2004, dessen Fokus auf allgemeinen anthropologischen Herausforderungen und auf der Beherrschung von religiösen Wissens- und Überlieferungsbeständen lag.[8] Und doch fällt auf, dass auch hier zwei Momente unterbestimmt bleiben, die unter subjektorientierten Vorzeichen konstitutiv für einen gebildeten Umgang mit Tod und Sterben sind: Zum einen sind die Kompetenzerwartungen nicht in jugendspezifischen Erfahrungsräumen verankert, zum anderen fehlt der reflexiv-positionelle Rückbezug auf die eigene Person.

Diese Beobachtungen legen es nahe, das gängige Ensemble der Erschließungsperspektiven im Elementarisierungsmodell anders zu ordnen, als das gemeinhin der Fall ist. Wenngleich die Reihenfolge der verschiedenen Elementarisierungsdimensionen „im Prinzip beliebig ist“[9], so dominiert doch in den bisherigen Darstellungen eine Abfolge, die bei der Frage nach elementaren Strukturen einsetzt, dann stärker subjektorientiert nach elementaren Erfahrungen und Zugängen sucht, um vor diesem Hintergrund zu elementaren Lernformen zu kommen. Abgeschlossen wird der Erkundungsprozess mit der Wahrheitsfrage. Der Hinweis auf die durchgängige Interdependenz und prinzipielle Austauschbarkeit dieser fünf Reflexionsdimensionen bildet zwar einen Forschungskonsens ab, spielt aber in der Anwendungspraxis meiner Erfahrung nach kaum eine Rolle. Darin aber liegt die Gefahr, dass – völlig konträr zur Intention des Elementarisierungsmodells – über den „Kern der Sache“ bereits entschieden ist, bevor die Sicht der Schülerinnen und Schüler in den Blick kommt. Daher stelle ich im Folgenden die stärker subjektorientierten Erschließungsdimensionen bewusst an den Beginn des Erkundungsganges, frage also zunächst nach elementaren Erfahrungen und Zugängen.

7 A. a. O.,23–26.

8 *Ministerium für Kultus, Jugend und Sport Baden-Württemberg* (Hg.), Bildungsplan für das Gymnasium der Normalform, Stuttgart 2004, 31.

9 *F. Schweitzer*, Elementarisierung – ein religionsdidaktischer Ansatz: Einführende Darstellung. In: *Ders.*, Elementarisierung im Religionsunterricht. Erfahrungen – Perspektiven – Beispiele, Neukirchen-Vluyn [4]2013, 9–30, 15.

2. Weit weg und doch irgendwie auch nahe – elementare Erfahrungen mit dem Tod

2.1 Der Tod in der Erfahrungswelt der Schülerinnen und Schüler

Wer nach dem Stellenwert des Todes in der Erfahrungswelt von Jugendlichen fragt, begibt sich auf unübersichtliches Gelände. Wo diese Frage bislang religionspädagogisch aufgenommen worden ist, dominieren soziologische Interpretationsschemata, die dann spezifizierend auf das Jugendalter bezogen werden. Vor allem zwei Thesen bestimmen die Diskussion: die These von der Veralltäglichung des Todes durch seine Mediatisierung und die Ansicht, der Tod werde unter den Bedingungen der (Post)Moderne zusehends tabuisiert.

Der Tod als das Alltägliche? Die Omnipräsenz des Todes in der Mediengesellschaft als medienpädagogische Herausforderung: Wie man zu diesem Befund auch stehen mag – zu bestreiten ist er nicht: Für viele Jugendliche ist der Tod in erster Linie ein Medienphänomen. Quantitativ gesehen sind Erfahrungen mit dem Tod im Leben heutiger Jugendlicher überwiegend Sekundärerfahrungen, ausgelöst durch Kino, Fernsehen, Computerspiele und – mit wachsender Breitenwirkung – das Internet.[10] Die massive Präsenz des Todes in den Unterhaltungsmedien wird vielfach bis hin zur Einseitigkeit als Verfallserscheinung und Zeichen gesellschaftlicher Desintegration gedeutet. Auch in der religionspädagogischen Wahrnehmung dominiert bislang die kulturkritische Diagnostik. Beklagt wird vor allem der „Vergleichgültigungseffekt", den die „Dauervisualisierung des Todes" in den Medien bei Kindern und Jugendlichen zur Folge habe.[11] Sorgen dieser Art sind sicher berechtigt und desensibilisierende Wirkungen der multimedialen Inszenierungen von Tod und Sterben nicht von der Hand zu weisen. Gleichwohl sind Differenzierungen notwendig, um das Bildungspotential dieser gesellschaftsbedingten Transformationen in der jugendlichen Todesverarbeitung offen zu legen.

Denn wenn es um Symbolisierung von Sterben und Tod geht, so findet man in den Medien eben beides: reißerische Ausweidungen fremden Leids, aber auch seriöse Berichterstattung, die zeigt, was ist. Nicht nur der belanglose Serientod steht im Angebot der multimedialen Ära, sondern auch großes Kino, Bilder und Geschichten, in denen Realität und Unergründlichkeit des Todes in einer Intensität eingefangen und spürbar werden, die etwa für wissenschaftliche Präsentations- und Reflexionsmedien unerreichbar ist.[12] Und

10 Vgl. *T. Klie/I. Nord* (Hg.), Tod und Trauer im Netz. Mediale Kommunikationen in der Bestattungskultur, Stuttgart 2016.

11 *G. Lämmermann*, Über den Tod reden mit Grundschulkindern. Elemente einer didaktischen Analyse zum Thema. In: EvErz 45(1993), 655–667, 658.

12 Vgl. *N. Schneider*, Zeig mir das Spiel vom Tod. Sterben, Tote und Tod im Fernsehen und in

schließlich eröffnet gerade das Internet tiefgründige Räume interaktiver Trauerverarbeitung.[13]

Ferner übergeht die These von der massenmedialen Veralltäglichung des Todes, sofern sie allzu exklusiv vorgetragen wird, die Erlebniswelt der Jugendlichen selbst. Denn Jugendliche erleben den Tod, wie er ihnen in der ganzen Bandbreite elektronischer Medien entgegentritt, keineswegs als bloß unterhaltsam oder voyeuristisch anregend, sondern zuweilen auch als aufrüttelnd oder erschütternd. Erinnerungen an Klassengespräche etwa nach Naturkatastrophen oder Terroranschlägen lassen mich jedenfalls zögern, Jugendliche vorschnell auf die Pose des souveränen Konsumenten festzulegen.

Angesichts ihrer Vielgestaltigkeit und Ambivalenz stellt die Inszenierung von Sterben und Tod in den Massenmedien hohe Ansprüche an ihre jugendlichen Rezipienten. Die Qualität ihrer medialen Erfahrungen mit dem Tod wird in erheblichem Maße davon abhängen, inwieweit es ihnen gelingt, ihr Rezeptionsverhalten bewusst zu gestalten und die virtuellen Todeskonstruktionen sensibel und zugleich kritisch wahrzunehmen. Kompetenz im Umgang mit der Endlichkeit des Lebens ist unter den Bedingungen der Postmoderne offenbar auch eine Frage der Medienkompetenz.

Der Tod als das Unalltägliche? Die Klippen der Tabuisierungsthese: Seit Philippe Ariès' breit rezipierten Studien zur „Geschichte des Todes“[14] bestimmt die These von der modernitätsspezifischen Tabuisierung des Todes auch die religionspädagogische Auseinandersetzung mit Tod und Sterben. Namentlich bei Kindern und Jugendlichen wird vielfach ein eklatantes Defizit an authentischer Erfahrung mit Tod und Sterben konstatiert. Der Rekurs auf Tendenzen zur Privatisierung, Bürokratisierung, Partikularisierung, Segregation, Hospitalisierung, mithin: zur strukturellen Verdrängung des Todes (und teilweise auch des alten Menschen) kann sich dann, auf seine pädagogischen Folgewirkungen hin befragt, zur pessimistischen Einschätzung verdichten, dass „Heranwachsende nicht mehr lernen, den Tod auf ihr Leben wirklich einzubeziehen“.[15]

Die genannten Phänomene sollen im Folgenden nicht bestritten werden, auch wenn der Anteil subjektiver Wertungen und ideologischer Aspekte an sämtlichen Strängen des Verdrängungsparadigmas als „hoch zu veranschla-

ausgewählten Kinofilmen. In: *F. W. Graf/H. Meier* (Hg.), Der Tod im Leben. Ein Symposion, München 2004, 101–124.

13 Vgl. *S. Luthe*, Trauerarbeit Online. Facebook als Generator für Erinnerungen, in: *Klie/Nord*, Tod und Trauer im Netz, a. a. O., 63–74.

14 *P. Ariès*, Geschichte des Todes, München ²1985.

15 *U. Becker*, Sterben und Tod in der Lebenswelt und Lebensgeschichte von Kindern. Annäherungen aus religionspädagogischer Sicht. In: *Ders./K. Feldmann/F. Johannsen*, Sterben und Tod in Europa. Wahrnehmungen – Deutungsmuster – Wandlungen, Neukirchen-Vluyn 1998, 29–34, 31.

gen" ist.[16] Vielmehr ist es die erkenntnisnormierende Basisannahme, dass der heranwachsende Mensch seinen Tod bewusst in seine Existenz und das eigene Denken integrieren kann und soll, die bei mir Anfragen auslöst. Denn derart souverän mit dem Tod zu leben ist leichter gesagt als getan, besonders dann, wenn man sich, wie viele Jugendliche, in der Abhebephase des Lebens wähnt.[17]

Was später entwicklungspsychologisch vertieft wird, soll an dieser Stelle auf der Erfahrungsseite konkretisiert werden: Vor dem Tod Kompetenz zu zeigen fällt umso schwerer, je näher der Tod das eigene Leben streift. Es scheint mir also nur dann zulässig zu sein, von Bildung in Anbetracht der Endlichkeit des Lebens zu sprechen, wenn dabei das Fremde am Tod gewahrt bleibt und auch jene Widerfahrnisse mitgedacht werden, die sich allzu bruchlos formulierten Integrationspostulaten widersetzen. Das ist im Leben Jugendlicher insbesondere dann der Fall, wenn der Tod nicht mehr als ferne Unausweichlickeit im Horizont des eigenen Lebens verharrt, sondern in anderer Gestalt unmittelbar in ihren Alltag einbricht: als der Tod des Anderen oder, treffender formuliert, als „der Tod, dessen, den wir lieben"[18].

Wenn ein geliebter Mensch plötzlich nicht mehr da ist – der Tod des Anderen als der Ernstfall: An diesem Punkt zeigt sich, dass der Einfluss des gesellschaftlichen Wandels auf die Todeserfahrungen von Jugendlichen auch in ganz andere Richtungen führen kann, als es das Verdrängungstheorem vermuten lässt. Um nur einige Beispiele zu nennen: Familiäre Bindungen werden zwar zahlenmäßig immer weniger, sind jedoch – auch in der Selbsteinschätzung heutiger Jugendlicher – dafür umso intensiver.[19] Das Sterben von Bezugspersonen verlagert sich tendenziell immer weiter ins Alter. Gerade deshalb aber wirkt der unerwartete, plötzliche Tod auf die Hinterbliebenen so niederschmetternd. Damit deutet sich an, dass das Leiden an der Sterblichkeit mit dem Grad der Individualisierung keineswegs abnimmt, sondern eher steigt: „Es ist das Sterben und der Tod der von uns geliebten anderen Individuen, die ihr Sterben und ihren Tod nicht einüben konnten, die ‚zu früh' starben, die den Tod nicht annehmen konnten und nicht durften, deren Tod in einer individualisierten Gesellschaft ein Skandal ist."[20]

16 *K. Feldmann*, Tod und Gesellschaft. Eine soziologische Betrachtung von Sterben und Tod, Frankfurt a.M. u.a. 1990, 87.

17 Folgerichtig ist der Tod bei Jugendlichen überwiegend negativ konnotiert und in erster Linie mit Angstgefühlen verbunden. Vgl. *E. Fischer*, Todesvorstellungen von Jugendlichen. Eine empirische Untersuchung zu kognitiven Todesvorstellungen und emotionalem Todeserleben jugendlicher Hauptschüler, Regensburg ²1990, 97–100.

18 *G. Marcel*, Geheimnis des Seins, Wien 1952, 285.

19 Diese These wird auch durch die Shell-Jugendstudien weiter bekräftigt, nach denen die ohnehin schon starke Familienorientierung bei Jugendlichen im vergangenen Jahrzehnt weiter gestiegen ist. Vgl. *I. Leven/G. Quenzel/K. Hurrelmann*, Familie, Bildung, Beruf, Zukunft. In: *Shell Deutschland Holding* (Hg.), Jugend 2015. Eine pragmatische Generation im Aufbruch, Frankfurt a.M. 2015, 47–110, 51–59.

20 *S. Goertz/M. Striet*, Ein Gott der Lebenden! Systematisch-theologische Überlegungen zum

Der tatsächliche Stellenwert solcher Begegnungen mit der Destruktivität des Todes im institutionellen Kontext der Schule ist für das Jugendalter bislang kaum erforscht. Insofern bin ich an dieser Stelle auf eigene Praxiswahrnehmungen angewiesen. Und die sind bei dieser Frage eindeutig und zwiespältig zugleich: Mir ist einerseits bislang keine Schulklasse begegnet, deren soziale Psychodynamik frei von solchen Erschütterungen wäre. Doch auf der anderen Seite gilt: Anders als Kinder, bei denen die erlebte Spannung zwischen der eigenen Verlusterfahrung und dem schulischen Regelbetrieb „in der Regel nicht kaschiert, sondern auch dann, wenn sie unangemessene Störung verursacht, voll ausgelebt" wird,[21] überwiegt bei Jugendlichen das Bedürfnis, ihre emotionale Intimsphäre vor illegitimen Zugriffen zu schützen. Entsprechend gering fällt ihre Neigung aus, ihr Innenleben in unterrichtlichen Zusammenhängen zu exponieren. Hier zeigt sich eine Grenze schulischer Kompetenzvermittlung, die, wenn es um Erfahrungen mit dem Tod geht, die Differenz von Bildung und Seelsorge stets wahren muss. Das heißt umgekehrt aber nicht, dass diese schmerzbesetzte Erfahrungsdimension im Religionsunterricht ausgespart werden soll. Wenn religiöse Bildung wirklich dem Leben dienen will, muss sie sich den durch solche Erfahrungen ausgelösten Fragen stellen, und das umso mehr, als die todesbedingten Erschütterungen nicht selten mit der Welt auch Gott ins Wanken bringen.

2.2 Der Tod in der Erfahrungswelt des Unterrichtenden. Notwendige Selbstklärungen

Es ist zweifellos eine besondere Stärke des Elementarisierungsansatzes, den Erfahrungsbezug religionsdidaktischer Reflexion dadurch auf eine breitere Basis gestellt zu haben, dass er nach Erfahrungsbezügen „auf beiden Seiten fragt"[22]: Neben den lebensweltlichen Erfahrungen der Schülerinnen und Schülern kommen auch die tradierten Erfahrungen auf der Gegenstandsseite in den Blick, so dass beide Erfahrungsebenen in einen fruchtbaren Dialog gebracht werden können. Mittlerweile hat sich jedoch die Einsicht durchgesetzt, dass das Spektrum religionsdidaktisch belangvoller Erfahrungsperspektiven durch dieses Konzept der Doppelseitigkeit nicht hinlänglich erfasst wird.[23] Denn es übersieht einen dritten Erfahrungszusammenhang, dessen

Gelingen endlichen Lebens. In: *M. Ebner u. a.* (Hg.), Leben trotz Tod (JBTh 19), Neukirchen-Vluyn 2004, 391–408.

21 *M. Plieth*, Kind und Tod. Zum Umgang mit kindlichen Schreckensvorstellungen und Hoffnungsbildern, Neukirchen-Vluyn 2001, 311.

22 *F. Schweitzer u. a.*, Religionsunterricht und Entwicklungspsychologie. Elementarisierung in der Praxis, Gütersloh 1995, 174.

23 Vgl. *F. Schweitzer*, Elementarisierung in der religionsdidaktischen Diskussion: Entwicklungstendenzen – weiterführende Perspektiven – offene Fragen. In: *Ders.*, Elementarisierung im Religionsunterricht, a. a. O., 203–220, 214 f.

Einfluss auf die angestrebte Verschränkung der zwei anderen Erfahrungsebenen nicht zu unterschätzen ist: nämlich die Erfahrungen der Person, die den Unterricht leitet und didaktisch verantwortet. An Unterrichtsbesuchen und -entwürfen ist auch mir zunehmend deutlich geworden, wie sehr die subjektive Erfahrungsperspektive der Lehrerinnen und Lehrer den Unterrichtsverlauf prägt, und zwar sowohl in der Planung als auch im Vollzug. Etwas anderes wäre angesichts der spezifischen Interaktionsbedingungen des Schulunterrichts auch kommunikationstheoretisch schwer denkbar.

Dass eine bewusste Durchklärung der eigenen Erfahrungsvoraussetzungen in ihrer lebensgeschichtlich bedingten Perspektivität zum Prozess didaktischen Planens dazugehört, wird am Beispiel der Todesthematik offenkundig. Denn der Tod ist nicht nur für meine Schülerinnen und Schüler ein schwieriges Kapitel. Er lässt auch mich als Lehrer nicht kalt. Ich habe zwar nur wenig Angst vor meiner Endlichkeit; aber die Vorstellung, bald sterben zu können, halte ich dann doch lieber von mir weg – und der Gedanke, dass auch die mir Allernächsten vor dem Tod nicht sicher sind, ist für mich nur schwer auszuhalten. Diesen Aspekt meiner eigenen Todeseinstellung auch einzugestehen und nicht zu verdrängen erscheint mir deshalb wichtig, weil mir dadurch deutlicher wird, dass ich als Lehrer in dieser Hinsicht keinen „Vorsprung" vor meinen Schülerinnen und Schülern habe und es mir im Unterricht entsprechend schwer fallen dürfte, glaubhaft für eine *ars moriendi* einzutreten. Das reflektierte Eingeständnis der biographisch geronnenen Subjektivität meines persönlichen Todesverständnisses wird mir helfen, im Unterricht unangemessene Verallgemeinerungen eigener Erfahrungsbestände zu vermeiden und dadurch adäquater mit alternativen Sichtweisen umzugehen. Zugleich bildet es die Voraussetzung dafür, im Bedarfsfall diese Erfahrungen im Unterricht authentisch zu kommunizieren.

2.3 Der letzte Feind. Erfahrungen mit dem Tod in der Bibel

Nähert man sich nun dem Erfahrungszusammenhang von Tod und Leben aus biblischer Perspektive, stößt man in der Grundtendenz auf eine Lebenshaltung, die wenig Bereitschaft zeigt, sich mit dem Tod abzufinden. Das gilt in besonderer Weise für den Psalter: Nicht das Arrangement, sondern der Konflikt mit dem Tod prägt hier den *modus vivendi* – ein Konflikt, der sich mit voller Wucht in die Gottesbeziehung hineinverlagert und in dieser Beziehung auch offen ausgetragen wird, als „emphatischer Protest gegen den mitten im Leben bedrohlich allgegenwärtigen Tod"[24]. Und auch im Neuen Testament wird die erfahrungsgesättigte Haltung der Unversöhnlichkeit um nichts abgeschwächt. Sie bestimmt die Rede von Tod bis in die Semantik hinein: Wie ein

24 *E. Zenger*, Mit Gott ums Leben kämpfen. Zur Funktion der Todesbilder in den Psalmen. In: *Ebner u. a.*, Leben trotz Tod, a. a. O., 63–78, 62.

Despot herrscht der Tod über die Menschen (Röm 5,14), er ist der finale Widersacher Christi (Offb 20,13), der letzte Feind (1 Kor 15,26). Diese Hostilität gipfelt geradezu in der Osterbotschaft, die eben nicht zu einer versöhnten Haltung gegenüber dem Tod führt, sondern als Befreiungsgeschehen erfahren wird, in dem der Tod entwaffnet (1 Kor 15,55), entmachtet (Röm 6,9) und letzten Endes vernichtend geschlagen (1 Kor 15, 54 ff., Offb 20, 13 ff.), ja geradezu annihiliert wird (Offb 21,4).

3. Je eigen und theologisch ausgesprochen kritisch – wie Jugendliche den Tod deuten

Wer die Art und Weise, wie Jugendliche über die Endlichkeit des Lebens denken, wirklich verstehen will, muss sich erst einmal vergegenwärtigen, in welchem Maße sich die Interpretationsparameter infolge der rasant beschleunigten weltanschaulichen Pluralisierung verändert haben. Nicht nur hat das Christentum sein Sinngebungsmonopol eingebüßt, so dass für heutige Jugendliche die christliche Deutungsoption des Todes lediglich eine unter vielen darstellt. Auch die „religiös geprägte Todesdeutung steht, sich lange abzeichnend, inzwischen neben anderen Weisen der Kommunizierbarkeit des Todes innerhalb unterschiedlicher semantischer Funktionssysteme“[25]. Immerhin scheint der Glaube an ein Leben nach dem Tod im Lichte der heutigen Jugendforschung zumindest in den westlichen Bundesländern noch eine Mehrheitsposition darzustellen.[26] Doch in der weiteren Konzeptualisierung dieses Jenseits dominiert ein synkretistischer – bzw. positiver formuliert: aktiv wählender – Umgang mit dem Deutungsangebot religiöser und nichtreligiöser Traditionen, der nicht vorschnell als Abkehr vom Christentum gedeutet werden sollte, zugleich aber keinen Zweifel daran lässt, dass sich der Plausibilitätshorizont jugendlicher Todesdeutungen in das Individuum und seine Biographie hineinverlagert hat.

Dieser Zugewinn an Entscheidungsfreiheit fordert den Schülerinnen und Schüler eine Orientierungsleistung ab, die angesichts des unübersichtlichen Feldes möglicher Todesdeutungen leicht zur Überforderung führt. Insofern bringt die Kompetenzbeschreibung der Expertengruppe des Comenius-Instituts die Sache treffend auf den Punkt: Unter den Bedingungen der Pluralität müssen Jugendliche heute mehr denn je in der Lage sein, religiöse Deutungsoptionen für die Endlichkeit des Lebens wahrzunehmen, zu verstehen und schließlich auf ihre Plausibilität zu prüfen. Allerdings müsste dann auch in der Umsetzung, gerade auch auf der Ebene von Prüfaufgaben, neben der

25 *Goertz/Striet*, Ein Gott der Lebenden!, a. a. O., 394.

26 *T. Gensicke*, Jugend und Religiosität. In: *Shell Deutschland Holding (Hg.)*, Jugend 2006. Eine pragmatische Generation unter Druck, Frankfurt a.M. 2006, 203–239, 205 f.

Deutungskompetenz auch die Positionierungskompetenz stärker zur Geltung kommen, auf die es ja vor dem vorgezeichneten Hintergrund entscheidend ankommt.

Des Weiteren müssen jene fundamentalen Anfragen an den Gottesglauben bedacht werden, die der Tod, besonders der „zu frühe", bei den Schülerinnen und Schülern dieser Klassenstufe auslösen kann. Denn unter den erweiterten kognitiven Möglichkeiten des Jugendalters verliert die Konsequenz, mit der Kinder solche Schicksalsschläge als Folge schuldhaften Verhaltens deuten können, zusehends an Plausibilität. Wie Karl Ernst Nipkow bereits vor mehr als drei Jahrzehnten eindringlich beschrieben hat, geht für viele Jugendliche mit der Enttäuschung über den angesichts unerklärlichen Sterbens scheinbar untätigen Gott vielfach nicht nur der Kinderglaube, sondern der Gottesglaube überhaupt zu Bruch.[27] Obwohl sich solche Erschütterungen niemals mittels rationalisierender Konstruktionen glatt bügeln lassen, ist das Problem doch erkennbar ein theologisches und auch den Schülerinnen und Schülern als solches zur Durch(d)ringung aufgegeben.

4. Mit dem Tod leben: die Sicht der Jugendlichen als Schlüssel zur Sache

Bislang geschah die religionsdidaktische Annäherung an die Todesthematik vornehmlich aus der Perspektive der Schülerinnen und Schüler. Diese subjektorientierte Vorgehensweise soll, wenn nun elementare Strukturen in den Blick genommen werden, keineswegs aufgegeben werden.

In der Einleitung wurde deutlich, dass der Zusammenhang von Endlichkeit, Bildung und Kompetenz sowohl in der Erziehungswissenschaft als auch in der Religionspädagogik vornehmlich im Rahmen fundamentalanthropologischer Argumentationen expliziert wird. Diese Zugangsweise behält sicherlich ihr Recht, ist aber in mindestens einer Hinsicht zu unspezifisch. Insofern der Tod unentrinnbar zum Leben dazu gehört, ist es dem Menschen unter der Perspektive von Bildung zwar zweifellos aufgegeben, sich zu seiner eigenen Endlichkeit zu verhalten. Nur dürfte es aber nicht das Gleiche sein, ob er dies als Jugendlicher oder Erwachsener tut. Generalisierende Bestandsaufnahmen laufen auch dort, wo sie mit religionspädagogischer Zielrichtung entfaltet werden, leicht Gefahr, sich stillschweigend allein am erwachsenen Menschen auszurichten und das anthropologische Eigengepräge des Jugendalters zu übergehen. Soll das vermieden werden, muss die Sicht der Jugendlichen wahr- und, noch wichtiger, auch ernstgenommen werden. Sie gehört also essenziell zur Sache mit dazu.

27 *K.E. Nipkow*, Erwachsenwerden ohne Gott? Gotteserfahrung im Lebenslauf, München 1987, 55 f.

So gesehen fällt es schwer, Bildung derart eng an die Endlichkeit des Menschen zu knüpfen, wie das etwa bei Ladenthin der Fall ist. Für die Legitimität des *memento mori* als bildungstheoretisches Konstitutionsprinzip lassen sich viele Gründe geltend machen. Besonders jugendnah ist dieser Gedanke jedoch nicht. Räumt man aber den Todeseinstellungen von Jugendlichen Relevanz nicht nur für die Vermittlung, sondern auch für die Gewichtung der Sache ein, so könnte das im Blick auf den Unterricht die Notwendigkeit nachziehen, die jugendliche Tendenz, den Tod im reflexiven Fernbereich zu belassen, erst einmal als altersangemessene Verhaltensoption anzuerkennen.

Nun aber verharrt der Tod auch im Leben Jugendlicher nicht in der erwünschten Distanz. Seine existenzielle und theologische Schärfe gewinnt er, wie sich oben zeigte, vor allem im Tod und Sterben des Anderen. Vor diesem Hintergrund kann sich die Auseinandersetzung mit dem Tod im Religionsunterricht nicht auf die Vermittlung von Kenntnissen darüber beschränken, wie der Tod in der biblischen Überlieferung verstanden wird. Viel stärkere Relevanz dürfte aus jugendlicher Sicht der Frage zukommen, ob diese Überlieferung auch gangbare Wege aufzeigt, wie man weiter leben und glauben kann, wenn der Schmerz des Todes das eigene Leben befallen hat.

Unter diesem Gesichtspunkt gewinnt die Klage besondere Bedeutung für das Thema, und das zunächst einmal durch ihre „expressive Bedeutung"[28]: Indem der Mensch eigenes und fremdes Leid zur Sprache bringt, befreit er sich aus der Sprachlosigkeit unmittelbaren Betroffenseins. Gleichwohl geht die Bedeutung der Klage keineswegs in ihrer expressiven Dimension auf. Ihre spezifische Bedeutung für die christliche Glaubenspraxis und Theologie liegt in der Offenheit, mit der sie die Differenz zwischen der erfahrenen und der offenbarten Wirklichkeit vor Gott trägt. Insofern hier „keine Erfahrung, auch nicht die schlimmste und gerade diese nicht aus seiner (Mit-)Verantwortung herausgehalten wird"[29], eröffnet die Klage lebbare Möglichkeiten, mit der verlustbedingten Krisenerfahrung im Gottesverhältnis mündig umzugehen. Sie steht damit für eine Glaubens- und Lebenshaltung, die beides bewahrt: die stets potentielle Hostilität des Todes wie auch den Glauben an Gott als Herrscher über Leben und Tod. Damit rührt sie bereits – wenn auch manchmal von ferne – an den Hoffnungsgrund des christlichen Auferstehungsglaubens.

28 *W. Härle*, Dogmatik, Berlin/New York 1995, 301.
29 *O. Fuchs/B. Janowski*, Vorwort. In: *M. Ebner u.a.* (Hg.). Klage (JBTh 16), Neukirchen-Vluyn 2001, V–VI.

5. Leben trotz(t) Tod – die subversive Kraft des Auferstehungsglaubens

Die didaktische Frage nach elementaren Wahrheiten markiert die Grenze schulischen Kompetenzerwerbs, zugleich aber auch ein Problem kompetenzorientierter Bildungsplanung. Letzteres tritt exemplarisch im baden-württembergischen Bildungsplan zu Tage, wenn dort die Auseinandersetzung mit den christlichen Hoffnungsbildern vorrangig der Aneignung substanzieller Kenntnisse dienen soll (beschreiben, vergleichen). Grund für die Beschränkung auf rein kognitive Zielkompetenzen dürften einerseits der Respekt vor der Gewissensfreiheit der Schülerinnen und Schüler, andererseits die hinlänglich bekannte Randstellung des Auferstehungsglaubens in der eschatologischen Vorstellungswelt heutiger Jugendlicher sein. Doch diese Zurückhaltung ist nicht nur theologisch bedenklich. Sie ist auch didaktisch wenig folgerichtig, was ja auch an den Formulierungen des Bildungsplans ersichtlich wird. Denn dort wird zu Recht hervorgehoben, dass der Tod existenzielle Fragen hervorruft. Existenzielle Fragen aber erfordern existenzielle Antworten.

Befragt man nun die christliche Überlieferung nach solchen Antworten, so drängt sich mir vor dem Hintergrund des bisherigen Erschließungsganges eine als besonders elementar hervor: In der christlichen Hoffnung auf die Auferstehung drückt sich der Glaube an ein entbändigtes Leben aus, das nicht einmal mehr vom Tod begrenzt wird. So mehrdeutig die eschatologische Vorstellungswelt des Neuen Testaments im Einzelnen auch sein mag, enthält sie doch in allen ihren Teilen ein ebenso eindeutiges wie einseitiges Plädoyer für das Leben, mit beträchtlicher Stoßkraft auf beiden Zeitebenen der Eschatologie: um das Leben allein geht es, das von der Todesmacht befreite, und gerade diese Radikalität verleiht dem Auferstehungsglauben seinen im Grunde subversiven Charakter als Protest gegen den Tod im Namen des Lebens.[30]

6. Gesichter des Todes – Bilder von Auferstehung. Medienpädagogische Konkretionen

Wenn man im Sinne der bisherigen Darstellung einerseits davon ausgeht, dass Kompetenz in Anbetracht der Endlichkeit des Lebens die Fähigkeit einschließen muss, sich mit eigener und fremder Existenz auseinanderzusetzen,

30 *H. Luther*, Tod und Praxis. Die Toten als Herausforderung kirchlichen Handelns. Eine Rede. In: ZThK 88(1991), 407–426, 420.

zugleich aber die emotionale Intimsphäre der Schülerinnen und Schüler wahren will, dann dürften sich insbesondere solche Lernformen als bildungsdienlich erweisen, die gleichermaßen Annäherung und Distanzierung, Identifikation und Kritik ermöglichen. Dafür stehen religionsdidaktisch mehrere erprobte Wege offen. Manche klangen bereits an, so etwa im Hinweis auf die Erschließungskraft einer an der biblischen Sprachform der Klage orientierten Gebetsdidaktik. Einer soll an dieser Stelle exemplarisch weitergegangen werden.

Auch unter den oben erläuterten medienpädagogischen Gesichtspunkten scheint sich der Film im besonderen Maße für eine erste Annäherung an das Thema zu eignen. Viel stärker als etwa die in diesem Zusammenhang gerne verwendeten Todesanzeigen entspricht er den ästhetischen Präferenzen und der medialen Rezeptionsgewohnheiten heutiger Jugendlicher. Vor allem bietet er in infolge der konstruierten Sinnlichkeit einen ganzheitlichen Zugang zur Wirklichkeit des Todes, die dessen möglicher Brutalität nahe kommt, ohne dabei den Schülerinnen und Schülern zu nahe zu treten. Bei der Wahl des Filmmaterials ist darauf zu achten, dass die vor allem im Fernsehen vorherrschende trivialisierende Präsentationsform durchbrochen wird.

Ob man sich eher für dokumentarische oder stärker fiktionale Zugangsweisen entscheidet, dürfte von Klasse zu Klasse und je nach Situation verschieden sein. Für die Qualität des didaktischen Prozesses wird aber maßgeblich sein, inwiefern es in der wahrnehmungsgeleiteten Kommunikation gelingt, den stets konkreten und individuellen „Gesichtern des Todes" in der heutigen Lebenswelt Konturen zu verleihen – so wie es etwa die finnische Regisseurin Kiti Luostarinen in ihrem gleichnamigen Dokumentarfilm getan hat: Jeder der von ihr begleiteten todkranken Menschen geht mit dem eigenen Schicksal auf seine Weise um: Mal erscheint der nahe Tod schmerzhaft und angsterregend, dann wieder als hinnehmbar oder gar versöhnlich.[31]

Dass die religionsdidaktischen Potentiale des Mediums Film zur Schärfung der Wahrnehmungskompetenz noch weiter reichen, hat Peter Biehl gezeigt. Der mehrschichtig komponierte Spielfilm „Jesus von Montreal" (1989) von Denys Arcand dient bei ihm der jugendnahen Erschließung der christlichen Auferstehungshoffnung, die vor allem durch die Konsequenz besticht, mit der sie diese Hoffnung in die Alltagswirklichkeit der Schülerinnen und Schüler rückbindet als „*Aufstand* gegen die vielen Arten des Todes in unserem Leben"[32].

31 *Keine Angst vor dem Tod* (Kuoleman kasvot), R.: Kiti Luostarinen. FI 2003.

32 *P. Biehl*, Festsymbole. Zum Beispiel: Ostern. Kreative Wahrnehmung als Ort der Symboldidaktik, Neukirchen-Vluyn 1999, 214.

7. Was trägt die Elementarisierung zur Kompetenzorientierung bei? Abschließende Überlegungen

Der Ertrag der exemplarischen Erkundung des Zusammenhangs von Elementarisierung und Kompetenzorientierung am Beispiel des Themas „Tod und Sterben" lässt sich in folgende These verdichten: Elementarisierung erhöht die Wahrscheinlichkeit einer religionsdidaktischen Praxis, welche die mit der Kompetenzorientierung verbundenen Chancen nutzt, aber auch ihre Grenzen erkennt.

Infolge ihrer durchgängigen, sachgebundenen Ausrichtung am Subjekt trägt sie konstruktiv dazu bei, die Kompetenzerwartungen möglichst adressatenorientiert und alltagsrelevant zu konzipieren. So zeigte sich, dass Kompetenz im Umgang mit dem Tod unter gegenwärtigen Bedingungen nicht zuletzt eine medienpädagogische Aufgabe markiert und von den Jugendlichen neben Deutungs- auch Positionierungskompetenz erfordert. Die elementarisierende Erschließungsperspektive erhöht zudem die Sensibilität für die Tendenz generalisierender Kompetenzbeschreibungen, das spezifische Gepräge der jugendlichen Sichtweise durch meist aus der Warte Erwachsener formulierte fundamentalanthropologische Normvorstellungen zu unterlaufen. Das damit angestrebte Perspektivitätsbewusstsein betrifft auch die Unterrichtenden, weshalb die Schärfung ihrer Selbstwahrnehmung ein genuines Anliegen der Elementarisierung darstellt.

Die Aussage, Elementarisierung lehre die Grenzen des Kompetenzmodells erkennen, ist weniger abgrenzend gemeint, als es zunächst klingt. Dass der Ausrichtung an Kompetenzen Schranken gesetzt sind, ist auch ohne Elementarisierung ersichtlich und weithin anerkannt: Mir ist jedenfalls keine Position in der gegenwärtigen Diskussion geläufig, die darauf käme, Wahrheiten und Überzeugungen durch Standards zu messen. Die Grenzen sind also gut sichtbar. Doch droht zu verschwinden, was jenseits der Grenze ist, etwa wenn religiöse Deutungsoptionen des Todes nur noch als Wissensbestände gelten. Die besondere Leistungsfähigkeit des Elementarisierungsmodells sehe ich darin, dieses für die religiöse Bildung ja höchst belangvolle Jenseits auch unter den Bedingungen eines kompetenzorientierten Religionsunterrichts zu sichern. Das wäre dann in der Tat ein wesentlicher Beitrag zur Gewährleistung seiner religionspädagogischen Plausibilität.

Friedrich Schweitzer

Von den Grenzen der Toleranz. Wie weit soll die religiöse Toleranz reichen?

Toleranz könne „tödlich" sein, schreibt der Publizist Günther Lachmann. Jahrelang hätten die Europäer „eine islamische Radikalisierung toleriert", „die jetzt in todbringende Gewalt" umschlage.[1] Diese Aussagen beziehen sich auf religiös motivierten Terrorismus, besonders nach dem 11. September 2001 und nach dem Ritualmord an dem niederländischen Filmemacher Theo van Gogh im November 2004. Seither hat sich der kritische Diskurs über Toleranz kontinuierlich weiter zugespitzt. Die „Grenzen der Toleranz" sind inzwischen Thema und Gegenstand sowohl populärer als auch wissenschaftlicher Darstellungen, nun auch vor dem Hintergrund vor allem fluchtbedingter Migration.[2]

Nicht auf Terrorismus, sondern auf alltägliche Unterdrückung und Gewalt richten sich im Unterschied dazu die kritischen Fragen der in der Türkei geborenen und in Deutschland tätigen Soziologin Necla Kelek, die den Deutschen ihre „falsch verstandene Toleranz" vorhält.[3] Sie tolerierten bei jungen Musliminnen, die vor allem als Import-Bräute aus der Türkei kommen und dann im ihnen fremden Deutschland isoliert und unterdrückt leben müssen, nicht nur – zu Unrecht – das Kopftuch, sondern den insgesamt nicht mit Demokratie und Menschenrechten zu vereinbarenden Umgang mit diesen Frauen. Immer wieder äußert Kelek den Verdacht, hinter der falschen Toleranz der Deutschen stehe ein unbewältigter Schuldkomplex im Blick auf den Nationalsozialismus.

Haben wir die Grenzen der Toleranz erreicht? Taugt Toleranz überhaupt als Bildungsziel? Die Allgemeine Erklärung der Menschenrechte (1948) vertritt eine positive Sicht von Toleranz und verknüpft diese auch ausdrücklich mit Bildung. In Art. 26 wird nicht nur festgehalten, dass jeder das „Recht auf Bildung" habe. Es wird auch gesagt, dass Bildung zu „Verständnis, Toleranz und Freundschaft zwischen allen Nationen und allen rassischen oder religiösen Gruppen beitragen" müsse. Toleranz ist demnach ein hervorgehobenes

1 *G. Lachmann*, Tödliche Toleranz. Die Muslime und unsere offene Gesellschaft, München/Zürich 2005, 8.

2 Vgl. etwa *M. Schmidt-Salomon*, Die Grenzen der Toleranz. Warum wir die offene Gesellschaft verteidigen müssen, München u. a. 2016, *D. Pollack u. a.*, Grenzen der Toleranz. Wahrnehmung und Akzeptanz religiöser Vielfalt in Europa, Wiesbaden 2014.

3 *N. Kelek*, Die fremde Braut. Ein Bericht aus dem Inneren des türkischen Lebens in Deutschland, Köln [7]2005, 293.

Bildungsziel. Dies klingt in anderen grundlegenden Dokumenten wie den Landesverfassungen nach, wenn es beispielsweise in der Verfassung des Landes Baden-Württemberg (Art. 17,1) heißt: „In allen Schulen waltet der Geist der Duldsamkeit und der sozialen Ethik".

Demgegenüber fällt auf, dass es im Bereich der Religionspädagogik lange Zeit an einer breiten Auseinandersetzung mit dem Toleranz-Thema fehlte, wobei die fehlende Auseinandersetzung im Blick auf die *religiöse* Toleranz gerade in diesem Bereich noch einmal besonders zu konstatieren ist.[4] Von der Religionspädagogik ist angesichts der gegenwärtigen Herausforderungen eine Klärung der auf religiöse Toleranz bezogenen Bildungsaufgaben zu erwarten.

Im Folgenden konzentriere ich mich auf die religiöse Toleranz und nutze die verschiedenen Dimensionen der Elementarisierung als Ausgangspunkt für eine Klärung von Erschließungsmöglichkeiten dieses Themas für Kinder und Jugendliche. Die Frage nach den dabei zu erwerbenden Kompetenzen lasse ich gleichsam in jedem Abschnitt mitlaufen.

1. Zum Verständnis religiöser Toleranz

Geschichtlich gesehen ist Toleranz vor allem mit dem Problem der Religionsfreiheit verbunden. Welche religiösen Überzeugungen konnten und sollten in einer Gesellschaft toleriert werden? Als ein Meilenstein gilt hier John Lockes „Letter concerning Toleration" aus dem Jahre 1689. Dieser „Brief" ist mit seinen philosophischen, politischen, rechtlichen und theologischen Begründungen für religiöse Toleranz tatsächlich ein bemerkenswertes Dokument. Ebenso bemerkenswert ist dabei freilich, dass sich die religiöse Toleranz nach Lockes Überzeugung keinesfalls auf Atheisten erstrecken dürfe. Sonst würde sich, wie er meint, alles auflösen.[5] Auch Lockes Toleranzverständnis ist deshalb nur *ein* Meilenstein auf einem Weg, der noch lange nicht zum Ziel geführt hat. In der Geschichte der Toleranz spiegelt sich die der Religionsfreiheit, deren Garantie, aber auch Grenzen immer wieder neu bestimmt werden müssen. Heute gilt dies in Deutschland wohl in hervorgehobener Weise im Blick auf sog. „Hassprediger" im Umkreis eines islamischen Fundamentalismus, bei dem die prinzipiell zu gewährleistende Religionsfreiheit in Konflikt mit der staatlichen Aufgabe der Gewaltprävention geraten kann.

An diesem Punkt begegnet uns eine weitere Dimension im Verhältnis zwischen Religion und Toleranz, die in der Öffentlichkeit breit diskutiert

4 Aus der aktuellen Diskussion vgl. bes. *E. Krimmer*, Evangelischer Religionsunterricht und reflektierte Toleranz. Aufgaben und Möglichkeiten religiöser Bildung im Pluralismus, Göttingen 2013 sowie mit religionspädagogischen Kapiteln *F. Schweitzer/C. Schwöbel* (Hg.), Religion – Toleranz – Bildung (Theologie Interdisziplinär 3). Neukirchen-Vluyn 2007, *A. Bieler/H. Wrogemann* (Hg.), Was heißt hier Toleranz? Interdisziplinäre Zugänge, Neukirchen-Vluyn 2014.

5 *J. Locke*, A Letter concerning Toleration, ed. *J.H. Tully*, Indianapolis 1983, 51.

wird: Religion als Ursache für Intoleranz bis hin zu Gewalt. Auch diese Frage ist nicht neu. Sie lässt sich auch für das Christentum weit zurückverfolgen[6] In Gotthold Ephraim Lessings berühmter „Ringparabel" hat sie eine auf Toleranz zielende Antwort gefunden, allerdings um den Preis der Wahrheitsgewissheit: Der echte Ring wird am ethisch richtigen Verhalten erkennbar. Nicht die Religion, sondern die Ethik enthält demnach die letztgültigen Entscheidungskriterien.[7]

Der Zweifel an der letztlichen Toleranzfähigkeit von Religion angesichts des exklusiven Wahrheitsanspruchs religiöser Überzeugungen findet sich auch in unserer eigenen Gegenwart. Der Philosoph Rainer Forst, der eine historische Analyse zur Entwicklung des Toleranzverständnisses vorgelegt hat, hält eine religiöse Begründung von Toleranz am Ende für ausgeschlossen, eben weil Glaubensüberzeugungen ihrer ganzen Natur nach eine positionelle Perspektive in sich schließen, die naturgemäß nicht von allen geteilt wird.[8] Aber ist umgekehrt eine Durchsetzung von Toleranz *gegen* innere Überzeugungen religiöser oder anderer Art sinnvoll und möglich? Zeigen nicht gerade die Beispiele aus dem Zusammenhang der Globalisierung und dem Versuch, die Realisierung von Menschenrechten von außen durchzusetzen, dass damit auch der Widerstand gegen die als Überfremdung wahrgenommenen Einwirkungen wächst und Toleranz als westlicher Irrweg abgelehnt wird?[9] Neu zu überprüfen ist deshalb, ob Religion tatsächlich nur als Hindernis für Toleranz anzusehen sei.

Die Suche nach den „religiösen Wurzeln der Toleranz" führt zu der These, dass es eine „Toleranz aus Glauben" gib.[10] Sicherlich für das Christentum, aber wohl auch für andere Religionen gibt es die Möglichkeit einer Begründung von Toleranz aus dem Inhalt des Glaubens selbst. In christlicher Sicht wird hier beispielsweise auf die von Martin Luther geprägte Rede von der „Toleranz Gottes" (tolerantia Dei) verwiesen[11] Wer an einen toleranten Gott glaubt, kann daraus schwerlich Argumente für Intoleranz gewinnen!

6 *A. Angenendt*, Toleranz und Gewalt. Das Christentum zwischen Bibel und Schwert, Münster 2007.

7 Vgl. dazu *W. Härle*, Wahrheitsgewissheit als Bedingung von Toleranz. In: *C. Schwöbel/D. von Tippelskirch* (Hg.), Die religiösen Wurzeln der Toleranz, Freiburg 2002, 77–97, bes. 83 ff.

8 *R. Forst*, Toleranz im Konflikt. Geschichte, Gehalt und Gegenwart eines umstrittenen Begriffs, Frankfurt/M. 2003, 588 ff.

9 So fragt etwa *C. Schwöbel*, Toleranz aus Glauben. Identität und Toleranz im Horizont religiöser Wahrheitsgewissheiten. In: *Schwöbel/von Tippelskirch*, a.a.O., 11–37.

10 Vgl. *Schwöbel*, aaO. sowie die weiteren Beiträge in diesem Band, aus dem Bereich von Judentum, Christentum und Islam; vgl. auch *Schweitzer/Schwöbel* (Hg.), Religion – Toleranz – Bildung, a.a.O., darin bes. *C. Schwöbel*, Toleranz – eine unmögliche Tugend für religiöse Gemeinschaften?, 11–38, *ders.*, Pluralismus und Toleranz aus der Sicht des Christentums. Eine protestantische Perspektive. In: *C. Augustin u.a.* (Hg.), Religiöser Pluralismus und Toleranz in Europa, Wiesbaden 2006, 102–122.

11 *Schwöbel*, Toleranz aus Glauben, a.a.O., 27, *Härle*, a.a.O., 80. Beide beziehen sich auf die grundlegende Darstellung bei *G. Ebeling*, Die Toleranz Gottes und die Toleranz der Vernunft. In:

Immer wieder stößt die Forderung nach Toleranz auch auf eine Ablehnung, die nicht ein Zuviel, sondern umgekehrt ein Zuwenig befürchtet. Die Toleranzforderung, so wird nicht zuletzt in pädagogischen Zusammenhängen argumentiert, begnüge sich mit einer (schein-)liberalen Haltung des Duldens, ohne wirkliches Engagement und ohne Respekt oder Empathie für den Anderen. Zudem setze sie asymmetrische Verhältnisse voraus zwischen dem, der Toleranz übt, und dem, der sie dankbar hinnehmen soll.[12] Die Forderung nach „Anerkennung" reicht so gesehen weiter als die nach Toleranz.[13] Dabei wird jedoch die Unterscheidung zwischen einer *schwachen* oder *passiven Toleranz* und einer *aktiven Toleranz* übergangen. Starke oder aktive Toleranz schließt Anerkennung ebenso ein wie das empathische und solidarische Interesse am Anderen.[14] In Deutschland scheint es allerdings um eine solche Toleranz – auch im empirischen Vergleich mit anderen Ländern – eher schlecht bestellt zu sein. Vorurteile gegen Muslime sowie – immer noch! – gegen Juden sind hierzulande weit verbreitet.[15]

Als „Kern" im Sinne der elementaren Strukturen ergibt sich die Aufgabe einer Klärung des Toleranzverständnisses mit dem Ziel, Sinn und Möglichkeit religiöser Toleranzbegründungen erkennbar zu machen, was umgekehrt die Einsicht in die Problematik *gegen* religiöse Überzeugungen gerichteter Versuche der Durchsetzung von Toleranz einschließt. Weiterhin geht es um die Identifikation starker, aktiver und inhaltlicher Formen der Toleranz im Unterschied zur lediglich passiven oder formalen Duldung, die nicht wirklich als Toleranz bezeichnet zu werden verdient.

Damit ist auch der mögliche Kompetenzgewinn angesprochen: Sachkompetenz im Blick auf das Toleranzverständnis, im Horizont geschichtlicher Kompetenz auch hinsichtlich der Geschichte der Religionsfreiheit, sowie Orientierungskompetenz in Bezug auf die Pluralität konfligierender (religiöser) Wahrheitsansprüche. Dabei führt gerade die Klärung elementarer

ZThK 78 (1981), 442–464, wiederabgedruckt in *T. Rendtorff* (Hg.), Glaube und Toleranz. Das theologische Erbe der Aufklärung, Gütersloh 1982, 54–73.

12 Vgl. *M. de Souza*, From tolerance to engagement and empathy. In: Journal of Religious Education 54(2006), H. 3, 1 f., *H. Röhr*, Pädagogik und Toleranz. In: *D. Rustemeyer* (Hg.); Erziehung in der Moderne. Festschrift für Franzjörg Baumgart, Würzburg 2003, 257–288, *I. Diehm*, Erziehung und Toleranz. Handlungstheoretische Implikationen Interkultureller Pädagogik. In: Zeitschrift für Pädagogik 46(2000), 251–274.

13 Vgl. *B. Hafeneger u. a.* (Hg.), Pädagogik der Anerkennung. Grundlagen, Konzepte, Praxisfelder, Schwalbach 2002.

14 So mit Hinweis auf J. Werbick *K.E. Nipkow*, Bildung in einer pluralen Welt. Bd. 2: Religionspädagogik im Pluralismus, Gütersloh 1998, 478 sowie *Krimmer*, a. a. O. Die Unterscheidung im Toleranzbegriff lässt sich schon früher in den Arbeiten von *G. Mensching* finden, als „formale Toleranz" und „inhaltliche Toleranz", vgl. seinen Artikel „Toleranz" in: RGG Bd. 6, Tübingen [3]1962, 932 f.

15 Vgl. *Pollack u. a.*, a. a. O., *O. Decker u. a.* (Hg.), Die enthemmte Mitte. Autoritäre und rechtsextreme Einstellung in Deutschland. Die Leipziger Mitte-Studie" 2016, Gießen 2016.

Strukturen vor die Aufgabe, genauer nach der kontextuellen Einbindung von Toleranz und Toleranzforderungen zu fragen.

2. Toleranz als Selbstverständlichkeit in der Lebenswelt heutiger Jugendlicher?

Befragungen von Jugendlichen, wie wir und andere sie in verschiedenen Projekten durchgeführt haben[16], können in der Tat den Eindruck stützen, Toleranz sei für heutige Jugendliche ganz selbstverständlich, auch und insbesondere im Blick auf Religion. Die eigene Religion ist in hohem Maße individualisiert und subjektiviert. Von den Jugendlichen wird sie als Ausdruck eines „eigenen Glaubens" wahrgenommen[17], in deutlicher Unterscheidung zu den Erwartungen religiöser Institutionen wie der Kirche und den von ihnen vertretenen Traditionen. Durch viele der Interviewgespräche zieht sich wie ein roter Faden die Forderung nach „Toleranz". Sie gilt den Jugendlichen vielfach als wichtigster Orientierungspunkt im Umgang mit anderen Religionen: „Toleranz ist ganz arg wichtig für mich [...] Ich finde, man sollte es auf jeden Fall tolerieren, wenn jemand anderes eine andere Meinung hat oder andere Sachen gut findet." Jeder habe das Recht, zu glauben, was er möchte. Es ist auf jeden Fall so, „dass ich jede andere Religion erst mal toleriere [...] Jeder kann glauben wie er will."[18]

Angesichts solcher Äußerungen könnte man zu der Auffassung gelangen, dass die grundlegende Überzeugung, es müsse jedem Einzelnen überlassen bleiben, was er oder sie glauben will – damit wird die religiöse Individualisierung gleichsam reflexiv –, einen günstigen Ausgangspunkt für religiöse Toleranz markiere. Die genauere Auswertung der Interviewgespräche führt jedoch zu Rückfragen. Toleranz zwischen Mitgliedern der verschiedenen christlichen Konfessionen scheint zwar tatsächlich kein Problem mehr zu sein – die Konfessionen gelten den Jugendlichen „als ziemlich ähnlich"[19] – sie nehmen keine größeren Unterschiede zwischen ihnen wahr. Die Wahrnehmung ändert sich, zumindest teilweise, allerdings dann, wenn die Jugendli-

16 *F. Schweitzer/J. Conrad*; Globalisierung, Jugend und religiöse Sozialisation. Neue Herausforderungen für die Religionspädagogik? In: Pastoraltheologie 91(2002), 293–307, *F. Schweitzer/A. Biesinger/J. Conrad/M. Gronover*, Dialogischer Religionsunterricht. Analyse und Praxis konfessionell-kooperativen Religionsunterrichts im Jugendalter, Freiburg 2006, bes. 15 ff., vgl. als derzeit aktuellste Studie *U. Pohl-Patalong u. a.*, Konfessioneller Religionsunterricht in religiöser Vielfalt II. Perspektiven von Schülerinnen und Schülern, Stuttgart 2017.

17 Vgl. *F. Schweitzer*, Die Suche nach eigenem Glauben. Einführung in die Religionspädagogik des Jugendalters, Gütersloh ²1998.

18 Schweitzer/Conrad, aaO. 303.

19 Ebd.

chen auch den Islam in ihre Überlegungen einbeziehen.[20] Denn hier sehen sie zum Teil erhebliche Unterschiede und deutliche Grenzen. Einen Übertritt zum Islam gar können sie sich nicht einmal im Traum vorstellen. Die von den Jugendlichen dafür angebotenen Gründe machen dabei deutlich, dass ihre Sicht des Islam, aber auch von einzelnen Muslimen ziemlich negativ sein kann, auch wenn negative Einstellungen nur zögernd und indirekt vorgebracht werden. Zumindest zwischen den Zeilen ist eine deutliche Distanz zu spüren, die emotional fest verankert zu sein scheint. Einer ablehnenden Haltung gegenüber Muslimen scheint allerdings der persönliche Kontakt entgegenzuwirken, wie er in Schulen nicht nur alltäglich gegeben ist, sondern auch gezielt (religions-)pädagogisch ausgestaltet werden kann.[21]

Religiöse Individualisierung ist nicht automatisch ein wirksames Remedium gegen Intoleranz. Dies unterstreichen auch die insgesamt – jedenfalls bis 2015, dem Jahr der hohen Einwanderungszahlen – zwar rückläufigen, sich aber doch in manchen Hinsichten fortsetzenden Vorbehalte gegen Migranten, wie sie etwa in den Shell-Jugenduntersuchungen erhoben werden.[22]

Eine Spannung besteht auch zu dem im letzten Abschnitt zu den „religiösen Wurzeln der Toleranz“ Gesagten. Denn die von der religiösen Individualisierung bestimmte Toleranz basiert in aller Regel auf keinerlei konkreter Bekanntschaft mit dem Anderen und seinen religiösen Überzeugungen. Stattdessen weist sie deutlich relativistische Tendenzen auf – wie ein Jugendlicher formuliert: „dass jede Religion den Menschen im Grunde genommen […] vom Prinzip her allen dasselbe bietet“.[23] Eine Toleranz auf der Grundlage des eigenen Glaubensverständnisses und der Einsicht in den Glauben anderer ist hier nicht gegeben. Gleichwohl machen die Äußerungen der Jugendlichen unmissverständlich klar, auf welche Erfahrungen, Erwartungen und Einstellungen eine Thematisierung von Toleranz im Unterricht stoßen kann. An einer Behandlung des Themas *unter den Voraussetzungen von Pluralität und Relativismus* führt kein Weg vorbei.

Eine eigene Frage stellen in diesem Zusammenhang die muslimischen Jugendlichen dar. Noch immer sind die empirischen Grundlagen für begründete

20 Das zeigt die Schülerbefragung aus Schleswig-Holstein (*Pohl-Patalong u. a.*, a. a. O.) allerdings nicht. Es wäre interessant, genauer zu untersuchen, ob die hier gegenüber den muslimischen Mitschülerinnen und -schülern geforderte Toleranz auch über den Kreis der persönlich bekannten Jugendlichen hinaus verallgemeinert wird.

21 Das entspricht der in der Psychologie breit rezipierten Kontakthypothese; vgl., mit allerdings nicht auf Schule und Religionsunterricht bezogenen Befunden, *Pollack u. a.*, a. a. O.

22 Vgl. *U. Schneekloth*, Jugend und Politik: Zwischen positivem Gesellschaftsbild und anhaltender Politikverdrossenheit. In: Deutsche Shell Holding (Hg.), Jugend 2015. Eine pragmatische Generation im Aufbruch, Frankfurt/M. 2015, 153–200, 183 ff.; aus den früheren Studien s. bes. *U. Schneekloth*, Politik und Gesellschaft: Einstellungen, Engagement, Bewältigungsprobleme. In: *Shell Deutschland Holding* (Hg.), Jugend 2000. Eine pragmatische Generation unter Druck, Frankfurt/M. 2006, 103–144, 133 ff. Das in den Shell-Studien gezeichnete Bild wäre auch mit der in dieser Hinsicht differenzierteren Studie von *Pollack u. a.*, a. a. O. abzugleichen.

23 *Schweitzer/Conrad*, a. a. O., 303.

Einschätzungen hier vergleichsweise dünn. Vor allem repräsentative Einschätzungen fallen deshalb schwer. Entsprechende Vorsicht sollte für alle Verallgemeinerungen gelten.[24] Gleichwohl ist auch bei muslimischen Jugendlichen mit Vorbehalten und Vorurteilen etwa gegenüber christlichen Jugendlichen zu rechnen. Deshalb kann es sinnvoll sein, die Frage nach Muslimen und muslimischen Jugendlichen in Deutschland sowie nach deren Einstellungen zur religiösen Toleranz auch im christlichen Religionsunterricht zu berücksichtigen.

Bislang haben wir uns in diesem Abschnitt auf die lebensweltlichen Zusammenhänge bezogen, in denen die Jugendlichen aufwachsen. Insofern ging es um die Dimension der elementaren Erfahrungen. Kann auch die Elementarisierungsdimension der elementaren entwicklungsbedingten Zugänge beim Thema Toleranz zum Tragen gebracht werden? Bis heute gibt es nur wenige empirische Untersuchungen dazu, wie Kinder und Jugendliche andere Konfessionen und Religionen wahrnehmen und verstehen, obwohl David Elkind schon in den 1960er Jahren Pionieruntersuchungen dazu vorgelegt hat.[25] Unsere Tübinger Untersuchungen beziehen sich sowohl auf die Wahrnehmung der jeweils anderen christlichen Konfession als auch auf die Sicht anderer Religionen, vor allem des Islam.[26] Zumindest einige, besonders für den Religionsunterricht bedeutsame Aussagen sind auf der Grundlage dieser Untersuchungen möglich.

Die übergreifende Entwicklung von der Kindheit zum Jugendalter wies bei den befragten Kindern und Jugendlichen zwei parallele Übergänge auf. Zum einen war ein Übergang von äußerlichen Merkmalen hin zu inneren Überzeugungen festzustellen: Stand für die Kinder das im Vordergrund, was sichtbar ist und sich beobachten lässt, also etwa bestimmte Gebäude, rituelle Vollzüge und Verhaltensweisen oder Personen (vor allem Pfarrerinnen und Pfarrer), so orientierten sich die Jugendlichen stärker am Glauben als einem Phänomen im Inneren des Menschen. Zum anderen wird mit dem Übergang ins Jugendalter eine Orientierung nicht nur in der Welt des Christentums und

24 Vgl. z. B. *J. Gerlach*, Zwischen Pop und Dschihad. Muslimische Jugendliche in Deutschland, Berlin 2006. Mit weiteren Verweisen s. *W.-D- Bukow/E. Yildiz* (Hg.), Islam und Bildung, Opladen 2003, *M. Tressat*, Muslimische Adoleszenz? Zur Bedeutung muslimischer Religiosität bei jungen Migranten. Biografieanalytische Fallstudien, Frankfurt am Main u. a. 2011, *H.-J. Wensierski/C. Lübcke*, „Als Moslem fühlt man sich hier auch zu Hause". Biographien und Alltagskulturen junger Muslime in Deutschland, Opladen 2012.

25 *D. Elkind*, The child's conception of his religious denomination. I. The Jewish child. II. The Catholic child. III. The Protestant child. In: Journal of Genetic Psychology 99(1961), 209–225; 101(1962), 185–193; 103(1963), 291–304.

26 *F. Schweitzer/A. Biesinger* zus. mit *R. Boschki/C. Schlenker/A. Edelbrock/O. Kliss/M. Scheidler*, Gemeinsamkeiten stärken – Unterschieden gerecht werden. Erfahrungen und Perspektiven zum konfessionell-kooperativen Religionsunterricht, Freiburg 2002, bes. 23 ff., Schweitzer u. a., Dialogischer Religionsunterricht, a. a. O., s. auch *F. Schweitzer/M. Bräuer/R. Boschki* (Hg.), Interreligiöses Lernen durch Perspektivenübernahme. Eine empirische Untersuchung religionsdidaktischer Ansätze, Münster/New York 2017.

seiner Konfessionen, sondern in der Welt der Religionen wichtig. Gefragt nach dem Verhältnis zwischen evangelisch und katholisch, griffen die Jugendlichen häufig von sich aus weiter aus und versuchten zugleich eine Zuordnung der Konfessionen zu den Religionen.[27] Ihre Orientierungsbedürfnisse beziehen sich deutlich auf das Verhältnis verschiedener Religionen zueinander. Damit ist allerdings nicht garantiert, dass such eine positive, etwa nicht von Vorurteilen bestimmte Haltung erreicht wird.

Im Blick auf den Religionsunterricht können folgende Aufgaben für die Klärung besonders hervorgehoben werden:

- Unterscheidung unterschiedlicher Zugehörigkeitsverhältnisse: Für viele Kinder, aber auch noch für manche Jugendliche ist die Unterscheidung und Zuordnung vor allem von Religions- und Nationalitätszugehörigkeit schwierig. Dass Italiener auch Protestanten und Katholiken auch Schweden sein können, solche Einsichten müssen offenbar allererst erarbeitet werden. Wo sie nicht erreicht werden, können sie zur Grundlage von Stereotypen oder sogar ausdrücklichen Vorurteilen werden.
- Was beim Menschen zum Inneren und was zum Äußeren gehört, stellt wiederum vor allem für Kinder im Blick von Konfession und Religion eine eigene Klärungsaufgabe dar. Ist „evangelisch" ein bloß äußerliches Merkmal oder hat es mit dem Inneren des Menschen zu tun? – In den Gesprächen der Kinder, die wir dokumentiert haben[28], konnte darüber intensiv gestritten werden.
- Eine geradezu typische Verwechslung betrifft die Begriffe Konfession und Religion. Wann ist von einer Konfession und wann von einer Religion zu sprechen?

Auch im Blick auf solche Klärungsaufgaben sowie hinsichtlich der Wahrnehmungen und Deutungsweisen von Kindern und Jugendlichen gilt, dass elementarisierender Religionsunterricht sorgfältig auf die Erfahrungs- und Verstehensvoraussetzungen bezogen sein muss. Insofern genügt für einen erfolgreichen Religionsunterricht auch beim Thema religiöse Toleranz die Ausrichtung lediglich an inhaltlichen Strukturen keineswegs aus.

Bedeutsam ist die Beachtung der Erfahrungs- und Entwicklungsdimensionen auch hinsichtlich der zu erwerbenden Kompetenzen. Urteilskompetenz kann im Blick auf religiöse Toleranz nur in dem Maße ausgebildet werden, in dem auf die bereits vorhandene Urteilsfähigkeit – und deren Grenzen – geachtet wird. Lebensbedeutsame Kompetenz in kommunikativer Hinsicht und im Blick auf den Umgang mit der eigenen Person (Selbstkompetenz) muss in Bezug auf die lebensweltlichen Voraussetzungen religiöser Individualisierung erreicht werden.

27 *Schweitzer u. a.*, Dialogischer Religionsunterricht, a. a. O., 48 ff.

28 *Schweitzer/Biesinger*, Gemeinsamkeiten, a. a. O.

3. Wahrheit als Preis der Toleranz?

Schon die Auffassungen Jugendlicher, jeder könne in Fragen des Glaubens nur selber wissen, an was er oder sie glauben will, kann die Folgerung nahelegen, Toleranz setze faktisch Wahrheit als ihren Preis voraus. Toleranz werde, empirisch gesehen, dadurch möglich, dass die Relativität des eigenen Wahrheitsbewusstseins anerkannt wird.[29]

Ebenfalls deutlich geworden ist allerdings, dass eine solche relativistische Toleranzbegründung bestenfalls zu einer schwachen oder „dünnen" Toleranz (Michael Walzer) führt, die weder auf einer substantiellen Vertrautheit mit dem Anderen noch auf einer weiterreichenden Einsicht in den Charakter von Wahrheit und Wahrheitsgewissheit beruht. Eben deshalb schließt eine solche Toleranz am Ende auch problematische Abgrenzungen und Verallgemeinerungen beispielsweise im Blick auf den Islam keineswegs aus.

Unter dem Aspekt der elementaren Wahrheiten muss deshalb beim Thema der religiösen Toleranz eine doppelte Aufgabe in den Blick genommen werden, wobei sich die Toleranzthematik auch religionspädagogisch hinsichtlich der für Kinder und Jugendliche anzustrebenden Klärung des Wahrheitsverständnisses als besonders fruchtbar erweist.[30] Zum einen geht es um die Fähigkeit oder Kompetenz, mit konfligierenden Wahrheitsansprüchen dialogisch und verständigungsorientiert umgehen zu können. Zum anderen kann dies nur gelingen, wenn Toleranz nicht relativistisch begründet wird, sondern aus dem christlichen Verständnis von Wahrheitsgewissheit selbst.

In der theologischen, religionswissenschaftlichen und religionspädagogischen Diskussion wird angesichts konfligierender religiöser Wahrheitsansprüche gerne auf die Unterscheidung zwischen einem *exklusivistischen, inklusivistischen* und *pluralistischen* Verständnis verwiesen. Ein exklusivistisches Verständnis kann nur die eigene Wahrheit anerkennen und weist deshalb alle anderen Auffassungen als unwahr zurück. Ein inklustivistisches Verständnis sieht – beispielsweise im Falle der katholischen Kirche – die Wahrheit in ihrer vollen Ausprägung zwar nur in der eigenen Kirche verkörpert, kann andere Glaubensweisen aber zumindest als Annäherungen an diese Wahrheit anerkennen und insofern „inkludieren": Die Wahrheitsmomente in anderen Religionen sind dann im eigenen Glauben mit enthalten

29 Vgl. dazu diverse Beiträge in *F. Schweitzer* (Hg.), Religion, Politik und Gewalt (Veröffentlichungen der WGTh 29), Gütersloh 2006, bes. *E. Zenger*, Gewalt als Preis der Wahrheit. Alttestamentliche Beobachtungen zur sogenannten Mosaischen Unterscheidung, 35–57, *E. Herms*, Wahrheitsanspruch und Gewaltverzicht, 58–89, *H. Münkler*, Verzicht auf Wahrheit als Preis der Demokratie?, 90–108.

30 Vgl. dazu *K.E. Nipkow*, Wahrheitsfrage und Schule. Zur kategorialen Klärung zerbrechender Zusammenhänge. In: *W. Härle/M. Heesch/R. Preul* (Hg.), Befreiende Wahrheit. Festschrift für Eilert Herms zum 60. Geburtstag (Marburger Theologische Studien 60), Marburg 2000, 577–590, *F. Schweitzer*, Bildung und Wahrheit. In: *Ebd.*, 563–576.

oder aufgehoben. Ein pluralistisches Verständnis geht hingegen von einem prinzipiell gleichberechtigten Nebeneinander von unterschiedlichen Glaubensweisen und von Formen des Wahrheitsbewusstseins aus.[31] Ob und inwieweit es hilfreich ist, die Diskussion auf diese drei Kategorien zu fixieren, diese Frage führt über den vorliegenden Zusammenhang hinaus. Unter dem Aspekt der Wahrheit ist festzuhalten, dass sich pluralistische Modelle häufig auf eine an John Hick angelehnte religionsphilosophische Position berufen, die von einer prinzipiellen Grenze aller Gotteserkenntnis ausgeht. Im Unterricht wird dies oft mit dem bekannten Gleichnis vom Elefanten aufgenommen: Verschiedene Menschen versuchen im Dunkeln, das Aussehen des Elefanten zu ertasten. Je nach Körperteil, den sie berühren – Rüssel, Stoßzähne, Beine oder Schwanz, gelangen sie zu höchst unterschiedlichen Eindrücken, die sie gleichwohl aus voller Überzeugung vertreten: Der Elefant sei weich oder hart, beweglich oder fest wie eine Säule, haarig oder glatt usw. „Recht" hat am Ende natürlich keiner, zumindest nicht ganz, sondern bestenfalls ein bisschen. „Falsch" bleibt jeder Anspruch, die eigenen partiellen Eindrücke verallgemeinern zu können.

Nun kennt zwar auch die Bibel prinzipielle Grenzen der Gotteserkenntnis („Wir sehen jetzt durch einen Spiegel ein dunkles Bild; dann aber von Angesicht zu Angesicht. Jetzt erkenne ich stückweise; dann aber werde ich erkennen, wie ich erkannt bin", 1 Kor 13,12). Damit ist aber keine prinzipielle Grenze der Glaubensgewissheit und schon gar nicht ein wechselseitiges Ergänzungsverhältnis verschiedener Religionen und ihrer Wahrheitsansprüche gemeint. Vielmehr geht es hier um einen eschatologischen Vorbehalt, der darauf zielt, dass die Wahrheit des christlichen Glaubens erst am Ende aller Zeiten vor aller Augen stehen wird.

Das biblische Glaubensverständnis führt also nicht zu einem Relativismus und deshalb auch nicht zu einem relativistisch begründbaren Religionspluralismus. Gleichwohl enthält es – besonders im evangelischen Verständnis[32] – die Grundlage für einen dialogisch-verständigungsorientierten Umgang mit konfligierenden religiösen Wahrheitsgewissheiten, der nicht im Relativismus endet. Entscheidend ist in dieser Hinsicht die spezifische Art der Wahrheitsgewissheit und damit verbunden auch die besondere Weise, auf die eine solche Gewissheit nach christlichem Verständnis überhaupt zustande kom-

31 Zur Interpretation und zur kritischen Diskussion vgl. den knappen Überblick bei *F. Hermanni*, Der unbekannte Gott. Plädoyer für eine inklusivistische Religionstheologie. In: *C. Danz/F. Hermanni* (Hg.), Wahrheitsansprüche der Weltreligionen. Konturen gegenwärtiger Religionstheologie, Neukirchen-Vluyn 2006, 149–170. Grundlegende Darstellung s. *P. Schmidt-Leukel*, Gott ohne Grenzen. Eine christliche und pluralistische Theologie der Religionen, Gütersloh 2005.

32 Für das Folgende stütze ich mich besonders auf das Gespräch mit den Tübinger Kollegen Eilert Herms und Christoph Schwöbel, vgl. neben den bereits genannten Veröffentlichungen *E. Herms*, Zusammenleben im Widerstreit der Weltanschauungen. Beiträge zur Sozialethik, Tübingen 2007.

men kann. Glaube ist kein Werk des Menschen und keine Leistung menschlicher Erkenntnis. Er ist die von Gott selbst geschenkte Gewissheit, die theologisch gesprochen nur als Werk des Heiligen Geistes beschrieben werden kann. Insofern bezieht sich der Glaube auf eine Wahrheit, die dem Menschen unverfügbar bleibt. Die Gewissheit im Glauben ist Resultat der nicht verallgemeinerbaren eigenen Bildungsgeschichte von Menschen.

Dieses Verständnis von Wahrheitsgewissheit besitzt weitreichende Implikationen für die Begegnung mit konkurrierenden Wahrheitsansprüchen im Sinne einer religionspädagogisch zu unterstützenden Pluralitätsfähigkeit.[33] Wenn die christliche Wahrheit menschlich unverfügbar ist, nicht weil Gott prinzipiell immer nur partiell erkennbar wäre, sondern weil die Gewissheit im christlichen Glauben nur von Gott her kommen kann, bleibt auch die Begegnung mit anderen Auffassungen konstitutiv offen für die menschlich nicht aufzuhebenden Differenzen. Insofern gewinnt sie eine dialogisch-verständigungsorientierte Ausrichtung und wird zur Grundlage von Toleranz – nicht *trotz* der Gewissheit im eigenen Glauben, sondern *aufgrund* dieser Gewissheit. Eben dies bewahrt sie vor dem Relativismus.

Religionsdidaktisch ist dieser thematische Zusammenhang deshalb so interessant, weil er einen Zugang zur religiösen Toleranz vom evangelischen Verständnis her eröffnet und zugleich Aufschlüsse über das christliche Wahrheits- und Glaubensverständnis insgesamt ermöglicht. Dieser Zugang bedingt eine spezifisch evangelische oder christliche Dialog- und Orientierungskompetenz, im Sinne der bereits genannten Pluralitätsfähigkeit als Bildungsziel. Diese These besitzt zugleich weitreichende Implikationen auch für die Art und Weise, in der das Toleranzthema didaktisch und pädagogisch im Religionsunterricht aufgenommen werden sollte.

4. Toleranz – mehr als eine Frage der Sozialpsychologie

Wer nach Lernformen und methodischen Gestaltungsmöglichkeiten fragt, stößt heute auf ein breites Angebot entsprechender Vorschläge. Solche Vorschläge stammen häufig aus dem Umkreis der Sozialpsychologie und zielen beispielsweise auf „Wege demokratischer Konfliktregelung".[34] Weitere As-

33 Vgl. dazu: Religiöse Orientierung gewinnen. Evangelischer Religionsunterricht als Beitrag zu einer pluralitätsfähigen Schule. Eine Denkschrift des Rates der Evangelischen Kirche in Deutschland, Gütersloh 2014; mit weiteren Verweisen s. Schweitzer, Interreligiöse Bildung, a. a. O.

34 Vgl. *S. Ulrich*, Achtung (+) Toleranz. Wege demokratischer Konfliktregelung, Gütersloh 2000. Die Verlag Bertelsmann Stiftung hat ein größeres Projekt zur Toleranz durchgeführt, vgl. dazu die Darstellungen: *International Network „Education for Democracy, Human Rights and Tolerance"/S. Dunn u. a.* (Hg.), Tolerance Matters. International Educational Approaches, Gütersloh 2003. Auch die Bundeszentrale für politische Bildung bzw. die Landeszentralen haben

pekte betreffen etwa den „Umgang mit Intoleranz und Fremdenfeindlichkeit".[35] Religion spielt auch in diesem Zusammenhang kaum einmal eine Rolle.

Die Vorschläge in dieser Literatur sind für jeden Unterricht insofern attraktiv, als sie vielfach leicht durchführbare praktische Übungen einschließen. Das gilt auch für den Religionsunterricht, der diese Vorschläge schon deshalb beachten sollte, weil hier eine übergreifende Aufgabe der Schule angesprochen ist. Zugleich ist aber festzuhalten, dass eine rein sozialpsychologisch verstandene beziehungsorientierte Arbeit den Aufgaben und Möglichkeiten des Religionsunterrichts nach dem Gesagten nicht gerecht wird. Auch die Formen des Lernens müssen so angelegt sein, dass eine Auseinandersetzung mit konfligierenden Wahrheitsansprüchen sowie eine Identifikation von Tolerranzpotentialen in der eigenen religiösen Tradition, aber auch in anderen Traditionen möglich werden.

Diesem Ziel entsprechen Formen des Lernens, die zu eigenem Darstellen und Begründen von Toleranz herausfordern. Dazu kann die Begegnung mit anderen, beispielsweise mit Muslimen eine gute Gelegenheit bieten. Vor allem wird hier auch ein genaues Wahrnehmen des Anderen mit seinen Überzeugungen unterstützt und eingeübt.

Auch für den Religionsunterricht kann von einem „Lernen durch Begegnung" gesprochen werden.[36] Ein entscheidendes Merkmal eines solchen religionsunterrichtlichen Lernens muss darin bestehen, dass die Begegnung substanziell – also auf inhaltliche Fragen bezogen – verstanden und gestaltet wird: Sie muss ein substanzielles oder inhaltliches Interesse am Anderen, an dessen kulturellen und religiösen Prägungen und Bindungen realisieren. Insofern ergeben sich deutliche Verknüpfungen mit dem interreligiösen Lernen.[37]

Damit ist auch deutlich, in welchem Sinne hier Kompetenzen erworben werden können. Auch im Religionsunterricht stehen beziehungsorientierte oder dialogische Kompetenzen in diesem Zusammenhang im Vordergrund, aber diese verbinden sich in spezifischer Weise mit einer Orientierungskompetenz, die über sozialpsychologische Zusammenhänge hinausführt und inhaltliche Begründungen für Toleranz einschließt.

sich des Themas mehrfach angenommen, vgl. etwa Toleranz lernen. Zur Auseinandersetzung mit Toleranz und Intoleranz (Download LpB Baden-Württemberg 2016), http://www.politikundunterricht.de/1_16/toleranzlernen.htm (eingesehen 2. Oktober 2017).

35 Vgl. *M. Sader*, Toleranz und Fremdsein. 16 Stichworte zum Umgang mit Intoleranz und Fremdenfeindlichkeit, Weinheim/Basel 2002, vgl. hingegen religionssoziologisch *Pollack u. a.*, a. a. O.

36 Lernen durch Begegnung (Jahrbuch der Religionspädagogik 21), Neukirchen-Vluyn 2005.

37 Vgl. *Schweitzer*, Interreligiöse Bildung, a. a. O., speziell bspw. *T. Knauth/M. Tatari*, Lernen aus „Vergegnungen". Überlegungen zu einem reflektierten Umgang mit der Begegnungs-Kategorie im christlich-islamischen Dialog. In: Lernen durch Begegnung, a. a. O., 59–68.

So ist am Ende in jeder Hinsicht festzuhalten, dass Toleranz ein in der Religionspädagogik lange Zeit zu Unrecht vernachlässigtes Thema darstellt. Der Religionsunterricht hat zur Bildung für Toleranz einen spezifischen Beitrag zu leisten, dessen Bedeutung weit über den im engeren Sinne religiösen Bereich hinausreicht.

Anke Edelbrock

Jochen Klepper – ein kirchengeschichtliches Thema in elementarisierender und kompetenzorientierter Perspektive

Fragt man bei kirchengeschichtlichen Themen nach überprüfbaren Bildungsstandards, so mag man zunächst an das Wissen wichtiger Kirchengeschichtsdaten denken, wie z. B. 306–337 n. Chr. als die Zeit der Konstantinischen Wende, 1517 schlug Luther seine Thesen an die Wittenberger Schlosskirche, und 1962–65 fand das Zweite Vatikanische Konzil statt. Ergänzt man diese Daten mit der Kenntnisvermittlung historischer Grundzusammenhänge, lässt sich ein kirchengeschichtliches Basiswissen zusammenstellen, welches auch dem Kriterium der Überprüfbarkeit entspricht. Mindeststandards kirchengeschichtlichen Wissens können so auf der Ebene von Sachkompetenz zusammengestellt werden.

Das Wissen um vergangene Ereignisse soll aber auch Orientierung für die Gegenwart und die Zukunft geben. Eine solche Orientierungsfunktion wird sowohl vonseiten der aktuellen Geschichts- als auch von der Religionsdidaktik deutlich eingefordert. So formulieren die Geschichtsdidaktiker Klaus Bergmann, Ulrich Mayer, Hans-Jürgen Pandel, Gerhard Schneider und Bernd Schönemann: „Die Geschichtsdidaktik versteht Geschichte als ein erneut in der Gegenwart ansetzendes Nachdenken über vergangenes menschliches Handeln und Leiden im Blick auf eine bedingt offene Zukunft, um in Gegenwart und Zukunft ein vernunftgeleitetes Handeln zu ermöglichen."[1]

In der Religionsdidaktik wird in ähnlicher Weise die subjektive Orientierungsfunktion der Geschichte hervorgehoben. Harry Noormann fordert ein „erinnerndes Lernen", welches bei den Schülerinnen und Schülern „die Quellen der Imagination mit den Träumen, Ermutigungen und Enttäuschungen derer, die vor uns waren", speist, um ihnen „Orientierung in der Topographie der Gegenwart" zu geben.[2] Hierfür müssen die Schülerinnen und Schüler von der Vergangenheit so angesprochen werden, dass sie gleichsam in ihrem Innersten berührt werden. Sie sollen in den geschichtlichen Themen Inhalte erkennen, die für ihr eigenes Leben bedeutsam sind. Ein solches belangreiches Zusammentreffen von Inhalten und Subjekten ist – das sei an dieser Stelle bereits hervorgehoben – das Herzstück der Elementarisierung: „Der wichtigste Anstoß für den Elementarisierungsansatz erwächst aus der

1 *K. Bergmann/U. Mayer/H.-J. Pandel/G. Schneider* (Hg.), Lebendiges Geschichtslernen. Bausteine zur Theorie und Pragmatik, Empirie und Normfrage, Schwalbach/Ts., ³2009, 5.

2 *H. Noormann*, Kirchengeschichte (Theologie kompakt), Stuttgart 2006, 12 f.

Frage, wie Religionsunterricht so gestaltet werden kann, dass er eine ‚fruchtbare', authentische und lebensbezogene Begegnung zwischen den Inhalten oder Themen einerseits und den Kindern und Jugendlichen andererseits ermöglichen kann."[3]

Bestehen neben dieser offensichtlichen Parallele der subjektiven Orientierungsfunktion auch Unterschiede zwischen geschichts- und religionsdidaktischen Ansätzen? Peter Biehl schreibt: „Geschichte meint einmal das Geschehen selbst und seine Wirkungen, sodann die Darstellung und Deutung des Geschehens. Die Deutung setzt voraus, dass das Geschehen in Geschichten verdichtet tradiert wird. Das Evangelium vermittelt sich ‚in, mit und unter' Geschichten, und zwar von Geschichten, die innerhalb und außerhalb des privaten, öffentlichen und kirchlichen Christentums spielen."[4] Es ist die Annahme des sich in Geschichten vermittelnden Evangeliums, welche den Unterschied zwischen der Geschichts- und der Religionsdidaktik ausmacht. Dieses auf den ersten Blick so eindeutig klingende Charakteristikum erweist sich jedoch in der Auslegung und Diskussion der geschichtlichen Ereignisse als vielschichtig. Denn: „Der Grund dafür, dass das Evangelium nur in Spannung zu pluralen Geschichten wahrgenommen werden kann, liegt darin, dass das *eine* Evangelium unterschiedliche Interpretationen zulässt"[5].

Bevor nun mithilfe von Elementarisierung und Kompetenzorientierung gefragt wird, was heutige Schülerinnen und Schüler einer achten Klasse am Thema „Jochen Klepper" lernen können, hier zunächst eine knappe Sachanalyse zu Jochen Klepper.

1. Jochen Klepper – ein Leben in verschiedenen Wirklichkeiten

Jochen Klepper wurde am 22. 3. 1903 geboren und starb am 11. 12. 1942. Er hat mit seiner jüdischen Ehefrau, Hanni Klepper geb. Gerstel-Stein, unzählige nationalsozialistische Repressalien ertragen. Als sie im Dezember 1942 für sich selbst und für Hannis jüngste Tochter Reni keinerlei gemeinsame Zukunftschancen mehr sahen, gingen sie in der Nacht vom 10. auf den 11. Dezember 1942 gemeinsam in den Tod.

Kleppers Biographie wirft viele Fragen auf: Warum emigrierte er nicht mit seiner jüdischen Frau und ihren beiden Töchtern? Warum stand er, der Mann einer jüdischen Frau, dem nationalsozialistischen Staat als Soldat zur Verfü-

3 *F. Schweitzer*, Elementarisierung – ein religionsdidaktischer Ansatz: Einführende Darstellung. In: *Ders.*, Elementarisierung im Religionsunterricht. Erfahrungen, Perspektiven, Beispiele, Neukirchen-Vluyn [4]2013, 9–30, 11.

4 *P. Biehl*, Die geschichtliche Dimension religiösen Lernens. In: Religionsdidaktik. Jahrbuch der Religionspädagogik 18(2002), 135–143, 135.

5 Ebd., 136.

gung? War es sein Ziel, ein „guter Deutscher" zu sein?[6] Wie konnte Klepper, der mit seinen Liedern viel Trost zu spenden vermag, den Suizid wählen?

Jochen Klepper lebte in einer grausamen Zeit: Sein Alltag war von immer neuen und immer stärker geißelnden judenfeindlichen Bestimmungen belastet. Innere Ruhe fand er kaum noch. Seine Arbeit an den Kirchenliedern ließ ihn aufatmen und gab ihm Kraft. Am 8. 10. 1938 schrieb er in sein Tagebuch: „Die dritte Nacht ohne Schlafmittel überstanden. Es muß um des ‚Abendliedes' im ‚Kyrie' willen sein."[7]

Im September 1938 war die erste Auflage von Kleppers „Kyrie" erschienen, ein Gedichtband mit 16 Liedern. Wie fast alle seine Lieder beginnt auch das darin enthaltene Abendlied mit einem biblischen Wort, hier Ps 4,9. Klepper dichtet:

„(1) Ich liege, Herr, in Deiner Hut und schlafe ganz mit Frieden. Dem, der in deinen Armen ruht, ist wahre Ruh beschieden. (2) Du bists allein, Herr, der stets wacht, zu helfen und zu stillen, wenn mich die Schatten finsterer Nacht mit jäher Angst erfüllen. (3) Dein starker Arm ist ausgestreckt, dass Unheil mich verschone und ich, was auch den Schlaf noch schreckt, beschirmt und sicher wohne […] (7) Ich achte nicht der künft'gen Angst. Ich harre deiner Treue, der du nicht mehr von mir verlangst, als dass ich stets aufs neue (8) zu kummerlosem, tiefem Schlaf in deine Huld mich bette, vor allem, was mich bitter traf, in deine Liebe rette."[8]

Klepper lebte in der Wahrheit seines christlichen Glaubens, von dem er zutiefst durchdrungen war. So schrieb er im Mai 1941, als bereits abertausende Juden in Konzentrationslager inhaftiert worden waren: „Das Herz ist gebrochen, der Wille zermürbt, der Geist gelähmt, aber der Glaube ist gewachsen, so daß alles wieder heilen kann."[9] Mit diesem Glauben ging er in den Tod. Sein letzter Tagebucheintrag heißt: „Wir gehen heute nacht gemeinsam in den Tod. Über uns steht in den letzten Stunden das Bild des Segnenden Christus, der um uns ringt. In dessen Anblick endet unser Leben."[10]

Diese kurzen Ausführungen lassen zwei Wirklichkeiten, in denen Klepper lebte, deutlich zu Tage treten: Die eine – äußere – Wirklichkeit, der Bedingungsrahmen seines Lebens, war das grausame Vorgehen der Nationalsozialisten gegen die Juden. Hannis älteste Tochter, Brigitte, konnte 1939 noch rechtzeitig nach England fliehen. Als es keinerlei Chance mehr auf eine Ausreise für seine Frau Hanni und deren Tochter Reni gab, kapitulierte Klepper im Dezember 1942 vor den nationalsozialistischen Klauen. Daneben gab es eine zweite – innere – Wirklichkeit: Kleppers Glaube an das Evangelium, an Jesus

6 Dieser Frage geht Ralph Ludwig nach. Vgl. *R. Ludwig*, Warum sich der Liederdichter in tiefer Not getragen fühlte (wichern porträts, Bd. 21), Berlin 2012, bes. 128–135.

7 *M. Rößler*, Jochen Klepper (1903–1942). In: *Ders.*, Liedermacher im Gesangbuch, Bd. 3, Stuttgart 1991, 164–205, 186.

8 EG 486.

9 *H. Grosch*, Nach Jochen Klepper fragen. Bilder, Dokumente, Biographisches, Stuttgart 2003, 89.

10 *Rößler*, a. a. O., 204.

Christus. Im Angesicht dieser inneren Wirklichkeit ging er mit Frau und Tochter in den Tod.

Kleppers Leben und Tod ist unterschiedlich gedeutet worden. Der politisch engagierte, Schweizer Schriftsteller Rudolf Jakob Humm schrieb, dass Klepper „im Nazistaat die von Gott eingesetzte Obrigkeit [sah], gegen die aufzumucken ihm der gleiche deutsche Gott verbot“[11]. Rita Thalmann, Verfasserin der ersten Biographie über Klepper, warf ihm Angepasstheit und resignierte Duldsamkeit vor: „Er, der mehr und besser als viele andere über den Ernst der Lage unterrichtet war, hat sich dennoch ins Schweigen und Dulden geschickt. Er hat sich immer wieder ‚angepaßt‘, bis kein Anpassen mehr möglich war.“[12] Und Eva-Juliane Meschke, Christin jüdischer Herkunft und Mutter von Kleppers Patenkind Monika, schrieb: „Die innere Geborgenheit, die das ‚Kyrie‘ in einer Zeit wachsender Bedrohung seinen Lesern gab, war Jochen Klepper nicht in den Schoß gefallen […] Hier war es ihm gelungen, die Schmerzen verwandelnd zu gestalten, die er um die eigene Ehe trug, um die gefährdeten Seinen, um die Menschen seiner näheren und ferneren Umgebung, um das Schicksal der Tausende und Abertausende von Beleidigten und Erniedrigten. Angesichts ihrer Verlorenheit sah er keinen anderen Sinn mehr, als sich ihrem Leid zuzuordnen.“[13]

Angesichts der komplexen Situation eignet sich Jochen Klepper nicht als Thema für den Religionsunterricht in unteren Klassen. Aber ab der siebten, achten Klasse gibt Kleppers Leben und Sterben unzweifelhaft viel Stoff für Diskussionen her. Welche Kompetenzen und Ziele können damit verfolgt und erreicht werden?

Ziehen wir exemplarisch den baden-württembergischen Bildungsplan von 2016 heran. Hier heißt es, der evangelische Religionsunterricht hilft, „die religiöse Dimension des Lebens zu erschließen“ und somit einen „spezifischen Modus der Weltbegegnung, der als integraler und unverzichtbarer Beitrag zum allgemeinen Bildungs- und Erziehungsauftrag der Schule zu verstehen ist“[14], zu fördern. „Die Kompetenzen religiöser Bildung“, so wird hier definiert, „beinhalten die Fähigkeit, die Vielgestaltigkeit von Wirklichkeit wahrzunehmen und theologisch zu reflektieren, christliche Deutungen mit anderen zu vergleichen, die Wahrheitsfrage zu stellen und eine eigene Position zu vertreten sowie sich in Freiheit auf religiöse Ausdrucks- und Sprachformen (zum Beispiel Symbole und Rituale) einzulassen und sie mitzugestalten.“[15]

11 *R.J. Humm*, Ein deutsches Schaf. In: Unsere Meinung, Freie literarische Zeitschrift (Zürich, Februar/März 1959), 1, zitiert nach *Grosch*, a.a.O., 149.

12 *R. Thalmann*, Jochen Klepper. Ein Leben zwischen Idyllen und Katastrophen, München 1977, 381, zitiert nach *Grosch*, a.a.O., 150.

13 *E.J. Meschke*, in: *R. Wentorf* (Hg.), Nicht klagen sollst du: loben. Jochen Klepper in memoriam zum 10. Dezember 1967, Gießen 1967, 45, zitiert nach *Grosch*, a.a.O., 150.

14 *Ministerium für Kultus, Jugend und Sport Baden-Württemberg* (Hg.), Bildungsplan 2016, Gemeinsamer Bildungsplan der Sekundarstufe I, Evangelische Religionslehre, Stuttgart 2016, 3.

15 Ebd., 6.

Wie kann man dieser Forderung anhand des kirchengeschichtlichen Themas „Jochen Klepper“ in einer achten Klasse nachkommen?

2. Elementare Zugänge – Wahrnehmungskompetenz als eine grundlegende Kompetenz der Unterrichtenden

Fragt man mit Bildungsstandards nach dem Output, muss auch hier zunächst einmal geklärt werden, was Schülerinnen und Schüler beim entsprechenden Thema bereits vermögen. Nur so kann ein Kompetenzzuwachs oder eine Kompetenzausweitung deutlich benannt werden. Innerhalb der Elementarisierung sind es die elementaren Zugänge, die die Verstehens- und Deutungsweisen der Kinder und Jugendlichen berücksichtigen. Bei geschichtlichen Themen muss somit ihr historisches Verständnis bzw. ihre Geschichtsbewusstsein fokussiert werden.

Der Frage nach der Entwicklung des Geschichtsbewusstseins ist man in der Geschichtsdidaktik nachgegangen.[16] So wird ausgeführt, dass bis zum ca. 12. Lebensjahr ein Geschichtsverständnis vorherrscht, welches durch „ein konkretes Denken in einzelnen ichbezogenen Beispielsgeschichten“[17] gekennzeichnet ist und es erst im weiteren Verlauf der Schulzeit zur Wahrnehmung abstrakter Kategorien kommt. Christian Noack, der die Entwicklung des Geschichtsbewusstseins im Zusammenhang mit den von Robert Kegan dargestellten „Entwicklungsstufen des Selbst“ beschreibt, hebt hervor, dass Schülerinnen und Schüler bis ungefähr zur sechsten Klasse besonders von historischen Figuren angesprochen werden, die sie als vertraut und damit leicht erklärbar wahrnehmen, ein Fremdverstehen aber in diesem Alter noch kaum gelingen kann.[18]

Eine Auseinandersetzung mit Jochen Klepper käme somit auch aus diesem Grund in den unteren Klassen nicht ohne Weiteres in Frage. Älteren Schülerinnen und Schülern, ab ca. 13 bis 14 Jahren, attestiert Noack „eine Aufgeschlossenheit für das Einfühlen in die inneren Motive von konkret handelnden geschichtlichen Personen“[19]. Zugleich fällt es ihnen aber noch schwer, geschichtliche Gestalten mit den historischen Maßstäben der jeweiligen Zeit wahrzunehmen. Es sind ihre eigenen gegenwärtigen Normen, mit denen die Jugendlichen historische Personen beurteilen. Zu diesen Normen gehört

16 Vgl. *C. Kölbl*, Geschichtsbewusstsein im Jugendalter. Grundzüge einer Entwicklungspsychologie historischer Sinnbildung, Bielefeld 2004.

17 *B. v. Borries*, Geschichtsbewusstsein bis zur Pubertät. Empirische Befunde aus Befragung und Interview. In: *K. Bergmann u. a.*, a. a. O., 345–356, 356.

18 *Chr. Noack*, Stufen der Ich-Entwicklung und Geschichtsbewusstsein. In: *B. v. Borries/H.-J. Pandel* (Hg.), Zur Genese historischer Denkformen. Jahrbuch für Geschichtsdidaktik Bd. 4, Pfaffenweiler 1994, 9–46, hier 16.

19 Ebd., 19.

beispielsweise das Verbot zu töten. Von daher kann es gut sein, dass Kleppers Suizid in einer achten Klasse auf Ablehnung stoßen wird. Im Unterricht wird es somit besonders notwendig sein, eine perspektivische Wahrnehmungskompetenz zu fördern. Es ist eine Kompetenz, die historische Zusammenhänge zunächst wahrnimmt, und versucht, sie im Zusammenhang mit ihren inhärenten Normen und Wertvorstellungen zu sehen und erst in einem weiteren Schritt eine eigene kritische Stellungnahme zu formulieren.

Die Berücksichtigung der elementaren Zugänge befähigt, die im Unterricht angesteuerten Kompetenzen subjektbezogen zu benennen. Es wird danach gefragt, was Kinder und Jugendliche aufgrund ihres Entwicklungsstandes zu verstehen vermögen. Bei der Dimension des elementaren Zuganges steht das Kind im Zentrum der pädagogischen Überlegungen. Hier wird u. a. deutlich benannt, was es (noch) nicht vermag. Bei kompetenzorientierter Herangehensweise besteht die Gefahr, diese Reflexion auszulassen. Denn selbst die mittlerweile zum Standard gewordenen prozessbezogenen Kompetenzen fokussieren in der Regel nur die Fragestellung der in Zukunft zu erwerbenden Fähigkeiten.

3. Elementare Strukturen des Leids – empathische Kompetenz

Klepper hat, wie in den obigen Ausführungen deutlich wurde, in seinem Leben viel gelitten: Sein eigenes Leid und das jüdische Leid hat er auf sich genommen, so lange, bis es – trotz oder gerade wegen seines christlichen Glaubens? – unerträglich für ihn wurde. Fragt man nun, welche Kompetenzen anhand dieser elementaren Struktur im Unterricht gefördert werden können, läuft man Gefahr, Kleppers Leid zu funktionalisieren und zu instrumentalisieren. Ein solcher Umgang aber ist abzulehnen, wie auch die EKD-Denkschrift „Maße des Menschlichen“ mit Worten von Micha Brumlik unmissverständlich deutlich macht: „Vor allem ist es uns nicht gegeben, den Wunsch und den Willen der verstorbenen Opfer in irgendeiner Weise für uns zu vereinnahmen, als ob wir wüssten, welchen Sinn wir eigentlich ihrem letztlich sinnlosen Sterben zu geben hätten“[20]. Es kann nicht darum gehen, Kleppers Tod nachträglich einen Sinn zu geben und somit zugleich zu versuchen, die Theodizeefrage zu beantworten. Es geht darum, die Theodizeefrage in unserer Gegenwart wach zu halten. In Kompetenzkategorien ausgedrückt heißt das, die Kompetenzen der Empathie und der christlichen Wahrnehmung von Wirklichkeit zu schulen. Beides sind unentbehrliche Kompetenzforderungen für

20 Maße des Menschlichen. Evangelische Perspektiven zur Bildung in der Wissens- und Lerngesellschaft. Eine Denkschrift des *Rates der Evangelischen Kirche in Deutschland*, Gütersloh 2003, 84.

den Religionsunterricht und doch zugleich im empirischen Sinne keine oder – im Falle der Empathie[21] – nur sehr bedingt überprüfbare Ziele.

Trotzdem ist der Ruf nach Kompetenzen auch bei der Arbeit mit kirchengeschichtlichen Themen nicht abzulehnen. Harmjan Dam fordert: „Guter Kirchengeschichtsunterricht heute darf sich der Kompetenzorientierung nicht verschließen und fordert die Verbindung mit dem aktuellen gelebten Christentum."[22] Dam schlägt beispielsweise vor, das Thema der Reformation in Verbindung mit dem Thema „Evangelisch-katholisch-ökumenisch" zu unterrichten.

Auch beim Thema „Jochen Klepper" ist es sinnvoll, im Anschluss oder parallel ein Thema aus der Gegenwart zu wählen, an dem die Schülerinnen und Schüler u.a. ihre emphatische Kompetenz weiter entwickeln können. Der „garstige" Zeitgraben, der ihnen Verständnisprobleme bereitet, kann so eher überwunden werden. So können z.B. Personen in den Unterricht eingeladen werden, die davon berichten, wie sie das Leid anderer Menschen zu verringern suchen. Vielleicht ist eine sogenannten „grüne Dame", die das Leid der Kranken mit trägt und oft ein wenig zu verringern vermag, indem sie Patienten bei ihrem Krankenhausgang von Untersuchung zu Untersuchung begleitet, bereit im Religionsunterricht von ihren Erfahrungen zu berichten. Oder vielleicht kommt auch die Deutschlehrerin, die in ihrer Freizeit Flüchtlingen hilft, die deutsche Sprache zu lernen, in den Religionsunterricht. Dies alles sind – um mit Johann Baptist Metz zu sprechen, der sich für eine „Memoria passionis" stark macht – „Spuren einer unverzagten Bereitschaft, dem Leid anderer nicht auszuweichen."[23]

Eine solche Erinnerungs- und Gedenkkultur in der Schule zu entwickeln ist für einen umfassenden Bildungsprozess der Schülerinnen und Schüler unerlässlich. Sie lernen Beispiele der Mitmenschlichkeit kennen, werden so für sie sensibilisiert und vielleicht zur Nachahmung ermutigt. Das aber ist ein Prozess, der mit den im Anschluss an die PISA-Untersuchungen geläufig gewordenen Outcome-Standards kaum zu fassen ist.

Hier wird deutlich, dass eine alleinige Konzentration auf Kompetenz Gefahr laufen kann, wichtige, für die menschliche Bildung bedeutungsvolle Themen zu vernachlässigen, weil an ihnen keine auf den ersten Blick erkenn-, nutz- und überprüfbaren Kompetenzen entwickelt werden können.

21 Vgl. *E. Naurath*, Mit Gefühl gegen Gewalt. Mitgefühl als Schlüssel ethischer Bildung in der Religionspädagogik, Göttingen [3]2010.

22 *H. Dam*, Mit Kirchengeschichte Kompetenz vermitteln – am Beispiel Reformation. In: Was ist guter Religionsunterricht? Jahrbuch der Religionspädagogik 22 (2006), 215–228, 225.

23 *J.B. Metz in Zusammenarbeit mit Johann Reikerstorfer*, Memoria passionis. Ein provozierendes Gedächtnis in pluralistischer Gesellschaft, (J.B. Metz. Gesammelte Schriften, Bd. 4), Freiburg, Basel, Wien 2017, 174.

4. Elementare Erfahrungen – die Kompetenz, Unbekanntes reflektiert wahrzunehmen

Heutige Schülerinnen und Schüler verfügen nicht über die Erfahrung, im Hitler-Regime gelebt zu haben. Kleppers äußere Wirklichkeit, der Bedingungsrahmen seines Lebens, ist ihnen unbekannt und fremd. Wie fühlt es sich an, unter einem totalitären Machthaber zu leben, der die eigenen Lebensmöglichkeiten durch ständig neue Verbote immer mehr einschränkt? Wenn man beispielsweise den eigenen Vornamen abgeben muss und einen neuen zugewiesen bekommt. Wenn man nicht mehr in die Schule kommen darf. Wenn der Besuch von Kinos, Theatern, Büchereien, Museen und Schwimmbädern verboten wird und man den öffentlichen Bus nicht mehr benutzen darf. Wie fühlt es sich an, wenn systematische Ausgrenzungen und Verfolgungen die Lebensgrundlagen rauben und letztlich auch das Leben selbst anfeinden? Für all diese Punkte ist eine Kompetenz notwendig, die der eigenen Person Unbekanntes reflektiert wahrzunehmen vermag. Ihre Aneignung ist ein langer Prozess, der auch am Ende der Schulzeit noch nicht abgeschlossen ist. Der Historiker und Geschichtsdidaktiker Bodo von Borries zählt das – wie er es nennt – „Fremdverstehen" zu den „elementaren Geschichtsfunktionen". „In der Historie können wir ‚ganz andere' menschliche Alltags- und Grenzsituationen kennenlernen."[24] Von Borries weist zugleich darauf hin, wie schwierig und anspruchsvoll „das wirklich intensive Verstehen einer historisch fremden – und für immer entschwundenen – Situation aus ihren damaligen Voraussetzungen ist. Vermutlich misslingt das den meisten Menschen."[25]

Aber nicht nur Kleppers äußere Wirklichkeit mag für die Schülerinnen und Schüler Begegnungen mit ihnen unbekannten Vorstellungen bedeuten. Im Religionsunterricht gilt es sich auch mit seiner inneren, durch den Glauben geprägte Wirklichkeit auseinanderzusetzen, die für manche fremd erscheinen mag.[26] Die Schülerinnen und Schüler erhalten die Möglichkeit, christliche Deutungen reflektiert wahrzunehmen.

Die verbindenden Überlegungen zur Elementarisierung und zur Kompetenzorientierung weisen an dieser Stelle auf die Frage, unter welcher Perspektive die Lehrenden ihre Schülerinnen und Schüler sehen. Bei alleiniger Fokussierung der Kompetenzen besteht die Gefahr, Schülerinnen und Schüler

24 *B. von Borries*, Zwischen „Wurzelsuche" und „Verunsicherung". Geschichtslernen für Mehrheit und Minderheiten unter interkulturellen Bedingungen. In: *Bergmann u. a.*, a. a. O., 425–452, 442.

25 Ebd.

26 Hier werden grundsätzliche Fragen einer Alteritätsdidaktik berührt, die auch in der Religionspädagogik diskutiert werden. Vgl. u.a. *B. Grümme*, Differenz denken? Überlegungen zu einer alteritätstheoretischen Dialogizität. In: *R. Englert/U. Schwab/F. Schweitzer/H.-G. Ziebertz* (Hg.), Welche Religionspädagogik ist pluralitätsfähig? Strittige Punkte und weiterführende Perspektiven, Freiburg, Basel, Wien 2012, 158–169.

ausschließlich als diejenigen wahrzunehmen, denen noch Vieles unbekannt und fremd ist und denen es entsprechend an Kompetenzen fehlt. Es ist – überspitzt ausgedrückt – eine Mängelbetrachtungsweise. Einer solchen Betrachtungsweise ist zunächst einmal aus theologischen Gründen Einhalt zu gebieten. Als Geschöpf Gottes ist jeder Mensch vollständig und komplett, ganz unabhängig von seinen Kompetenzen. Besonders in der Bibel (Mk 10,14) werden Kinder hoch- und wertgeschätzt. Aber auch aus pädagogischer Sicht ist eine solche Betrachtungsweise abzulehnen. Kinder und Jugendliche nehmen sehr deutlich wahr, unter welchen Vorzeichen wir sie sehen. Eine wertschätzende Lehrerhaltung und Interesse an den Schülerinnen und Schülern sind für einen gelingenden Unterricht und – damit auch für einen gelingenden Kompetenzzuwachs – unabdingbar.

5. Elementare Wahrheiten – hermeneutische und dialogische Kompetenz

Die Dimension der elementaren Wahrheiten strebt an, die Schülerinnen und Schüler mit der Wahrheitsfrage zu konfrontieren und ihnen im Religionsunterricht Raum zu geben, sich mit ihr auseinanderzusetzen. In einer von Pluralisierung, Globalisierung und Individualisierung geprägten Zeit ist dieses eine wichtige Aufgabe, da die Schülerinnen und Schüler einer „Vielzahl von Wahrheitsansprüchen“[27] begegnen, innerhalb derer sie sich zurechtfinden müssen. Die Suche nach Sinn als eine zentrale Dimension des Menschseins tritt besonders im Jugendalter deutlich ins Bewusstsein. Deshalb brauchen Jugendliche Prozesse, innerhalb derer sie sich mit der Wahrheitsfrage auseinandersetzen können.

Mit Jochen Klepper treffen die Jugendlichen auf eine Person, die trotz widrigster äußerer Umstände zutiefst von ihrem christlichen Wahrheitsverständnis, von der Zuversicht und Vertrauen in Gott durchdrungen war. An ihm können sie sich reiben, wodurch ihre dialogische Kompetenz gefördert wird. In der Auseinandersetzung wird ihnen deutlich werden, dass diese auf Gott bezogene Wahrheit als solche nicht objektiv feststellbar ist. „Wahrheit im Sinne des christlichen Glaubens ist nicht zu verwechseln mit mathematischer oder philosophischer ‚Wahrheit‘. Die Wahrheit, derer der Glaubende gewiß wird, besteht darin, daß Gott sein ‚Licht‘ und seine ‚Wahrheit‘ sendet (Ps 42,3), daß sie ‚waltet über uns in Ewigkeit‘ (Ps 117,2).“[28] Die Jugendlichen schulen hier ihre hermeneutische Kompetenz. Letztendlich werden sie auch eine Ahnung davon erhalten, dass christliche Wahrheit den ihnen bekannten Zeit-

27 *H.-M. Barth*, Dogmatik. Evangelischer Glaube im Kontext der Weltreligionen, Gütersloh, 3., aktualisierte u. ergänzte Auflage 2008, 158.

28 Ebd., 163.

ablauf von Vergangenheit, Gegenwart und Zukunft unterbricht, denn „das dem Evangelium entsprechende Zeitverständnis ist kairologisch-eschatologisch“[29]: „Jetzt ist die Zeit der Gnade“ (2. Kor 6,2), „Gott wird abwischen alle Tränen von ihren Augen, und der Tod wird nicht mehr sein, noch Leid noch Geschrei noch Schmerz wird mehr sei; denn das Erste ist vergangen“ (Apk 21,4). Damit besteht die Möglichkeit, dass auch eine visionäre Kompetenz der Schülerinnen und Schüler gefördert wird.

Die ergänzende Betrachtungsweise von Elementarisierung und Kompetenzorientierung zeigt an dieser Stelle, dass eine alleinige Berücksichtigung von Standards, mit deren Hilfe sich Lernergebnisse messen lassen,[30] für den Religionsunterricht nicht ausreichend ist. Es ist der Prozess und nicht das Ergebnis, welcher hier im Zentrum steht. So sind die Diskussion und die Aufnahme prozessbezogener Kompetenzen beispielsweise in Bildungsplänen zu begrüßen. Gleichwohl darf nicht der Eindruck entstehen, die Benennung prozessbezogener Kompetenzen sei eine abschließbare Aufgabe. Veränderte Gegenwartsbedingungen und zukünftig zu bewältigende neue gesellschaftliche Fragestellungen fordern auf, einen wachen Blick für anstehende Kompetenzen zu behalten. Der rückwärtsgewandte Blick in die Kirchengeschichte kann dabei helfen, diesen Blick zu schärfen.

6. Elementare Lernformen und Handlungs- und Methodenkompetenzen

Die Dimension der elementaren Lernformen zielt besonders darauf ab, aktives Lernen zu ermöglichen. Um diese Ziel zu erreichen, gilt es den Schülerinnen und Schülern im Unterricht Möglichkeiten einzuräumen, mit denen sie sich durch eigenes Tun und Denken aktiv mit den Inhalten auseinander setzen können. Unterricht eröffnet so neue Erfahrungs- und Denkräume. Aus den reichhaltigen methodischen Möglichkeiten bieten sich für das kirchengeschichtliche Thema „Jochen Klepper“ unterschiedliche Lernwege[31] an, was an dieser Stelle nur exemplarisch aufgezeigt werden kann.

Für eine erste Annäherung können die Jugendlichen zunächst in räumlicher Nähe der Schule nach nationalsozialistischen Spuren fragen. Eine emphatische Kompetenz kann sich so eher entwickeln. Im Archiv der Kirchengemeinden kann z.B. der nationalsozialistischen Vergangenheit durch

29 *Biehl*, a.a.O., 137.

30 Vgl. zur Diskussion um Standards: *M. Rothgangel/D. Fischer (Hg.)*, Standards für religiöse Bildung? Zur Reformdiskussion in Schule und Lehrerbildung, Münster 2005.

31 Zu Methoden, die besonders für kirchengeschichtliche Themen geeignet sind, vgl. *H. Lindner*, Methoden der Kirchengeschichtsdidaktik. In: *Dies.:* Kompetenzorientierte Fachdidaktik Religion, Göttingen 2012, 95–97.

selbständiges Recherchieren nachgegangen werden.[32] Ein Planspiel beispielsweise, in dem die Schülerinnen und Schüler mit emotionaler Beteiligung erleben, wie die Nationalsozialisten das geißelnde Netz ihrer Bestimmungen und Gesetze immer enger um die Juden schnürten, kann ihre Kompetenz, Unbekanntes reflektiert wahrzunehmen, fördern. Eine visionäre Kompetenz kann in der konkreten Auseinandersetzung mit Kleppers Liedern gewonnen werden. Vorstellungen und Assoziationen, die die Schülerinnen und Schüler zu Kleppers Abendlied haben, können sie mit selbst gemalten Bildern ausdrücken. Ein Hören des Liedes und ggf. auch das Singen sind weitere mögliche Lernwege. Erwähnt sei auch noch die Form der Projektarbeit, die sich bei kirchengeschichtlichen Themen besonders auch in der Kooperation mit dem Geschichtsunterricht anbietet.[33] Hier können z. B. Gedenkbücher erstellt oder eine Ausstellung zu Jochen Klepper erarbeitet werden. Wird die Ausstellung dann beispielsweise im Rahmen einer die ganze Schulöffentlichkeit umfassenden Eröffnung feierlich vorgestellt, findet zugleich die Förderung einer schuleigenen Erinnerungs- und Gedenkkultur statt.

7. Abschließende Überlegungen

Die doppelte Herangehensweise an das kirchengeschichtliche Thema „Jochen Klepper“ hat gezeigt, dass der religionsdidaktische Ansatz der Elementarisierung sehr gut mit der kompetenzorientierten Perspektive in Verbindung gebracht werden kann. Einerseits bringt der Kompetenzgedanke Überlegungen mit sich, die in der Elementarisierungsdimension eher weniger berücksichtigt werden. Aufgrund der konsequenten Doppelpoligkeit des religionspädagogischen Ansatzes, der eine stetige Berücksichtigung sowohl der Inhalte als auch der Schülerinnen und Schüler gewährleistet, werden die Ziele in der Regel mit unmittelbarem Bezug auf die aktuelle Situation der Schülerinnen und Schüler formuliert. Die Kompetenzorientierung nimmt hingegen verstärkt auch langfristige Ziele in den Blick. Was soll – insgesamt gesehen – am Ende des schulischen Religionsunterrichts erreicht worden sein? So kann im Sinne der Sequenzialität überlegt werden, wie mithilfe des Elementarisierungsansatzes unter besonderer Berücksichtigung der elementaren Zugänge zu einzelnen Themenbereichen des Religionsunterrichts aufeinander aufbauende Ziele und Kompetenzen für die einzelnen Jahrgangsstufen formuliert werden können.

32 Vgl. auch *A. Detmers*, Was lässt sich aus der Beschäftigung mit der Geschichte der Kirche vor Ort lernen. In: ZPT 59(2007), 350–354.

33 Vgl. *H. Dierk*, Kirchengeschichte elementar – Entwurf einer Theorie des Umgangs mit geschichtlichen Traditionen im Religionsunterricht (Heidelberger Studien zur Praktischen Theologie 10), Münster 2005, 405–413.

Eine ausschließliche Kompetenzorientierung ist für den Religionsunterricht abzulehnen. Der Prozesscharakter ist, wie besonders bei den Ausführungen zur Wahrheitsfrage deutlich wurde, für den Religionsunterricht sehr bedeutsam. Es gibt innerhalb eines Unterrichtsprozesses Kompetenzen, die klar benannt werden können. Nach einer Einheit zu Jochen Klepper haben die Jugendlichen in unterschiedlichem Maße an hermeneutischer Kompetenz und auch an Kompetenz, Unbekanntes und Fremdes reflektiert wahrzunehmen, gewonnen. In einer Klassenarbeit kann dies überprüft werden. Darüber hinaus eröffnet der Religionsunterricht Möglichkeiten für weitere, nicht überprüfbare Kompetenzerweiterungen, die die Kinder und Jugendlichen gewinnen können und die nicht abschließend gelistet werden können. Ob und in welcher Form in einer Unterrichtseinheit zu Jochen Klepper ein Zugewinn einer visionären Kompetenz stattgefunden hat, bleibt offen.

Die konsequente Doppelpoligkeit des Elementarisierungsansatzes nehme ich als einen grundlegenden Vorteil gegenüber kompetenzorientierten Überlegungen wahr. Der stetige Blick auf die Schülerinnen und Schüler schützt vor überzogenen Erwartungen. Der Einbezug theologisch-anthropologischer Sichtweisen[34] sichert u.a. einen wertschätzenden Umgang mit den Schülerinnen und Schülern und verdeutlicht zugleich, dass Themen wie Jochen Klepper, an denen Jugendliche menschliches Leid und menschliche Hoffnung wahrnehmen und reflektieren können, zur Bildung des Menschen hinzugehören.

34 Ausführlicher hierzu: *A. Edelbrock*, Kinder verstehen. Folgerungen eines religionspädagogisch-anthropologischen Blickes für religiöse Bildungsprozesse. In: *T. Schlag/H. Simojoki* (Hg.), Mensch-Religion-Bildung. Religionspädagogik in anthropologischen Spannungsfeldern, Gütersloh 2014, S. 253–263.

Colin Cramer

Entwicklung von Verantwortungskompetenz durch elementarisierende Projektarbeit. Didaktische Expertise – Unterrichtsqualität – Kompetenzerwerb

Dieser Beitrag diskutiert anhand eines empirischen Rahmenmodells, welche Bedeutung der Elementarisierung als (fach-)didaktischem Prinzip für die Unterrichtsqualität und damit schließlich für die Kompetenzentwicklung von Schülerinnen und Schülern zukommen kann. Dann werden die mit der Projektmethode verbundenen Chancen für Verantwortungslernen in Schule und (Religions-)Unterricht vorgestellt. Eine sinnvolle Verknüpfung von Didaktik (Elementarisierung) und Methodik (Projektmethode) wird an Beispielen des Erwerbs von Verantwortungskompetenz verdeutlicht. Abschließend wird ein Struktur-Prozess-Modell von Verantwortungskompetenz entlang der fünf Elementarisierungsdimensionen entfaltet.

Die Debatte um Bildungsstandards und Kompetenzen, Leistungsvergleichsstudien und Evaluation hat auf eindrückliche Weise gezeigt, dass die Beschäftigung mit verschiedenen Inhalten im Unterricht zu vergleichbaren Kompetenzen führen kann. Doch mit dem Paradigmenwechsel der Bildungssteuerung von einer Inputorientierung hin zu einer Orientierung an den *outcomes*, also den messbaren Leistungen, Fähigkeiten und Fertigkeiten von Schülerinnen und Schülern, wurde die Frage nach dem Unterrichtsgegenstand nicht obsolet. Unterricht geht nicht alleine in einer Kompetenzorientierung auf, indem am Ende einer Unterrichtsstunde, eines Schuljahres oder einer ganzen Schülerbiografie vergleichbare Wissensstände, Fähigkeiten und Fertigkeiten erworben wurden. Die in Curricula formulierten Bildungsstandards geben keine Auskunft darüber, *wie* der Unterricht didaktisch-methodisch gestaltet sein soll oder *welche* Unterrichtsgegenstände (Inhalte) in besonderer Weise geeignet sind, bestimmte Kompetenzen anzubahnen. Kompetenz ist nicht als ein statisches Resultat zu verstehen: Der gesamte *Prozess* des Kompetenzerwerbs und die tatsächlich erworbenen Kompetenzen sollten berücksichtigt werden.[1]

Die Lehrperson ist wesentlich für die Qualität von Lehr-Lern-Prozessen im Unterricht und damit auch für die Kompetenzentwicklung der Schülerinnen und Schüler verantwortlich.[2] Elementarisierung als (fach-)didaktisches

1 Vgl. *F.E. Weinert*, Leistungsmessung in Schulen. Eine umstrittene Selbstverständlichkeit. In: *Ders.* (Hg.), Leistungsmessung in Schulen, Weinheim 2001, 17–31.

2 Vgl. *F. Lipowsky*, Auf den Lehrer kommt es an. Empirische Evidenzen für Zusammenhänge

Prinzip ist damit keineswegs hinfällig geworden. Dies gilt auch und gerade dort, wo sogenannte weiche Fähigkeiten und Fertigkeiten (soft skills) wie *Verantwortungskompetenz* angebahnt werden sollen. Zur Begründung dieser Zusammenhangsthese zwischen (fach-)didaktischer Expertise der Lehrperson und Kompetenzerwerb der Schülerinnen und Schüler ist zunächst zu klären, welche Verbindungen im komplexen Gefüge *Unterricht* überhaupt zwischen der Expertise einer Lehrperson und der für den Kompetenzerwerb (mit-)verantwortlichen Unterrichtsqualität bestehen.

1. Theoretische Rahmung

Unumstritten ist in der Unterrichtsforschung, dass qualitätsvoller Unterricht die Wahrscheinlichkeit eines effektiven und effizienten Prozesses des Kompetenzerwerbs der Schülerinnen und Schüler erhöht.[3] Was kann das Prinzip der Elementarisierung also unter Berücksichtigung empirischer Annahmen im Blick auf einen von Unterrichtsqualität abhängigen Kompetenzerwerb leisten? Abbildung 1 zeigt neun potenzielle Einflussfaktoren auf Unterrichtsqualität.[4] Die didaktische Expertise einer Lehrperson macht dabei nur einen Aspekt von Unterrichtsqualität aus. Ihre Bedeutung liegt nicht zuletzt in ihrer Nähe zu Faktoren wie der Klassenführung, der Motivierungsqualität oder der Qualität des Lehr- und Lernmaterials begründet. Traditionell wird didaktische Expertise im Zusammenhang mit Kategorien wie *Klarheit* (akustische Verständlichkeit, Präzision und Korrektheit, fachliche Kohärenz, Strukturiertheit), *Methodenkompetenz* (Methodenvielfalt und -balance, reflektierte Methodenwahl) oder *Individualisierung* (Umgang mit Heterogenität, Variation und Differenzierung sowie individuelle Förderung) gesehen.[5] Der neuere Diskurs um Unterrichtsqualität betont die Relevanz eines von der didaktisch kompetenten Lehrperson arrangierten *kognitiv aktivierenden* Unterrichts[6], in dem sich die Schülerinnen und Schüler intensiv mit dem behandelten Gegenstand beschäftigen und im Lernprozess adäquates *Feedback* erhalten.

Ihr Einzelaspektcharakter lässt zunächst vermuten, dass der Einfluss von Elementarisierung auf den Kompetenzerwerb verhältnismäßig gering ausfällt.

zwischen Lehrerkompetenzen, Lehrerhandeln und dem Lernen der Schüler. In: Zeitschrift für Pädagogik, Beiheft 51(2006), 47–70.

3 Unterrichtsqualität wird traditionell verstanden als ein stabiles Muster von Lehrverhalten, das eine Vorhersage und/oder Erklärung von Schulleistung erlaubt; vgl. *F.E. Weinert u. a.*, Quality of instruction and achievement outcomes. In: International Journal of Educational Research 13(1989), 895–914, 899.

4 Vgl. *A. Helmke*, Unterrichtsqualität erfassen, bewerten, verbessern, Seelze [3]2004, 49–110.

5 Vgl. *Helmke*, a. a. O., 60–73.

6 Vgl. *M.L. Pirner*, Kognitive Aktivierung als Merkmal eines guten Religionsunterrichts. Anregungen aus der empirischen Unterrichtsforschung. In: Theo-Web 12(2013), 228–245.

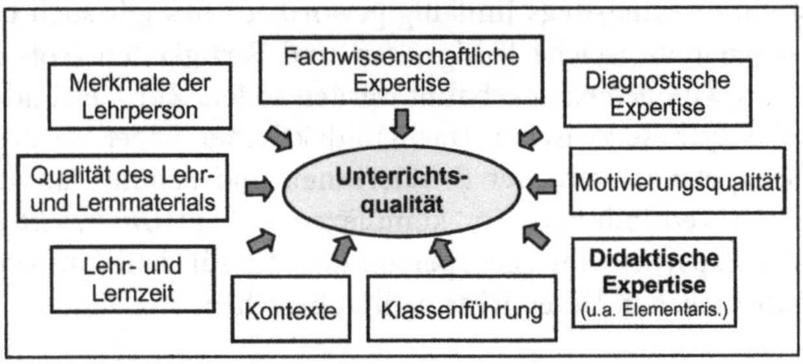

Abbildung 1: Potenzielle Einflussfaktoren auf Unterrichtsqualität

Einer solchen Annahme widerspricht jedoch der Stand der empirischen Forschung zur *Lehrerinnen- und Lehrerwirksamkeit* (teacher effectiveness). Bereits eine klassische Metaanalyse fasst die wesentlichen Forschungsergebnisse über positive Effekte des Lehrerhandelns auf das Schülerlernen wie folgt zusammen[7]:

- *Quantity and Pacing of Instruction:* Schülerinnen und Schüler lernen besser, wenn: mehr Lerngelegenheiten zur Verfügung stehen, Lehrer die Wichtigkeit von Unterricht betonen und anspruchsvolle Ziele verfolgen, eine effiziente Klassenführung konzentriertes Lernen ermöglicht und Erfolgserfahrungen gemacht sowie Frustration vermieden werden.
- *Active teaching:* Schülerinnen und Schüler lernen besser, wenn: Eigenaktivitäten eine ausreichende Instruktion vorausgeht, Übersichten und Zusammenfassungen Orientierung geben, Raum für Üben und Wiederholen existiert, Material und Informationen klar strukturiert sind, Lehrkräfte als motivierend erlebt werden und ihnen das Unterrichten Spaß macht, Verstehenszeit eingeräumt, aber keine Zeit verschwendet wird.
- *Questioning the students:* Schülerinnen und Schüler lernen besser, wenn ihnen Fragen von unterschiedlichem Niveau gestellt werden, sie weder über- noch unterfordert werden, zwischen Fragen und Aufrufen gewartet wird, alle gleichermaßen in Unterrichtsgespräche eingebunden werden, bei schwierigen Fragen zum Nachfragen ermuntert wird.
- *Reaction to the Student Responses:* Schülerinnen und Schüler lernen besser, wenn auf Antworten ein Feedback erfolgt, Lob sorgfältig dosiert wird, Richtiges gewürdigt und Verbesserungsbedürftiges benannt wird, Fragen ggf. wiederholt und Hilfestellungen angeboten werden, Schülerbeiträge ernst- und aufgenommen werden.

7 Vgl. *J.E. Brophy/T.L. Good*, Teacher behavior and student achievement. In: *M.C. Wittrock* (Hg.), Handbook of research on teaching, London ³1986, 328–375. Hinweis: Neuere Zusammenstellungen von Forschungsbefunden, wie z. B. die prominent gewordene Synthese „Visible Learning" von J. Hattie, gehen im Kern nicht über diese basalen Erkenntnisse der Unterrichtsforschung hinaus.

Es lässt sich also mit einigem Recht annehmen, dass ein empirisch begründeter, unmittelbar positiver Zusammenhang zwischen (fach-)didaktischer Qualität von Unterricht und dem Kompetenzerwerb der Schülerinnen und Schüler besteht.[8] Elementarisierender Unterricht kann damit den Kompetenzerwerb unterstützen. Die *didaktische Reduktion komplexer Inhalte* erfordert zunächst eine Abstraktionsleistung: die Unterscheidung von Wesentlichem und Unwesentlichem auf dem Weg zum unbedingt Notwendigen. Trotz Reduktion muss den Jugendlichen der Gegenstand am *Konkreten* dargeboten werden, damit sie daran das Allgemeine erkennen können. Elementarisierung wird niemals ohne genaue Kenntnis des Gegenstandes selbst gelingen und erfordert daher fachdidaktische Kompetenz der Lehrperson, die ein solides Fachwissen voraussetzt. Elementarisierung ist damit eine zentrale Aufgabe von Lehrkräften bei der Unterrichtsvorbereitung, indem sie den Anspruch der Sache, den pädagogischen Auftrag und die Voraussetzungen der Schülerinnen und Schüler (*Didaktisches Dreieck*) berücksichtigt. Neben didaktischer Expertise dürfen natürlich auch die anderen Einflussfaktoren auf Unterrichtsqualität nicht übersehen werden. Denn „guter (Religions-)Unterricht“ lässt sich nur mehrdimensional fassen.[9] Unterrichtsqualität zielt immer auch auf Unterrichtsziele, Inhalte, Akteure und auf den Unterrichtsprozess selbst.

2. Verantwortungskompetenz und Projektmethode

Angesichts der zu konstatierenden Gewalt an Schulen, der Herausforderungen mit Blick auf Heterogenität und Diversität im Klassenzimmer und globalen Herausforderungen in einer pluralen Gesellschaft sowie einer nachhaltigen Entwicklung erscheint es ein wichtiges Ziel von Schule und Unterricht, dass Schülerinnen und Schüler Verantwortung für ihre Mitmenschen, ihre (soziale) Umwelt und sich selbst übernehmen. Noch immer ist nur wenig darüber bekannt, wie sich Verantwortungslernen vollzieht und im Unterricht systematisch gefördert werden kann.[10] Im Folgenden wird *eine* exemplarische Idee davon gegeben, wie durch die Verbindung von Elementarisierung und Projektmethode zu einer *elementarisierenden Projektarbeit* das Entwickeln von Verantwortungskompetenz unterstützt werden kann.

In Grundzügen meint *Verantwortung*, „dass jemand für die Folgen der ihm zugeschriebenen Handlungen Rechenschaft ablegen muss oder für sie bestraft

8 Dieser Zusammenhang wurde prominent durch die COACTIV-Studie für den Mathematikunterricht nachgewiesen: *J. Baumert/M. Kunter*, Stichwort: Professionelle Kompetenz von Lehrkräften. In: Zeitschrift für Erziehungswissenschaft 9(2006), 469–520.

9 Vgl. *F. Schweitzer*, „Guter Religionsunterricht“ – aus Sicht der Fachdidaktik. In: Was ist guter Religionsunterricht? Jahrbuch der Religionspädagogik 22(2006), 41–51.

10 Vgl. *C. Cramer*, Verantwortung lernen. Selbstevaluation von Verantwortungskompetenz in der Schule (Sekundarstufe I), Stuttgart 2007, 16 f.

werden kann“. Etymologisch geht *Verantwortung* zurück auf *respondere* (lat.: vor Gericht auf eine Anklage antworten): „Jemand (der Angeklagte) ist für etwas (seine Tat) vor einer Instanz (dem Gericht) in Bezug auf bestimmte Normen (die Gesetze) verantwortlich“.[11] Diese am Recht ausgerichtete vierstellige Relation aus dem 15. Jahrhundert wurde erst im 19. Jahrhundert durch die Übernahme des Begriffes in die Theologie teilweise neu bestimmt. Das eigene Gewissen, später auch andere Personen werden dann zur Instanz. In der Pädagogik wurde der Verantwortugsbegriff erst spät aufgenommen.[12] Während bereits an anderer Stelle Versuche zu einer zeitgemäßen inhaltlichen Bestimmung von Verantwortung[13] und Verantwortungskompetenz[14] unternommen wurden[15], soll sich die Suche nach Möglichkeiten einer Eingliederung von Verantwortungslernen in Schule und Unterricht im vorliegenden Beitrag am Lernprozess orientieren. Einerseits ist es aufgrund fehlender empirischer Kompetenzmodelle kaum möglich, die wesentlichen Merkmale von Verantwortungskompetenz zu bestimmen, andererseits würden selbst fundierte Instrumentarien keine Auskunft darüber geben, wie sie im Unterricht durch didaktische Arrangements erreicht werden kann. Es mangelt an theoretisch und empirisch fundierten Annahmen, wie sich Verantwortungskompetenz bei Schülerinnen und Schülern entwickelt und wie verantwortungsvolles Handeln in der Schule angebahnt werden kann.

An den Schulen hat sich hingegen eine reichhaltige Praxis entwickelt, *Verantwortungslernen* zu initiieren und zum Gegenstand einzelner Aktivitäten im Schulleben zu machen oder als Grundlage ausgewachsener Schulprofile

11 Beide Zitate: *H. Wittwer*, Art. Verantwortung I (philosophisch-ethisch). In: Theologische Realenzyklopädie, Bd. 34 (2002), 574–577, 574 f.

12 *E. Witte*, Verantwortung in Erziehung und Bildung. In: *L. Heidbrink/C. Langbehn/J. Loh* (Hg.), Handbuch Verantwortung, Wiesbaden 2017, 667–680.

13 Vgl. *C. Schwöbel*, Verantwortung der Wissenschaft – Verantwortung in der Wissenschaft. In: *Ders.*, Christlicher Glaube im Pluralismus, Tübingen 2003, 389–420 vs. *H. Jonas*, Das Prinzip Verantwortung. Versuch einer Ethik für die technologische Zivilisation, Frankfurt [8]1988.

14 Eine empirisch-inhaltliche Bestimmung von Verantwortungskompetenz als Konglomerat aus 12 Teilkompetenzen wurde vorgenommen in: *Cramer*, Verantwortung lernen, a. a. O., 19–21. Die Teilkompetenzen sind im Einzelnen: (1) Glaube an eine gerechte Welt; (2) Gerechtigkeitsempfinden (moralische Urteilsfähigkeit); (3) Moralische Sensibilität (Ungerechtigkeitswahrnehmung); (4) Erkennen von sozialer Erwünschtheit; (5) Ökologisch-sittliche Handlungsbereitschaft; (6) Handlungsspielraum und Einflussmöglichkeiten; (7) Lebenszufriedenheit; (8) Interne Konsistenz (Einstellungen/Verhalten), Meinungsstabilität; (9) Engagementbereitschaft für Marginalisierte, (10) Soziale Interaktion in der Klasse, Schule und Familie; (11) Altruismus und Fähigkeit zum Perspektivenwechsel, (12) Empathievermögen. Bedingungen und Möglichkeiten der Selbstevaluation von Verantwortungskompetenz entlang dieser Teilkompetenzen wurden vorgestellt in: *Ders.*, Lehrkräfte erforschen ihren Unterricht. Kompetenz zur Selbstevaluation als Teil der Religionslehrerbildung. In: Zeitschrift für Pädagogik und Theologie 59(2007), 47–56.

15 Einen Überblick bietet: *L. Heidbrink/C. Langbehn/J. Loh* (Hg.), Handbuch Verantwortung. Wiesbaden 2017.

zu etablieren.[16] Einen Einblick in die meist am *Demokratielernen*[17] und/oder an der Bewegung des *Service Learning*[18] orientierten Initiativen geben die drei folgenden Beispiele. Sie zeigen das Engagement von Schülerinnen und Schülern in gemeinnützigen Projekten:

- *Demokratie lernen & leben* (www.blk-demokratie.de): Hier handelt es sich um ein frühes und ehemals von der Bund-Länder-Kommission für Bildungsplanung und Forschungsförderung (BLK) ins Leben gerufenes Schulentwicklungsprogramm. Ziel des Programms war es, durch die Demokratisierung von Unterricht und Schulleben die aktive Mitwirkung der Schülerinnen und Schüler an der Zivilgesellschaft zu fördern.[19]
- *Netzwerk Service-Learning - Lernen durch Engagement* (www.servicelearning.de): Das große Netzwerk koordiniert und vernetzt die Aktivitäten seiner Akteure. Für die gemeinsamen Bemühungen bestehen Qualitätsstandards. Es werden Materialien und Fortbildungen angeboten.
- *Verantwortung lernen!* (www.verantwortunglernen.de): Das nordrhein-westfälische Modellprojekt hatte eine möglichst frühe Förderung bürgerlichen Engagements zum Ziel. Durch die Verknüpfung von Unterricht und ehrenamtlichem Engagement sollte die Persönlichkeitsbildung gestärkt werden. Eine langfristige Implementation des Projekts in Schulprogrammen führte zu dessen Fortführung im Nachfolgeprojekt *sozialgenial - Schüler engagieren sich* (www.aktive-buergerschaft.de/service_learning/), an dem mittlerweile über 600 Schulen teilnehmen.

Projektmethode

Verantwortungskompetenz lässt sich nicht *unterrichten*, sie kann nur durch einen elementarisierenden Unterricht *angebahnt* werden. Als ein methodischer Rahmen bietet sich hierfür die Projektmethode an, die durch ihre lebensweltliche Nähe die Notwendigkeit eines verantwortungsbewussten Umgangs der Schülerinnen und Schüler mit sich selbst, ihren Mitmenschen und ihrer Umwelt erfahrbar machen kann.[20] Die neuere Diskussion zur Projektmethode beschreibt den zeitlichen Ablauf eines Projekts meist in sieben Projektphasen[21]:

16 Ein frühes Beispiel einer solchen Projektinitiative in Deutschland ist das Projekt „Compassion": *L. Kuld/S. Gönnheimer*, Compassion. Sozialverpflichtetes Lernen und Handeln, Stuttgart 2000.

17 Vgl. *J. Dewey*, Democracy and Education. An Introduction to the Philosophy of Education, New York 1916.

18 Vgl. *A. Sliwka/S. Frank*, Service Learning: Verantwortung lernen in der Schule und Gemeinde, Weinheim 2005; *H. Reinders*, Service Learning. Theoretische Überlegungen und empirische Studien zu Lernen durch Engagement, Weinheim 2016.

19 *W. Edelstein/P. Fauser*, Demokratie lernen und leben, Bonn 2001.

20 Vgl. *J. Dewey/W.H. Kilpatrick*, Der Projekt-Plan. Grundlegung und Praxis, Weimar 1935.

21 Vgl. hier: *W. Emer/K.-D. Lenzen*, Projektunterricht gestalten - Schule verändern. Baltmanns-

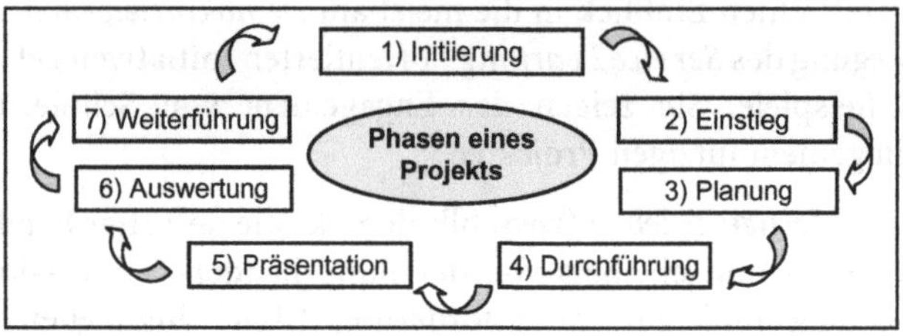

Abbildung 2: Phasen in der Projektmethode

Die (1) Initiierung eines Projekts beruht auf einer Problemstellung: Ein Bachbett in der Nähe einer Realschule ist durch Abfälle stark verunreinigt. Schülerinnen und Schüler einer 8. Klasse machen ihren Klassenlehrer darauf aufmerksam. Im Unterrichtsgespräch wird der Handlungsbedarf deutlich und eine Intervention wird beschlossen. Die Idee für ein *Projekt Bachreinigung* ist geboren. Mit dem (2) Einstieg in das Projekt werden zunächst die Hintergründe (Umweltverschmutzung, Gegenmaßnahmen usw.) erschlossen. Die Klasse beginnt nun mit der konkreten (3) Planung: Aufgaben werden vergeben, Organisatorische Klärungen finden statt, ein Zeitplan wird erstellt. Die (4) Durchführung der Säuberungsaktion wird gemeinsam bewältigt. Im Anschluss findet eine (5) Präsentation der Ergebnisse in Form einer Ausstellung mit Fotos (vorher/nachher) im Schulfoyer statt. Die Klasse platziert einen Artikel in der Lokalzeitung. Im Klassenzimmer wird der zurückliegende Prozess reflektiert. Im Rahmen der (6) Auswertung schlägt die Klasse der Schulleitung vor, die (7) Weiterführung des Projekts könne von den künftigen 8. Klassen übernommen werden. Die Schulkonferenz bittet die Jugendlichen, ihre positiven Erfahrungen, aber auch ihre Optimierungsvorschläge, festzuhalten. Die Klasse empfiehlt zu überlegen, was getan werden kann, um eine erneute Verschmutzung des Bachabschnitts zu verhindern (Ursachenforschung in einem weiteren Projekt). Dieses idealtypische Beispiel verweist auf konstitutive Merkmale der Projektmethode: Handlungsorientierung, Selbstorganisation sowie kollektive Realisierung. Hinzu kommen hier anzustrebende Merkmale wie Situationsbezogenheit, Bedürfnisbezogenheit, Interdisziplinarität (gemeint ist die schulfachübergeifende Anlage), Produktorientierung und gesellschaftliche Relevanz.[22] Die Projektmethode zielt direkt auf die Verantwortungskompetenz der Schülerinnen und Schüler, ohne dabei zwingend „Verantwortung“ inhaltlich zum Gegenstand zu haben.

weiler [3]2009. Alternative Darstellungen: *K. Frey*, Die Projektmethode. „Der Weg zum bildenden Tun“, Weinheim [12]2012. *S. Traub*, Projektarbeit erfolgreich gestalten: Über individualisiertes, kooperatives Lernen zum selbstgesteuerten Kleingruppenprojekt, Bad Heilbrunn 2012.

22 Vgl. *Emer/Lenzen*, a. a. O.

3. Verantwortung lernen im elementarisierenden Projektunterricht

Wird nun das didaktische Prinzip der Elementarisierung mit der Projektmethode in Verbindung gebracht, ergibt sich idealtypisch die Möglichkeit, Verantwortungskompetenz anzubahnen. Dies liegt insbesondere darin begründet, dass die aus Sicht des Elementarisierungsansatzes so wichtige Prozesshaftigkeit von Unterricht für die Projektmethode konstitutiv ist. Entlang der fünf Elementarisierungsdimensionen wird dies nachfolgend veranschaulicht: Wie können (Fach-)Didaktik (Elementarisierung) und Methodik (Projektmethode) ineinander greifen und welches Verhältnis von Elementarisierung und Kompetenzentwicklung lässt sich jeweils antizipieren? Zur Veranschaulichung wird zunächst auf das beschriebene *Bachprojekt* zurückgegriffen. Im Anschluss daran werden weitere Beispiele aus verschiedenen Verantwortungs-Projekten angeführt, die an den beteiligten Schulen der drei vorgestellten Netzwerke durchgeführt wurden.

Verantwortung verstehen: elementare Strukturen

Es ist in der Projektarbeit unerlässlich, dass Schülerinnen und Schüler eine *Vertrautheit mit dem Gegenstand* entwickeln, sich Wissen aneignen. Um im Bild des Bachprojekts zu bleiben: Die Planung und Durchführung des Vorhabens wird ohne eine eingehende Beschäftigung mit den Ursachen und Folgen der Verschmutzung kaum auf fruchtbaren Boden fallen, sondern von den Jugendlichen allenfalls als Arbeitseinsatz aufgefasst werden. Die Identifikation mit der realen Problemlage und das Empfinden, für die Lösung des Problems verantwortlich zu sein, sind wesentliche Motivationsfaktoren. Hinzu kommt, dass dieses Projekt fächerübergreifende Anschlüsse (z.B. Biologie, Chemie, Erdkunde und Religion) aufweist, die neben der sozialen Dimension ein solches Projekt als Teil von Unterricht und Schule überhaupt erst legitimieren. Natürlich sind die Jugendlichen nur bedingt selbst in der Lage zu entscheiden, welche sachlichen Informationen für sie wesentlich sind. Es ist die Aufgabe der am Projekt beteiligten Lehrkräfte, durch ihren Wissensvorsprung eine geeignete Auswahl im Blick auf die Lerngruppe zu treffen und so Komplexität zu reduzieren.[23]

Was bedeutet die didaktische Dimension der elementaren Strukturen im Projektunterricht nun für den Aufbau von Verantwortungskompetenz? Schülerinnen und Schüler sollen zunächst einmal lernen, was Verantwortung meint und warum es wichtig ist, Verantwortung zu tragen. Dies setzt die kognitive Leistung voraus, *Verantwortung zu verstehen.* Um diesen Schritt

23 Vgl. *P. Kliemann/F. Schweitzer*, Religion Unterrichten Lernen. Zwölf Fallbeispiele, Neukirchen-Vluyn 2007, 143 f.

gehen zu können, bedarf es einer Lehrperson, die „von der Beziehung der Sache *und* den Kindern und Jugendlichen her“[24] *elementare Strukturen* in die Projektmethode integriert bzw. die Jugendlichen dazu anleitet, diese nachzuvollziehen. Das bedeutet zunächst eine *Auswahl* der für die Klasse elementar wichtigen Informationen, etwa eine vereinfachte theoretische Beschäftigung mit dem Verantwortungsbegriff oder das Schaffen fachlich-technischer Voraussetzungen, damit die Schülerinnen und Schüler im Projekt Initiative ergreifen können.

Beispiel 1: In Klassenstufe 8 einer Schule in Baden-Württemberg engagieren sich die Schülerinnen und Schüler als Mentoren für Grundschulkinder. Sie sind für je ein „Patenkind“ mit Migrationshintergrund zuständig, dem sie einmal wöchentlich bei den Hausaufgaben helfen, mit ihm lesen, schreiben, rechnen und spielen oder die Eltern bei den Anforderungen des Alltags (Übersetzungen etc.) unterstützen. Ziel ist es, den migrierten Familien über die Vermittlungsarbeit der Schülermentorinnen und -mentoren eine aktive Partizipation am Schulleben zu ermöglichen. Diese Aufgabe setzt Grundlagen voraus, die in den Fächern Gesellschaftskunde (Kulturen, Migration, Demokratie), Musik (Musikkulturen, nationale Identität), Deutsch (Erfahrungsreflexion, Personenbeschreibung, Präsentieren) und Religion (Fremdheitserfahrungen, Schöpfung und Verantwortung, Toleranz und Anerkennung) vorbereitend und begleitend erarbeitet werden.

Verantwortlichkeit erkennen: elementare Zugänge

Ohne *Lebensweltbezug* ist kein Anlass für die Initiation eines Projekts gegeben. Schülerinnen und Schüler müssen aufgrund eines ihnen selbst bewusst werdenden Problems eine Handlungsnotwendigkeit erkennen und benennen. Erst aus diesem positiven Handlungszwang heraus sehen sie sich selbst gefordert und in der Verantwortung, eine Problemlösung herbeizuführen. Würde des Bachbett nicht an das Schulgelände angrenzen und auf dem täglichen Schulweg überquert werden, gäbe es überhaupt keinen Grund, auf die Verschmutzung aufmerksam zu werden. Es obliegt der Sensibilität und damit dem Urteilsvermögen der Jugendlichen, ob sie der Verunreinigung überhaupt Bedeutung zuschreiben.

Die Schülerinnen und Schüler sollen lernen, ihre Verantwortlichkeit zu erkennen. Ihnen eine bewusste Wahrnehmung ihrer Umwelt nahe zu bringen und damit die Basis ihrer elementaren Zugänge zu erweitern, ist daher eine wichtige Voraussetzung für die Entwicklung von Verantwortungsfähigkeit.

24 Vgl. *F. Schweitzer*, Elementarisierung – ein religionsdidaktischer Ansatz. In: *Ders.* (Hg.), Elementarisierung im Religionsunterricht. Erfahrungen, Perspektiven, Beispiele, Neukirchen-Vluyn [4]2013, 9–30, 16 f.

Dieser Prozess kann im Anschluss an die moralische Entwicklung nach Kohlberg in Stufen beschrieben werden: Heranwachsende geben zunehmend angemessenere Begründungen für die von ihnen vertretenen Werte und Normen.[25] Verantwortungskompetent zu sein bedeutet mehr, als dem eigenen Vorteil konform zu handeln oder gesellschaftliche Normen einfach zu übernehmen. Eigenverantwortlich handeln kann nur, wer das eigene Handeln begründen und auch am Wohl der anderen auszurichten vermag. Eine dafür notwendige *Sensibilisierung* kann erfolgen, indem die Jugendlichen mit Situationen konfrontiert werden, in welchen Menschen für andere Menschen oder ihre Umwelt Verantwortung übernehmen. Die Lehrperson muss dabei stets auch entwicklungspsychologische Aspekte mit in den Blick nehmen, um die Sicht der Welt durch die Augen der Heranwachsenden nachvollziehen zu können.[26]

Beispiel 2: Eine berufsbildende Schule in Rheinland-Pfalz ermöglicht durch eine Kooperation mit Stadt und Ausbildungsbetrieben ihren Schülerinnen und Schülern, einen direkten Einblick in kommunale Politik zu erhalten (z. B. Hospitation in einer Stadtratssitzung; in Rollenspielen nachempfinden, wie Politik funktioniert). Jugendliche sollen so für politische Entscheidungsprozesse in ihrer Gemeinde sensibilisiert werden, Interesse an Politik entwickeln und schließlich selbst bereit werden, sich gesellschaftlich zu engagieren. Ein solch lebensweltlicher Zugang zur sonst oft als fremd empfundenen Politik bahnt ein eigenes politisches Engagement und damit Verantwortungsübernahme an. Erst *nach* dieser intensiven Phase der Konfrontation kommen die Schülerinnen und Schüler direkt mit politischen Entscheidungsträgern ins Gespräch und bringen die von ihnen erarbeiteten Ideen in den Stadtrat ein.

Verantwortungsbewusstsein entwickeln: elementare Erfahrungen

Projekte entstehen aus dem gemeinsamen Bewusstsein einer Handlungsnotwendigkeit heraus. Die *Verknüpfung von eigener und kollektiver Erfahrung* ist dafür die Voraussetzung. Solange der verschmutzte Bach nur eine einzige Schülerin stört, wird sie sich kaum für eine Säuberung engagieren noch für eine Intervention verantwortlich fühlen. Erst wenn das Problem mehreren Jugendlichen durch den Austausch untereinander bewusst wird, kann es so bedeutsam werden, dass es Anlass für die Initiierung eines Projekts ist. Diese

25 Eine knappe Einführung in Kohlbergs Stufentheorie der Entwicklung des moralischen Urteils gibt: *F. Schweitzer*, Lebensgeschichte und Religion. Religiöse Entwicklung und Erziehung im Kindes- und Jugendalter, Gütersloh [8]2016, 112–121.

26 Vgl. *F. Schweitzer*, Religionspädagogik, Gütersloh 2006, 182 und ausführlicher in: *Ders.*, Lebensgeschichte, a. a. O.

kollektive Bedeutungszuschreibung setzt ein hohes Maß an kommunikativer Kompetenz und (Selbst-)Reflexionsvermögen voraus.

Das Erkennen einer Übereinstimmung zwischen eigenen und fremden Interessen und Motivationen gehört zu jenen *elementaren Erfahrungen,* die wesentlich dazu beitragen können, dass sich *Verantwortungskompetenz entwickeln* kann. Wichtig ist seitens der Lehrkraft eine größtmögliche Offenheit für die gegenwärtige Wahrnehmung der Schülerinnen und Schüler, aber auch das Anknüpfen an zurückliegende Erfahrungen, die noch bedeutsam sind oder werden können.[27] Wo hat Verantwortung ihren *Sitz im Leben* der Jugendlichen? Wie lässt sich etwa die Verantwortung der Schülerinnen und Schüler für kleinere Geschwister, Haustiere oder im Haushalt erfahrungsbezogen aufnehmen? Welche Kontrasterfahrungen müssen ergänzend zu solchen alltäglichen Erfahrungen hinzukommen, um Verantwortung breiter entwickeln zu können?[28]

Beispiel 3: An mehreren Regelschulen der Klassen 7 bis 13 finden Projekte statt, in denen Schülerinnen und Schüler einmal wöchentlich für Obdachlose kochen und ihnen eine warme Mahlzeit servieren. In die Projekte sind die Fächer Sozialkunde, Religion, Ethik, Deutsch, Mathematik, Hauswirtschaft, Wirtschaftslehre und Biologie eingebunden. Die Klassen bauen Kooperationen zu lokalen Supermärkten, Unternehmen und Privatpersonen (Lebensmittelspenden) sowie zu Diakonie, Caritas, Sozialämtern und Kirchengemeinden (Träger) auf. Ihnen wird durch die Unterstützung und Zusammenarbeit mit diesen Einrichtungen bewusst, dass soziale Projekte nicht alleine bewältigt werden können und viele Menschen und Institutionen ein gemeinsames Interesse verfolgen. In der Begegnung mit anderen ehrenamtlich Engagierten und den Hilfsbedürftigen selbst entwickeln sie ein gemeinschaftliches Verantwortungsbewusstsein.

Verantwortung übernehmen: elementare Lernformen

Diese vierte Dimension des Elementarisierungs-Ansatzes zielt auf die Fähigkeit eines *qualifizierten Umgangs mit Methoden.* Die Projektmethode ist eine idealtypische elementare Form des Lernens. Schülerinnen und Schüler trainieren innerhalb dieser Meta-Methode selbst verschiedene andere Methoden wie Informationsbeschaffung, Diskussion, Präsentation usw. ein. Dies geschieht nicht der Methoden wegen (wie etwa bei einem derzeit an vielen Schulen beliebten Methodentag), sondern aus der Notwendigkeit des Projekt-Prozesses heraus. Die Jugendlichen praktizieren die Lernformen in einem bedeutungsvollen Kontext, lernen ihre Vor- und Nachteile kennen und sind

27 Vgl. *Kliemann/Schweitzer,* a. a. O., 144.
28 Vgl. *Schweitzer,* Elementarisierung, a. a. O., 21.

damit zunehmend in der Lage, geeignete Methoden auch in anderen Kontexten anzuwenden. Zugleich bedeutet die Projektarbeit auch für die Lehrkraft eine immer neue methodische Herausforderung, die zu einem Zugewinn an Methodenkompetenz führt.

Die Dimension *elementare Lernformen* meint aber noch mehr: Verantwortungs-Projekte bringen eine eigene Form von Lernumgebung mit sich, die einen Bogen zu Schulkultur, Schulinnovation und Schulentwicklung schlägt.[29] Hinter der Großmethode „Projekt" stehen nicht nur zahlreiche weitere Lern- und Sozialformen, die das gesamte Methodenrepertoire ausschöpfen können, sondern auch die zunehmend wichtigere Öffnung der Schulen hin zu kommunalen Kooperationspartnern und gegenüber der Öffentlichkeit.

Beispiel 4: Ein Beispiel hierfür ist jede Form diakonischen Lernens, wie etwa die zahlreichen Projekte in Alten- und Pflegeheimen. Achtklässler machen auf einem Vorbereitungstag vorab Rollenspiele und Übungen mit Rollstuhl und Gehwagen, um nachvollziehen zu können, was es bedeutet, hilfsbedürftig zu sein. Sie werden auf einer Führung durch das Heim und durch Informationsgespräche mit den Sozialdienstmitarbeiterinnen darauf vorbereitet, was sie im Pflegeheim erwartet. Eine ganze Woche lang helfen Sie auf Wohngruppen mit, gestalten einen Spielenachmittag oder unternehmen mit den alten Menschen kleine Ausflüge. Dabei erleben Schülerinnen und Schüler ganz unmittelbar – etwa beim Spazieren-Schieben alter Menschen im Rollstuhl – *Verantwortung zu übernehmen.*

Verantwortung leben: elementare Wahrheiten

Schülerinnen und Schüler sollen auch unter den Bedingungen einer pluralen Gesellschaft Selbstidentität finden. Indem sie sich in ihrer Lebenswelt orientieren und sich selbst in ihr positionieren, werden sie befähigt, auch für andere Verantwortung zu übernehmen. Die fünfte Elementarisierungsdimension zielt zugleich auch auf die Auseinandersetzung der Jugendlichen mit *existenziellen Fragen.* Dies setzt eine notwendige Verarbeitungstiefe voraus, die im Projekt wohl eher erreicht werden kann als im herkömmlichen Unterricht. Dass Umwelt- und Klimaschutz eine globale Herausforderung zur Sicherung des Fortbestandes unseres Lebensraumes ist, wird im Anschluss an das Bachprojekt einfacher nachvollziehbar als durch eine Unterrichtseinheit über China im Erdkundeunterricht alleine.

Die Dimension der *elementaren Wahrheiten* zielt auch auf das, was Heranwachsende für sich als wahr und damit als tragfähig erfahren.[30] Sie müssen also das Verantwortungsprinzip (selbst gegenüber anderen Verantwortung

29 Vgl. *Kliemann/Schweitzer,* a.a.O., 145.
30 Vgl. *Kliemann/Schweitzer,* a.a.O., 145.

tragen *und* die Verantwortung anderer gegenüber sich selbst sehen) als haltbar annehmen, um in einer selbstständigen Weise *Verantwortung leben* zu können. Kann ein christlich geprägtes Verständnis von Verantwortung vor Gott und im Sinne von Gerechtigkeit und Liebe gegenüber Mitmenschen im Alltag überhaupt gelebt werden, ist es praktikabel?[31] Eine positive Einstellung zu solchen Fragen kann Schülerinnen und Schülern nicht durch Unterricht vermittelt werden, sie kann ihnen nur „aufgehen“ und damit allenfalls durch schulische Bemühungen angebahnt, nicht aber gelehrt werden. Besonders der Religionsunterricht steht in der Pflicht, Lerngelegenheiten zu initiieren, durch welche eine existenzielle Dimension von Verantwortung aufgeschlossen werden kann.

Beispiel 5: In einem Brandenburger Gymnasium wird systematisch an einer Veränderung der Schulkultur gearbeitet. In den Klassenstufen 7, 8 und 9 sind die Schülerinnen und Schüler aufgerufen, konstruktive Kritik an ihren Lehrerinnen und Lehrern sowie der Situation der Schule allgemein zu äußern. Entlang eines Kriterienkatalogs geben die Jugendlichen ein Feedback zur Verständlichkeit des Unterrichts, den Unterrichtsmethoden, dem Umgang mit Konflikten oder zu positiven und negativen Aspekten des Schullebens. Die Lehrkräfte versuchen ihrerseits, sich entlang dieser Punkte einzuschätzen. In einer vertraulichen Aussprache werden dann, unter Einbezug einer ausgebildeten externen Moderatorin, Schülereinschätzung und Lehrerselbstbild nebeneinander gestellt. Selbstverantwortung und Partizipation werden Anlass für eine erfahrbar verbesserte Unterrichts- und Schulkultur. Die Jugendlichen erleben, dass sich die von ihnen übernommene Verantwortung für ihre Situation im Klassenzimmer auszahlt. Verantwortung zu leben, kann sich für sie als ein tragfähiges und unmittelbar gewinnbringendes Konzept erweisen.

4. Schlussfolgerungen

Die eigentliche Leistung der fünften Elementarisierungsdimension, Verantwortung als elementare Wahrheit zu verstehen und das Verantwortungsprinzip als Gewissheit auf unterschiedliche Lebenssituationen zu übertragen, ist nicht mehr alleine Teil der Schulwirklichkeit. *Verantwortung leben*, also in variablen Situationen selbst verantwortlich zu handeln, impliziert einen lebenslangen Prozess des *Verstehens* und *Erkennens* von Verantwortung, des Entwickelns eines *Verantwortungsbewusstseins* und eine konkrete *Verantwortungsübernahme* in der Zivilgesellschaft. Die einzelnen Elementarisierungsdimensionen und die mit ihnen verbundenen Aspekte von Verantwortungslernen können nicht unabhängig voneinander gedacht werden. Sie

31 Vgl. *Schweitzer*, Religionspädagogik, a. a. O., 183 f.

ergänzen sich wechselseitig und setzen sich gegenseitig voraus. Verantwortungskompetenz kann dem heuristischen Modell zufolge als Produkt eines solchen kumulativen, spiralförmigen Erschließungs- und Lernprozesses verstanden werden.

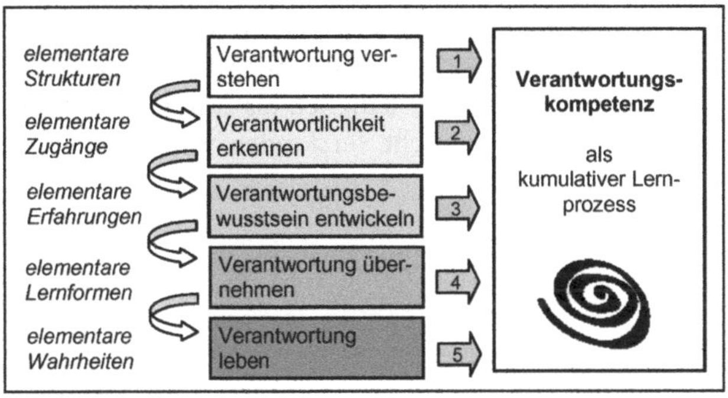

Abbildung 3: Verantwortungskompetenz als Ertrag eines kumulativen Lernprozesses

Es wird deutlich, dass jedes der fünf vorgestellten Verantwortungsprojekte einen bestimmten Schwerpunkt in diesem Prozess des Verantwortungslernens besitzt. Auch wenn sich die einzelnen Schritte nicht in einer zeitlichen Abfolge vollziehen, so markieren sie doch verschiedene Komplexitätsgrade von Verantwortung. Bevor Schülerinnen und Schüler Verantwortung leben können (5), müssen sie Verantwortung übernehmen können (4). Verantwortung zu tragen, setzt ein Verantwortungsbewusstsein (3) voraus, das nur durch die Fähigkeit, Verantwortung zu erkennen (2), entstehen kann. Grundlage hierfür ist es zunächst einmal zu verstehen (1), was Verantwortung meint. Ein solches *heuristisches Modell* hilft, einen möglichen Aufbau von Verantwortungskompetenz zu antizipieren. Natürlich entwickelt sich Verantwortungskompetenz tatsächlich nicht in solch linearer Weise. Der Kompetenzerwerb auf einer höheren Stufe impliziert zugleich auch ein Lernen auf niedrigeren Stufen: Wer etwa Verantwortung übernimmt (4), wird zugleich auch eher fassen können, was Verantwortung meint (1); wer Verantwortungsbewusstsein entwickelt (3), erkennt künftig eher, wo verantwortungsbewusstes Handeln (2) erforderlich ist.

Projektarbeit zum Verantwortungslernen ist, wie in den Beispielen deutlich wurde, nicht allein Aufgabe des Religionsunterrichts. Verantwortungslernen lebt schließlich gerade von seiner Eingebundenheit in die Breite schulischen Lebens.[32] Deutlich wird andererseits aber auch, dass die beim Verantwortungslernen im Projekt tangierten Inhalte und Lernformen (insbesondere das diakonisch-karitative Lernen) eine große Nähe zum Religionsunterricht auf-

32 Vgl. *C.T. Scheilke*, Vorwort. In: *Cramer*, Verantwortung lernen, a.a.O., 4 f.

weisen. Damit ist die Förderung von Verantwortungskompetenz eine gemeinschaftliche Aufgabe von Schule, Elternhaus und Gesellschaft – den Religionslehrerinnen und -lehrern kommt aber hinsichtlich der Initiierung und Unterstützung von einschlägigen Lerngelegenheiten und Verantwortungsprojekten eine besondere Aufgabe und Bedeutung zu. Ein besonderes Potenzial besteht darin, die spezifisch fachdidaktische Perspektive des Religionsunterrichts (Elementarisierung) mit der Projektmethode zu verbinden. Die empirische Fundierung der zurückliegenden Überlegungen steht gleichwohl noch aus – sie können daher lediglich als Anregung für einen elementarisierenden (Religions-)Unterricht verstanden werden, der sich der Projektmethode bedient.

Manfred Schnitzler

Viele Wege führen nach Rom
Elementarisierung und Leistungsbewertung

Der vorliegende Beitrag nimmt mit der Frage nach der Leistungsbewertung ein Thema auf, das bislang im Zusammenhang des Elementarisierungsansatzes – trotz seiner Bedeutung für die Praxis – kaum einmal in den Blick genommen worden ist. Er soll zeigen, inwiefern Elementarisierung eine umfassende Leistungsbewertung impliziert, die dem einzelnen Schüler und seinen vielfältigen Begabungen gerechter wird als eine – im Extremfall – auf zwei schriftliche Klassenarbeiten im Jahr konzentrierte Notengebung.

Ich gehe dabei vom Faktum neuer Formen der Leistungsbewertung an unseren Schulen aus (1), zeige im Hauptteil, wie aus den fünf Dimensionen der Elementarisierung unterschiedliche, sich gegenseitig ergänzende Aspekte der Leistungsbewertung erwachsen, (2) und erörtere schließlich daraus resultierende Fragen und Konsequenzen für die Bewertung religiöser Bildungsprozesse (3).

Insgesamt soll deutlich werden, dass Elementarisierung nicht nur in der Unterrichtsvorbereitung ein für die Auswahl von Lerninhalten oder für die Gestaltung von Lehr-Lern-Prozessen wichtiges Unterrichtsprinzip darstellt, sondern auch Auswirkungen bis in die Notengebung hinein haben kann und soll.

1. Neue Formen der Leistungsbewertung

GFS: Ein aktuelles Beispiel für Leistungsbewertung

„Herr Schnitzler, ich würde meine GFS dieses Schuljahr gerne in Reli machen. Was könnte ich tun?“

Eine solche Anfrage im Fach Religion ist zwar nicht Alltag, aber sie kommt vor und sie zeigt: Neue Formen der Leistungsbewertung sind im Schulalltag angekommen.

Eine GFS, die „gleichwertige Feststellung einer Schülerleistung“, ist Ausdruck des pädagogischen Bemühens, den Schülerinnen und Schülern die Möglichkeit zu geben, einen individuellen Lernschwerpunkt zu setzen.[1] Sie

1 Im Gymnasium (Baden-Württemberg) ist ein Schüler ab Klasse 7 pro Schuljahr zu einer solchen Leistung in einem Fach seiner Wahl verpflichtet. In der Kursstufe folgen noch einmal drei, verteilt

können ihre Ergebnisse dann in Form einer Hausarbeit dem entsprechenden Fachlehrer abgeben oder – was für den Unterricht viel spannender ist – die GFS ihren Mitschülern präsentieren.[2]

Die Bezeichnung GFS fordert die Frage heraus: „gleichwertig" im Verhältnis wozu? Gemeint ist wohl: gleichwertig zu einer schriftlichen Arbeit in einem Fach, sei es eine Wiederholungsarbeit oder eine Klassenarbeit. Die GFS ersetzt allerdings nicht eine solche schriftliche Note, sondern bedeutet eine zusätzlich einzuberechnende Teilnote. Für etliche Schüler stellt sich deshalb bei der Wahl einer GFS leider weniger die Frage nach dem persönlichen Interesse: „Das würde ich gerne einmal – über das hinaus, was wir im Unterricht machen – erkunden!" Vielmehr dominiert die Notentaktik: „In welchem Fach sind meine Leistungen eher schlecht, so dass ich mich durch eine zusätzliche Note, in der es stärker aufs Bemühen ankommt, verbessern könnte?" Um eine weitere – nicht ganz selten anzutreffende – Schülerstrategie kollegial zu vermeiden („In welchem Fach bekomme ich mit relativ geringem Aufwand schon eine ordentliche Note?"), muss die Gesamtlehrerkonferenz sich auf Standards für eine GFS einigen: Welche Formen sind möglich? Was ist in der Vorbereitung einer GFS im Verantwortungsbereich der betreuenden Lehrkraft, was hat der Schüler selbst zu beachten? Wie wird eine GFS – egal in welchem Fach – bewertet?[3]

Das Beispiel aus dem Schulalltag zeigt: Alternative Formen der Leistungsbewertung sind inzwischen selbstverständlicher Bestandteil von Unterricht.

Von der religionspädagogischen Theorie zur Unterrichtspraxis

Elementarisierung in der Ausprägung des Tübinger Ansatzes[4] versteht sich von Anfang an „als Kern der Unterrichtsvorbereitung"[5], als Hilfe zur Planung

auf die ersten drei Kurshalbjahre. An der Realschule ist in den Klassenstufen 8 und 9 je eine GFS vorgesehen. In den Klassen 5 bis 8 der Hauptschule werden zwei Projektpräsentationen durchgeführt; eine davon muss aus dem naturwissenschaftlich-technischen Bereich sein. (Notenbildungsverordnung des KM §9 Abs. 6 – KuU S. 87/2005).

2 Um einseitige Festlegungen der Schülerinnen und Schüler zu vermeiden, heißt es z. B. in der schulinternen Vereinbarung meiner Realschule bezüglich der beiden GFS: „Mindestens eine der beiden GFS erfolgt mündlich, als Präsentation, Vortrag, Referat oder Kolloquium. In Klasse 9 ist ein anderes Fach und eine andere Form zu wählen als in Klasse 8."

3 *Andreas Reinert* hat in „Leistungsbewertung von Präsentationen" wesentliche Aspekte bei der Durchführung einer solchen GFS aus den Erfahrungen an seiner Schule zusammengestellt. Beilage in: entwurf 1/2016.
Wenn man bedenkt, dass da pro Lehrkraft bis zu zwanzig zusätzliche Arbeiten im Schuljahr erwachsen, die initiiert, beraten und transparent sowie kollegial abgestimmt bewertet werden sollen, ist dieses Angebot zur Standardisierung ausgesprochen hilfreich.

4 *M. Schnitzler*, Elementarisierung – Bedeutung eines Unterrichtsprinzips, Neukirchen-Vluyn 2007, 196–198 u. 206–212.

von Unterricht. Die Frage der Leistungsbewertung spielt jedoch in der bisherigen Elementarisierungsdebatte keine nennenswerte Rolle.[6]

So wie die Dimension der elementaren Lernformen erst in den 1990er-Jahren erweiternd als fünfte Dimension in das Elementarisierungsmodell eingefügt wurde, so ist im Blick auf die Leistungsbewertung erneut ein Schritt von der religionspädagogischen Theorie in die Schulwirklichkeit geboten, um das Modell noch praxistauglicher zu machen. Im Rahmen der Institution Schule kommen Religionslehrkräfte nicht umhin, die Leistungen ihrer Schülerinnen und Schüler zu bewerten. Insofern darf ein religionsdidaktisches Modell, dem es ausdrücklich um eine Hilfestellung für Lehrkräfte bei der Bewältigung ihres Unterrichtsalltags geht, die Bewertungsdimension nicht außer Acht lassen.

Lernziele - Kompetenzen - Evaluation - Leistungsbewertung

Bildungsprozesse waren in älteren Lehrplänen stark von den Lehrkräften her als Lernziele formuliert. Im Fokus war der Ausgangspunkt: die Lehrintention. Kompetenzorientierung in neueren Bildungsplänen bedeutet einen Perspektivwechsel. Entscheidend ist nun der Zielpunkt: Was können Schülerinnen und Schüler am Ende eines Lernprozesses? In der Konsequenz eines so genannten erweiterten Lernbegriffs werden in allen Unterrichtsfächern vier Kategorien von Kompetenzen unterschieden: Fachkompetenz, personale Kompetenz, Sozial- und Methodenkompetenz.[7] Welche dieser Kompetenzen lassen sich im Religionsunterricht (am ehesten) bewerten? „Bewertet werden können Wissen und Verstehen, vor allem im Sinne der Wahrnehmungs- und Urteilsfähigkeit, aus unterschiedlichen Gründen aber nicht Glaube, Handlungskompetenz sowie Einstellungen."[8]

Statt von Leistungsbewertung sprechen pädagogische Veröffentlichungen auch ab und an von Evaluation. Angesichts der französischen Wortwurzel („évaluer" - wertschätzen) wäre dieser Terminus denkbar. Ich bevorzuge jedoch den Begriff der Leistungsbewertung, weil er enger die von Schülerinnen und Schülern im Unterricht erbrachten Leistungen erfasst. Evaluation hingegen ist ein weiterer Begriff, der versucht, die Qualität einer Schule insgesamt darzustellen. So definiert etwa ein staatlicher Leitfaden zur Selbstevaluation

5 *K.E. Nipkow*, Elementarisierung als Kern der Unterrichtsvorbereitung. In: KatBl 111 (1986), 600 ff.

6 Zwar befasst sich K.E. Nipkow schon früh erfreulich profund mit dem Für und Wider von Notengebung im schulischen Religionsunterricht, aber einen Bezug zum Unterrichtsprinzip der Elementarisierung stellt auch er nicht her. Vgl. *K.E. Nipkow*, Religionsunterricht in der Leistungsschule, Gütersloh 1979.

7 *H. v. Hentig*, Einführung in den Bildungsplan, Stuttgart 2004, 12.

8 *F. Schweitzer*, Leistungsmessung und Leistungsbewertung, Kompetenzen und Standards: Was ist im Religionsunterricht messbar? In: entwurf 1/2016, 4.

den Begriff „Evaluation" im Glossar folgendermaßen: „Im Zusammenhang mit der Schule und der Bildungsreform versteht man unter dem Begriff die systematisch durchgeführte Bewertung von Prozessen und Ergebnissen von Schule und Unterricht. Sie dient der Sicherung und Weiterentwicklung von schulischer Qualität."[9] Die Leistungen von Schülerinnen und Schülern stellen zwar Ergebnisse von Unterricht dar und sind im Verhältnis zu anderen Schulen dabei sicher ein Teilaspekt von Evaluation, aber eben nicht das Ganze.

Welche Funktion hat im Lernprozess die Leistungsbewertung? Gewiss, es gibt vom System Schule her gedacht, gesellschaftliche Funktionen (s. u.). Von zentraler Bedeutung jedoch ist die Funktion im Aneignungsprozess selbst: „Leistungsbeurteilung in der Schule erhält ihren Sinn im Rahmen eines pädagogischen Bedeutungs- und Begründungszusammenhangs."[10] Das ist fachdidaktischer Konsens, sei es in Religionslehre, in Geographie oder in anderen Fächern des schulischen Kanons.[11]

2. Elementarisierung schärft den Blick für unterschiedliche Formen der Leistungsbewertung

In der Allgemeinen Didaktik wird heute üblicherweise zwischen „formativen" und „summativen" Formen der Leistungsbewertung unterschieden. Formative Leistungsbewertung bemüht sich, den Prozess hin zu einer Leistung zu würdigen, zum Beispiel durch Kompetenzraster, Lernwegepläne oder Portfolios sowie begleitende Coaching-Gespräche. Im Zentrum steht die Förderfunktion einer Leistungsbewertung. Summative Leistungsbewertung hingegen fokussiert auf den Abschluss des Lernprozesses. In einer Art Lernbilanz stellt der Schüler unter Beweis, dass er die im Prozess angestrebten Kompetenzen auch tatsächlich erreicht hat. Im besseren Fall ist er stolz auf sein Lernergebnis. Zugleich kommt Schule in dieser Bewertungsform ihrer Aufgabe nach, zwischen den Bildungsgängen zu sortieren (Selektion) und Chancen in den schulischen Anschlüssen zuzuweisen (Allokation; s.o.). „Beides könnte sich – vernünftig betrachtet – gut ergänzen, aber Vorsicht: Die Schule handelt nicht einfach vernünftig, jedenfalls nicht bei der Leistungs-

9 Landesinstitut für Schulentwicklung, Qualitätssicherung und Qualitätsentwicklung, Leitfaden zur Selbstevaluation an Schulen, Stuttgart 2007, 68.

10 T. Lenz, Lernerfolgskontrollen und Leistungsbeurteilung. In: Geographie unterrichten lernen, Berlin 2015, 288.

11 Lenz spezifiziert die pädagogische Funktion der Leistungsbeurteilung wie folgt: „Rückmeldung für Lernende über den Stand ihrer Lernanstrengungen und ihres Lernfortschritts, Rückmeldung für Lehrende über den Erfolg und die Qualität des Unterrichts sowie Rückmeldung für die Eltern über den Lernstand ihrer Kinder; Anreiz und Motivation; Aufzeigen von Förderbedarf: Stärkung des Leistungsselbstbildes und Selbstwertgefühls" (ebd., 290).

beurteilung."[12] Wie erhellend und anregend formative Formen der Leistungsbewertung für den Lernprozess sein können, zeigt sich überzeugend an Prozessberichten im Kunstunterricht.[13]

Im Folgenden konzentriere ich mich auf religiöse Bildungsprozesse im Kontext Schule und stelle dar, inwiefern die fünf Suchperspektiven der Elementarisierung geeignet sind, durch eine entsprechend akzentuierte Vorplanung des Unterrichts verschiedene Kompetenzbereiche zu fördern, und welche Formen der Leistungsbewertung sich jeweils anbieten.

Elementare Strukturen → Fachkompetenz

Im ersten Teilbereich ist der Zusammenhang offensichtlich: Elementare Strukturen sollen in der Unterrichtsvorbereitung die im Blick auf ein Wissensgebiet und auf die Schülerinnen und Schüler dieser Klasse wesentlichen Aspekte einer Sache fokussieren. Im Blick z. B. auf die Arbeit mit biblischen Texten im Unterricht kann die Frage nach den „elementaren Strukturen" folgendermaßen konkretisiert werden: „Um was es geht, müssen zunächst die Lehrenden selbst am Text erkennen. Dazu sind die ‚elementaren Strukturen' unter Beachtung der exegetischen Interpretationslage zu ermitteln. Mit Strukturen sind zum Beispiel Aussagestrukturen gemeint, die charakteristisch und konstitutiv sind."[14] Die so bestimmten Lerninhalte stehen im Zentrum der unterrichtlichen Auseinandersetzung und können als kognitiver Lernzuwachs in ihrer Nachhaltigkeit überprüft werden. Dabei ist zwischen geschlossenen Aufgaben wie Lückentext, multiple choice sowie Fragen nach bestimmten Namen, Daten, Fakten oder Zahlen einerseits und offenen Aufgaben mit einem breiteren Erwartungshorizont, der Deutung von Tabellen, Grafiken und Karikaturen oder dem Anspruch eines Transfers in die eigene Lebenswelt andererseits zu unterscheiden.[15] Wie wichtig gerade offene Aufgabenstellungen sind, zeigen die internationalen Vergleichsuntersuchungen, die diese Form von Fachkompetenz begründet präferieren. Zwar ist die Korrektur aufwändiger, aber die Übergänge in die anderen Kompetenzbereiche werden so fließender.

Wichtig scheint mir in der Bewertung der Fachkompetenz, dass die Aufgaben nicht ausschließlich auf die zuletzt behandelte Unterrichtseinheit re-

12 *F. Winter*, Lernbegleitende Leistungsbeurteilung – ein Essay". In: entwurf 1/2016, 10.

13 *T. Bohl/M. Dieck/A. Papenfuss*, Prozessberichte – Gelenkstelle zwischen prozessorientiertem Lernen und Bewerten. In: Pädagogik 6/2009, 30–33.

14 *F. Schweitzer/K.E. Nipkow/G. Faust-Siehl/B. Krupka*, Religionsunterricht und Entwicklungspsychologie. Elementarisierung in der Praxis, Gütersloh 1995, 28.

15 vgl. *D. Gabius*, Formen objektiver Leistungsmessung. In: entwurf 2/1975, 50–52.
Gabius unterscheidet in Anlehnung an Herbig zwischen Aufgabenformen für eine objektive Leistungsmessung, die eine gebundene Beantwortung erfordern, und solchen, die eine freiere Beantwortung zulassen.

kurrieren, sondern zumindest eine der Aufgaben sich auf etwas Grundlegendes, schon länger im Religionsunterricht Besprochenes, bezieht. So können Lehrkräfte nachhaltiger Lernen einfordern, auf das es schlussendlich ankommt. In einem ersten Schritt kann dieser Rückgriff auf eine frühere Unterrichtseinheit als Zusatzaufgabe gestellt werden, so dass sie den Schülern die Chance gibt, etwas im Hauptthema der Klassenarbeit nicht Gewusstes zu kompensieren. Nach und nach wandelt sich diese Aufgabe zum festen Bestandteil jeder Klassenarbeit.

Unterrichtsbeispiel:

Klassenarbeit zum Thema „Paulus" (Kl. 7 - RS)

a) geschlossene Aufgabe:
   Etwa die Hälfte der Bücher im Neuen Testament hat etwas mit Paulus zu tun.
   - Nenne zwei Briefe, die er an eine Gemeinde schreibt.
   - Nenne eine Person, der Paulus persönlich einen Brief schreibt.
   - In welchem Buch hat ein anderer viel über das Wirken des Apostel Paulus festgehalten?

b) offene Aufgabe:
   „Vielleicht war Onesimus nur eine Zeitlang von dir getrennt, damit du ihn nun für alle Zeit wiederhast. Denn jetzt ist er für dich viel mehr als ein Sklave, nämlich ein geliebter Bruder."
   (Philemon, Vers 15 und 16)
   Welche Haltung des Paulus in der für die Antike so wichtigen Frage des Umgangs mit Sklaven deutet sich in den beiden Versen an?
   Kann man Paulus in der Sklavenfrage als „Revolutionär" bezeichnen?

Das didaktische Bemühen um elementare Strukturen fordert und fördert Stringenz im Unterrichtsprozess und Transparenz im Blick auf die Leistungsbewertung.

Elementare Zugänge → personale Kompetenz

Der Aspekt der elementaren Zugänge bedenkt in der Unterrichtsvorbereitung die individuellen Lernvoraussetzungen. Was könnte für den Einzelnen in seiner jetzigen Entwicklungsphase an diesem Lerninhalt von besonderer Bedeutung - oder auch besonders sperrig - sein? Nipkow leitet diesen Akzent etymologisch vom lateinischen Wort „elementum" und seiner doppelten Bedeutung her: Grundstoff/Grundbestandteil und Anfang/Anfangsgrund. „Folglich ist Elementarisierung nie nur eine Sache der sachbezogenen Vereinfachung und Konzentration. Weil wir es mit Heranwachsenden in ihrer

Entwicklung und Lebensgeschichte zu tun haben, was für die Pädagogik typisch ist, ist Elementarisierung auch die Frage nach dem zeitlich Anfänglichem, worauf anderes aufbaut."[16] Historisch gesehen ist diese Dimension der besondere Akzent des Elementarisierungsmodells. Im Einleitungsartikel dieser Veröffentlichung formuliert Friedrich Schweitzer den Effekt elementarer Zugänge auf die Ausbildung personaler Kompetenzen hin auf die Entwicklung der persönlichen Urteilsfähigkeit: „Elementarisierender Unterricht trägt dann zur *Urteilskompetenz* bei, wenn ein gegebener Entwicklungsstand gezielt überschritten und wenn die weitere Entwicklung auf diese Weise angeregt wird."[17]

Für die Leistungsbewertung stellt sich die Frage, welche Bewertungsformen persönliche Akzentsetzungen im Lernprozess herausfordern.

In der einfachsten Form wäre dies die individuelle Ausgestaltung des Religionsheftes bzw. -ordners, sei es durch die Erweiterung mit eigenen Bildern oder sei es durch selbst gefundene Informationen aus Zeitungen, Zeitschriften und Internet. Auf zweierlei Weise trägt die Heftführung zur Stärkung der personalen Kompetenz bei: „Hefteinträge beziehen sich auf die spezielle, subjektive Lernsituation. Das Heft lässt dadurch die Verknüpfung zwischen den Inhalten und dem persönlich erlebten Unterricht zu. Das Heft eröffnet individuelle Gestaltungsmöglichkeiten und Platz für persönliches Engagement."[18] Zudem ist es in Bezug auf den Unterricht eine Art ‚roter Faden' und dient der Vorbereitung auf die Klassenarbeit.

Auf einer anspruchsvolleren Ebene kann ein Portfolio zu einer besonderen Thematik oder Lernerfahrung (z. B. Sozialpraktikum) die persönliche Auseinandersetzung anregen. „Die Arbeit mit dem Portfolio im Unterricht birgt vorzügliche Chancen für die Lernenden, reflexive und metakognitive Fähigkeiten zu entwickeln und für die eigene Arbeit fruchtbar zu machen. Das Portfolio bietet dabei nicht nur einen Rahmen, in dem verschiedene Methoden reflexiver Praxis ihren Ort haben und angewendet werden können, es ist selbst eine spezifische Form der reflexiven Praxis."[19] Karin Volkmann setzt das Portfolio zur Analyse literarischer Texte in der Oberstufe ein. Der Religionsunterricht kann hier Ansätze der Deutschdidaktik aufgreifen. Statt der Klassenlektüre steht nun eben ein biblisches Buch im Zentrum der persönlichen Reflexion. Jeder Einzelne hat hinreichend Freiräume, seine persönlichen Zugänge zum Text zu suchen und zu finden.[20]

16 *K.E. Nipkow*, Art. Elementarisierung. In: Neues Handbuch religionspädagogischer Grundbegriffe, München 2002, 452

17 *F. Schweitzer*, Elementarisierung als Weg zum Kompetenzerwerb, im vorliegenden Band, 24–34.

18 *G. Gnandt/W. Michalke-Leicht*, Leistungsmessung im Religionsunterricht, Freiburg 2007, 84.

19 *K. Volkmann*, Ich seh' den Text jetzt mit anderen Augen. Das Portfolio als Medium reflexiven Lernens. In: *Brunner/Häcker/Winter:* Das Handbuch Portfolioarbeit, Seelze-Velber 2006, 151

20 Vgl. *A. Reinert*, Das Markus-Evangelium. Ein Arbeitsheft zur selbstständigen Erschließung einer ganzen biblischen Schrift. In: entwurf 2/3/2007, 51 f. und Arbeitsbeilage. Reinert be-

Beide Bewertungsformen geben den Schülerinnen und Schüler Gelegenheit zu einer persönlichen Auseinandersetzung mit einem Lerninhalt. Die Dokumentation und kreative Aufbereitung des individuellen Lernprozesses ist notenrelevant, der extrinsische Anreiz hoch, etwas Ansprechendes und Aussagekräftiges zu produzieren, weil das Bemühen angemessen honoriert wird. Kurzfristig macht ein solches Produkt stolz auf das eigene Werk und mittelfristig kann ein schön gestalteter Religionsordner oder ein differenziert ausgearbeitetes Markus-Logbuch dazu verlocken, immer mal wieder darin zu stöbern, jedenfalls sie nicht achtlos am Ende des Schuljahres wegzuwerfen.[21]

Unterrichtsbeispiel:

Portfolio zum Sozialpraktikum (Kl. 8 - RS)
Fertige zu deinem Praktikum im Themenorientierten Projekt „Soziales Engagement" ein Portfolio an. Sammle darin: Informationen zu deinem Praktikumsplatz, ein Interview mit der für dein Praktikum verantwortlichen Begleitperson, Anforderungen an ein Berufsbild zu deinem Praktikumsplatz, Bilder zu deinen Tätigkeiten im Praktikum und eigene Gedanken zu deinem sozialen Tun. Schreibe ein Inhaltsverzeichnis und stelle die einzelnen Teile zu einem schönen Praktikumsordner zusammen.

So oder so ähnlich könnten die Aufgaben zur Anfertigung des Portfolios lauten.

Das didaktische Bemühen um elementare Zugänge fordert und fördert die persönliche Auseinandersetzung mit religiösen Bildungselementen. Es belohnt im Blick auf die Leistungsbewertung eine sorgfältige, differenzierte und kreativ ausgestaltete Dokumentation des eigenen Lernprozesses.

Elementare Erfahrungen → Sozialkompetenz

Die Fragerichtung der elementaren Erfahrungen will in der Unterrichtsvorbereitung zweierlei bedenken: Welche anthropologischen Erfahrungen früherer Epochen verdichten sich in einem Lerngehalt und welche heutigen menschlichen, kirchlichen und gesellschaftlichen Erfahrungen drängen sich in Beziehung dazu auf? „Erfahrungshermeneutisch sind Schülererfahrungen

zeichnet diese Dokumentation persönlicher Zugänge zum Markusevangelium als Markus-Logbuch.

21 In den Bereich der personalen Kompetenz passen auch Ansätze zur Selbstbewertung der Schülerinnen und Schüler für eine erbrachte Leistung. Selbst- und Fremdwahrnehmung werden darin abgeglichen und im besten Fall bestätigt. Manchmal braucht eine überkritische Selbstwahrnehmung Ermutigung zu mehr Selbstbewusstsein, manchmal – aber insgesamt erfreulich selten – muss eine allzu positive Selbsteinschätzung relativiert werden.

und die in elementaren Strukturen überlieferten Erfahrungen didaktisch zu bedenken und so aufeinander zu beziehen, dass sie sich wechselseitig erhellen."[22] Die Suche nach elementaren Erfahrungen will die Relevanz der religiösen Überlieferung für den Einzelnen erschließen. Elementare Erfahrungen fördern beides, Selbst- und Sozialkompetenz. Diese Doppelperspektive benennt einleitend Friedrich Schweitzer: „Man kann die Dimension der elementaren Erfahrungen [...] am ehesten mit der *Sprachkompetenz* verbunden sehen sowie – mit einem Begriff, gegen den sich auch Vorbehalte formulieren lassen, gesprochen – *Selbstkompetenz* als der Fähigkeit, mit sich selber umzugehen"[23]. Ich betone bei den elementaren Erfahrungen die kommunikative Komponente. Das Gespräch über Glauben ereignet sich in einem sozialen Umfeld, in diesem Fall der Religionsgruppe. Die Mitschüler haben gerade bei Heranwachsenden im Prozess der persönlichen Aneignung von Glaubenstradition eine große Bedeutung! Eine allgemeine Offenheit gegenüber religiösen Fragen fördert das Gespräch, eine kollektive Tabuisierung macht es nahezu unmöglich. Die Ausbildung von sozialer Kompetenz ist für einen Religionsunterricht, der existenziell werden will, eine unerlässliche Bedingung. Soziale Kompetenz kann sich im Religionsunterricht auf verschiedenen Ebenen entwickeln: in der Gruppenarbeit, im Klassengespräch oder im Kontakt mit außerschulischen Personen.

Unsere explorative Studie zum Religionsunterricht in der Pubertät[24] hat gezeigt, dass gerade Mädchen Gruppenarbeit als Lernform wertschätzen und als Teilaspekt der Leistungsbewertung im Fach Religion einfordern. Geschlechtsspezifische Differenzierungen sind in dieser Sozialform leicht möglich. Die Ergebnisse einer Gruppenarbeitsphase können in die Gesamtgruppe eingebracht werden, müssen aber nicht. Ist in der Gruppenarbeitsphase jede Gruppe mit derselben Aufgabe betraut (arbeits*gleiche* GA), sagt der direkte Vergleich der Ergebnisse etwas über die Qualität der Kommunikation in der Einzelgruppe, wobei die ersten Gruppen in der Vorstellung in der Regel im Vorteil sind. Sie können ein unbearbeitetes Feld eröffnen, nachfolgende hingegen müssen sich zu dem von Vorgruppen Gesagten ins Verhältnis setzen, im Zweifelsfall einfach anschließen. Bei arbeits*teiliger* Gruppenarbeit lässt sich in der Relevanz des Vorgetragenen für das Klassenergebnis insgesamt die Qualität der jeweiligen Gruppenarbeitsphase ermessen. Längerfristig angelegte Teampräsentationen wie z.B. bei der in Baden-Württemberg neu eingeführten Fächerübergreifenden Kompetenzprüfung an Realschulen wollen bewusst die Teamfähigkeit und damit die soziale Kompetenz eines Schülers in die Bewertung einbeziehen: „Ziel der Fächerübergreifenden Kompetenzprüfung im Rahmen der Realschulabschlussprüfung ist, dass Schülerinnen und Schüler im Team eine komplexe Fragestellung projektorientiert bearbeiten und ihre

22 *W. Ritter*, Stichwort ‚Elementarisierung'. In: KatBl 126(2001), 83.

23 *Schweitzer*, Elementarisierung als Weg zum Kompetenzerwerb, a.a.O., 29 f.

24 *U. Böhm/M. Schnitzler*, Religionsunterricht in der Pubertät, Stuttgart 2008, 127–129.

Ergebnisse dokumentieren, präsentieren und reflektieren. Diese Arbeit erfordert neben fundierter Fachkompetenz auch die Fähigkeit, im Team lösungsorientierte Vorgehensweisen zu planen und durchzuführen, sowie Alternativen zu entwickeln und eigenständige Entscheidungen zu treffen."[25]

Beim Gespräch in der gesamten Religionsgruppe ist sehr wichtig, aber auch schwierig, ein Klima der Toleranz und des gegenseitigen Vertrauens herzustellen. Besonders wenn eine Religionsgruppe sich aus zwei und mehr Klassen zusammensetzt, ist das eine enorme Herausforderung. Dennoch sind tiefergehende religiöse Klassengespräche nur möglich, wenn diese Sozialkompetenz wenigstens in Ansätzen entwickelt worden ist.

Schließlich bietet der Religionsunterricht immer wieder die Chance zu einer Begegnung mit außerunterrichtlichen Experten. Diese Experten können Kraft ihrer persönlichen Autorität die Klasse in ihren Bann ziehen, sie können aber auch für die Mehrzahl der Schülerinnen und Schüler ziemlich befremdlich wirken. Ihnen dennoch mit Höflichkeit und Respekt im Blick auf ihre religiöse Erfahrung zu begegnen muss eingeübt und in Vor- und Nachgesprächen eingefordert werden.

Beispiel:
Arbeitsteilige Gruppenarbeit zu neuen Bestattungsformen (Kl. 9 - RS)

- Friedwald
- und „ökologisches" Gefrierverfahren

Lest den Artikel sorgfältig durch. Welche Bestattungsart wird hier beschrieben?
Welche Gründe sprechen eurer Meinung nach für diese Bestattungsart?
Fallen euch Gegengründe ein?
Könntet ihr euch vorstellen, (in hoffentlich ferner Zukunft) selbst so bestattet zu werden?

Das didaktische Bemühen um elementare Erfahrungen fordert und fördert die Auseinandersetzung mit Andersdenkenden. Im Gespräch entdecken die Schülerinnen und Schüler Gemeinsamkeiten im religiösen Denken, die ihre Identitätsbildung stärken und das Wir-Gefühl der Lerngruppe entwickeln. Die Auseinandersetzung mit den Mitschülern macht gleichzeitig Unterschiede im Denken und Glauben bewusst und hilft, das eigene religiöse Profil zu schärfen. Teamfähigkeit im Spannungsfeld von Gemeinsamkeiten und Unterschieden zu entwickeln stellt eine besondere Stärke religiöser Bildung dar.

25 *Kultusministerium* (Baden-Württemberg), Realschule. Handreichung zur neuen Abschlussprüfung, Stuttgart 2006, 27.

Elementare Lernformen/-wege → Methodenkompetenz

Wie bei der ersten Suchperspektive der Elementarisierung, den elementaren Strukturen, ist auch bei den elementaren Lernwegen die Zuordnung zur Methodenkompetenz der Schülerinnen und Schüler eindeutig. Wenn Bildung ein konstruktiver Prozess ist, dann sind Lernformen nicht sekundär, sondern stehen in einem unauflösbaren Zusammenhang mit den Lerninhalten. Wolfgang Klafki hatte einst die Opposition von materialem und formalem Lernen im Begriff der kategorialen Erschließung aufgehoben und damit dem Unterrichtsprinzip der Elementarisierung eine wichtige Tür geöffnet.[26] Methodenkompetenz hat nach wie vor in Bildungsplänen einen hohen Stellenwert. Wenn die Wissensbereiche selbst einer hohen Fluktuation unterliegen und zugleich ihre Aneignung wesentlich durch das lernende Subjekt mitbestimmt wird, dann gibt das Verstehen von Lernwegen die Möglichkeit, in einem lebenslangen Prozess je aktualisierte Wissenselemente sich selbst zu erarbeiten. „Elementarisierender Religionsunterricht trägt dann zur Methodenkompetenz bei, wenn dabei nicht nur eine bestimmte methodische Kompetenz der Unterrichtenden zum Tragen kommt, sondern wenn die Schülerinnen und Schüler selbst in Stand gesetzt werden, kompetent Methoden einzusetzen."[27] Das Fach Religion steht hier nicht allein, sondern viele Schulen haben für die Sekundarstufe ein Methodencurriculum konzipiert, dem der Religionsunterricht zuarbeiten, von dem er aber auch ganz wesentlich profitieren kann.

Drei mögliche Beiträge des Religionsunterrichts zur methodischen Kompetenz will ich hier nennen: die Gestaltung eines Portfolios zum Sozialpraktikum[28], die Vorbereitung und Durchführung einer eigenen Unterrichtsstunde in der Orientierungsstufe und das Recherchieren im Internet.

Lernen durch Lehren kommt ursprünglich aus der Fremdsprachendidaktik[29] und hatte das Ziel, den Sprechanteil der Schülerinnen und Schüler signifikant zu erhöhen. Im Fach Religion haben wir[30] angeregt, mit Schülerinnen und Schülern der Klasse 7 eine Unterrichtsstunde in Klasse 5 zu gestalten. Dabei wiederholen und vertiefen sie etwas, was sie selbst schon vor zwei Jahren so – oder so ähnlich – gehört hatten. Diesmal aber soll es von ihnen selbst didaktisch aufbereitet werden, so dass die Fünftklässler ihnen gerne

26 *Schnitzler* 2007, a. a. O., 100–114.

27 *Schweitzer*, Elementarisierung als Weg zum Kompetenzerwerb, a. a. O., 30 f.

28 Vgl. zu dieser Lernform meine Ausführungen oben (Abschnitt „Elementare Zugänge → soziale Kompetenz"). An diesem Beispiel wird deutlich, dass Kompetenzen nicht isoliert voneinander erworben werden, sondern stets in einem ganzen Bündel. Die didaktische Lehrintention kann jedoch eine Akzentuierung im einen oder anderen Bereich bewirken.

29 *J.-P. Martin*, Für eine Übernahme der Lehrfunktion durch Schüler. In: Praxis des neusprachlichen Unterrichts 1986, 395–403.

30 Vgl. *Böhm/Schnitzler*, a. a. O. Eines der fünf Module beschreibt diesen Unterrichtsversuch: Lernen durch Lehren im Religionsunterricht.

zuhören und am Ende der Stunde etwas gelernt haben. Die Siebtklässler denken in der angeleiteten Vorbereitung über die Artikulation von Unterricht, den sie selbst ja tagtäglich erleben, bewusster nach und wählen ein konkretes Arrangement von Lernformen für ihre Unterrichtsstunde aus. Im besten Fall erleben sich als (Hilfs-)Lehrerinnen bzw. (Hilfs-)Lehrer, denen die Fünftklässler bereitwillig zuhören und von denen sie viel lernen können.

Internetrecherchen bieten sich im Religionsunterricht öfters an, haben jedoch ein doppeltes Problem: Die Fülle der Treffer ist erschlagend und Schülerinnen und Schüler können nur selten etwas zur Qualität einer Seite sagen. Das Dilemma kann reduziert werden, wenn die Lehrkraft exemplarisch ausgewählte Internetadressen als Suchwege vorgibt, die in etwa das Spektrum des insgesamt Gebotenen widerspiegeln. Das zweite Problem ergibt sich aus der meist notwendigen didaktischen Reduktion. Wie können Schülerinnen und Schüler die Komplexität des digital Gebotenen erst einmal für sich selbst so reduzieren, dass sie relevante Aspekte erfassen? Und wie lässt sich das in einer popularisierten Version den Mitschülern so vermitteln, dass die vorgetragenen Ergebnisse der Recherche fachwissenschaftlich noch stimmen und doch verständlich werden? Religiöse Fragestellungen bieten sich fürs Erlernen dieser heute so dringend benötigten virtuellen Methodenkompetenz deshalb an, weil sie oftmals gesellschaftlich höchst umstritten sind und sehr kontroverse Positionen aufeinander treffen. Die Präsentation eines Teilreferats in der Klasse gibt Zeugnis davon, inwieweit die für die Recherche notwendigen Kompetenzen aufgebaut werden konnten. Die mehr oder weniger gelungene Präsentation lässt sich – am besten nach zuvor vereinbarten Kriterien – bewerten und als Ersatz für eine Klassenarbeit in die Notengebung einrechnen.

Beispiel:
Internetrecherche zu Teilaspekten des Buddhismus (Kl. 10 – RS)
Gemeinsamer Einstieg:

- Bedeutung des interreligiösen Dialogs
- Buddhas Lebensweg (vgl. Film: Gautama Buddha – ein Leben im Licht)

Folgende zwölf Teilthemen zur Vertiefung des Themas „Buddhismus“ stehen zur Auswahl:

(1) Ausbreitung und Geschichte des Buddhismus
(2) Buddhas Lehre: die vier edlen Wahrheiten und der achtteilige Pfad
(3) Alltägliche Frömmigkeit im Buddhismus
(4) Buddhas Lehre zum rechten Verhalten gegenüber den Mitmenschen
(5) Gottesverständnis: buddhistisch – christlich
(6) Buddha und Jesus: Parallelen und Unterschiede
(7) Buddhistische und christliche Mönche
(8) Mandalas: Hilfe zur Meditation
(9) Zen-Buddhismus

(10) Reinkarnation und Auferstehung
(11) Nirwana und Himmel
(12) Buchvorstellung: „Siddharta“ von Hermann Hesse

Ziel:
Immer zwei SchülerInnen präsentieren der Religionsgruppe in etwa 20 Minuten ihr Teilthema. Bewertet wird sowohl die inhaltliche Durchdringung als auch die abwechslungsreiche und ansprechende Art der Vorstellung. Diese Präsentation ersetzt die zweite Klassenarbeit in Religion.

Zeitplanung:

- gemeinsamer Einstieg (2 Std.)
- Internet-Recherche zum Teilthema (Partnerarbeit - 2 Std.)
- Präsentation der Teilthemen (4 Std.)
- Zusammenfassung (2 Std.)

Das didaktische Bemühen um elementare Lernformen fordert und fördert das Bewusstsein der Schülerinnen und Schüler, dass Lerninhalte sich auf einem geeigneten Lernweg fast „automatisch“ erschließen, auf anderen Lernwegen deutlich mühsamer zugänglich sind. Sie nutzen diese Erkenntnis für die Ausgestaltung ansprechender eigener Präsentationen.

Elementare Wahrheiten → religiöse Kompetenz

Eigentlich sind die allen schulischen Fächern gemeinsamen Kompetenzbereiche mit den ersten vier Suchperspektiven der Elementarisierung abgedeckt. Welche Zuordnung könnte dann noch für die Dimension der elementaren Wahrheiten passen?

Die Bildungspläne für evangelische und katholische Religion in Baden-Württemberg haben sich in ihren Einleitungen nicht auf die im Bildungsplan vorgegebenen vier Kernkompetenzen begrenzen lassen, sondern formulieren darüber hinaus eine übergreifende religiöse Kompetenz als Ziel:

„Unter dem Zuspruch und Anspruch Gottes und im Blick auf entwicklungsgemäßes, ganzheitliches und handlungsbezogenes Lernen fördert der evangelische Religionsunterricht den Erwerb religiöser Kompetenz als Teil allgemeiner Bildung. Religiöse Kompetenz ist zu verstehen als Fähigkeit, die Vielgestaltigkeit von Wirklichkeit wahrzunehmen und theologisch zu reflektieren, christliche Deutungen mit anderen zu vergleichen, die Wahrheitsfrage zu stellen und eine eigene Position zu vertreten sowie sich in Freiheit auf religiöse Ausdrucks- und Sprachformen einzulassen und sie mitzugestalten.“[31]

31 Bildungsplan 2004 (Ba-Wü) - Realschule, 23. Der katholische Bildungsplan verdeutlicht die

Die Anwendung des Elementarisierungsmodells auf die Kompetenzorientierung macht deutlich, dass mit dieser Erweiterung eine wesentliche religionspädagogische Dimension bewahrt wird. Die Fragerichtung nach den elementaren Wahrheiten eines Lerninhalts muss für das religionsdidaktische Modell der Elementarisierung Profil gebend bleiben. Im Religionsunterricht sollte es zentral um Glaubenswahrheiten in biblischer Überlieferung und kirchengeschichtlicher Tradition, aber auch um ganz persönliche Glaubensgewissheiten auf der Suche nach eigenem Glauben gehen. „Elementarisierung steht für einen in dem Sinne konfessionellen oder konfessorischen Religionsunterricht, dass in diesem Unterricht der Frage nach der Wahrheit und nach der Bedeutung früherer Erfahrungen für Glauben und Leben konstitutiv Raum gegeben wird."[32] Religion hat, wenn sie „echt" ist, mit engagierter Suche, mit Eifer, mit Überzeugung und Leidenschaft zu tun. Oder wie ein Wort des Kirchenvaters Augustinus (354–430) sagt: „Nur wer selbst brennt, kann Feuer in anderen entfachen."[33] Religiöse Bildung ist im Kern keine distanzierte Information über mehr oder weniger fremde und befremdliche religiöse Bräuche einer vergangenen Epoche. Religiöse Bildung will zwischen Provokation und Begeisterung Spuren für einen eigenen Glaubensweg entdecken helfen.

Das Nachdenken über elementare Wahrheiten in der Unterrichtsvorbereitung trägt dazu bei, dass im Unterricht so etwas wie religiöse Kompetenz sich bei Schülerinnen und Schülern herausbilden kann. Diese übergreifende Kompetenz ist allerdings Zielperspektive eines längeren Bildungsprozesses und entzieht sich einer Überprüfbarkeit. Vielmehr blitzt sie unverfügbar in einzelnen Gesprächssequenzen auf, sozusagen als Highlight des Religionsunterrichts.

Unterrichtsbeispiel:

Abschlussgespräch – nach einem dreitägigen Klosteraufenthalt – mit dem uns in diesen Tagen begleitenden Klosterbruder (Kl. 10 – RS)

Dominik:	Ich habe mich, Entschuldigung wenn ich das so ehrlich sage, während unserer Zeit hier immer wieder gefragt: Warum verzichten die hier auf alles, was das Leben erst schön macht: Alkohol, Sex und Luxus?
Bruder Gerd:	Vielleicht weil wir in der Beziehung zu Gott eine Intensität erfahren, die diesen scheinbaren Verlust ausgleicht?!

Entwicklung religiöser Kompetenz an sieben konkreter ausformulierten Fähigkeiten der Schülerinnen und Schüler, z. B. „ihre Sinnfragen (Glück – Leid – Schuld – Tod) zu stellen und sich an der Glaubenstradition ihrer Kirche zu orientieren." (ebd., 32) Die seit 2016 geltenden neuen Bildungspläne müssten eigens erörtert werden.

32 *F. Schweitzer u. a.*, Elementarisierung im Religionsunterricht, Neukirchen-Vluyn [4]2013, 26.

33 www.aphorismen.de/zitat/143484 vom 9. 10. 2017.

Janina: Nehmen wir mal das Bedürfnis nach Nähe und Zärtlichkeit. Ich spüre meinen Freund und seine Nähe gibt mir Geborgenheit, aber Sie, haben Sie dieses Bedürfnis nicht?

Bruder Gerd: Doch das habe ich schon, aber Geborgenheit kann ich auch in der Gemeinschaft der Brüder erfahren. Zudem habt ihr ja hier die Gebetszeiten und die Stillen Zeiten kennen gelernt. Da gibt es Momente, in denen glaube ich, Gott ganz nahe zu sein, zwar nicht konkret äußerlich wahrnehmbar, aber doch innerlich intensiv spürbar.

Carmen: Wenn ich eines nach diesen drei Tagen im Kloster weiß, dann dass ich nie Nonne bzw. Schwester werden könnte. Aber irgendwie finde ich ihre Einstellung trotzdem beeindruckend.

Das didaktische Bemühen um elementare Wahrheit fordert und fördert die Identitätsbildung der Schülerinnen und Schüler in Glaubensfragen. Zwischen Abgrenzung und Übernahme von biblischen und religiösen Traditionen suchen sie diskursiv sowie durch Lernen am Modell einen eigenen Glaubensweg.

3. Konsequenzen für die Bewertung religiöser Lernprozesse

Neue Formen der Leistungsbewertung kultivieren

Etliche neue Formen der Leistungsbewertung, die sich im Schulalltag etablieren, fordern und fördern im Sinne eines erweiterten Lernbegriffs neben Fachkompetenz auch personale Kompetenz, Sozial- und Methodenkompetenz.[34] Damit weitet sich der Leistungsbegriff. „Was als Leistung im Unterricht angelegt und später bewertet wird, ist abhängig: nicht nur von gesellschaftlichen Erwartungen, gesetzlichen und inhaltlichen Vorgaben, sondern auch vom Selbstverständnis und Ethos der Schule, vor allem vom Selbstverständnis und der Verantwortung des einzelnen Lehrers, der einzelnen Lehrerin."[35] Der Elementarisierungsansatz unterstützt ein solchermaßen weites Verständnis von Leistungsbewertung. Religiöse Bildungsgehalte haben insbesondere hinsichtlich der Entwicklung von personalen und sozialen Kompetenzen eine große Affinität. Im Religionsunterricht darf und soll der Einzelne und seine religiöse Bildung im Zentrum stehen. Für die Leistungsbewertung muss dies in der Konsequenz heißen: Zieldifferenz ist möglich, ja gewollt. „Wirklich

34 Vgl. *H.-U. Grunder/T. Bohl*, Neue Formen der Leistungsbeurteilung an den Sekundarstufen I und II, Stuttgart 2001. Mit Hilfe von zehn Fallstudien aus unterschiedlichen Schularten und Fächern in der Sekundarstufe werden die Möglichkeiten neuer Formen der Leistungsbeurteilung konkret ausgeführt und rahmend von den beiden Autoren systematisch begründet und eingeordnet.

35 *Annemarie von der Groeben*, Zensuren – oder was? In: Pädagogik 6/2009, 7.

individualisierend arbeiten Schulen nur dann, wenn sie von der Zielgleichheit Abschied nehmen und alle ihre Schülerinnen und Schüler zieldifferent begleiten.“[36] Deshalb sollte gerade das Fach Religion eine Führungsrolle im Kultivieren dieser formativen Formen von Rückmeldung und Leistungsbewertung übernehmen. Und wie könnte das im Schulalltag konkret aussehen? „Neben schriftlichen Formaten der Leistungserhebung können vermehrt auch mündliche und – wo dies möglich ist – praktische Formate zur Leistungserhebung herangezogen werden. Eine Wahlfreiheit zwischen den Formaten ermöglicht den Schülerinnen und Schülern, ihre individuellen Lernwege und Fähigkeiten adäquat einzusetzen.“[37]

Die zu Beginn meines Beitrags genannte Schüleranfrage nach einer GFS in Religion beinhaltet im Blick auf eine umfassende Leistungsbewertung große Chancen. Sie darf uns Religionslehrkräfte nicht unvorbereitet treffen. Vielmehr kann ein Musterblatt mit möglichen Fragestellungen für die jeweilige Klassenstufe den interessierten Schülerinnen und Schülern ein buntes Kaleidoskop unterschiedlicher Themen vor Augen führen, so dass sie motiviert sind, selbstständig einer dieser religiösen Fragestellungen nachzugehen oder angeregt durch die Themenvorschläge ein eigenes Thema zu entwickeln. Die Frage der Leistungsbewertung könnte fast schon zur Nebensache werden und im Zentrum stünde eine schülergemäße Ausarbeitung und Präsentation der „Sache mit Gott“, die dem Klassengespräch interessante Impulse geben kann.

Leistungsbewertung in einer fehlerfreundlichen Lernkultur

Die Bewertung von Leistungen beinhaltet auf den ersten Blick lediglich Konsequenzen für die Notenbildung auf Seiten der Schüler. Jedem Unterrichtenden muss jedoch klar sein, dass eine solche Bewertung auch eine Rückmeldung zum eigenen Unterricht darstellt. Bei unzureichenden Schülerleistungen darf folglich die Frage, was im eigenen Unterricht optimiert werden müsste, damit Schüler bessere Leistungen erbringen können, nicht außer Acht bleiben.

Wenn Leistungsbewertung nicht nur notwendiges Übel sein soll, sondern Konsequenzen hinsichtlich entsprechender Förderungsmöglichkeiten einzelner Schülerinnen und Schüler oder einer ganzen Lerngruppe haben soll, dann ist pädagogisch das Ziel einer umfassenden Förderung im Zentrum.

Dabei wäre die Entwicklung einer fehleroffenen Lernkultur für alle Seiten entlastend. Sanktionsfrei können im Lernprozess unterschiedliche Lösungswege ausgetestet und in ihrer Tragfähigkeit erprobt werden. „Die Folgen von Fehlerjagd und Fehlerängsten sind kaum untersucht worden. Bei einem aus-

36 *Susanne Thurn*, Leistungsbewertung und Vielfalt. In: Pädagogik 9/2017, 6.

37 *K. Haupt-Murowsky/A. Wacker/T. Bohl*, Diagnostik und Leistungsbeurteilung in integrierten Schulformen. In: Pädagogik 9/2017, 13.

schließlich fehlervermeidenden Reproduzieren werden nicht nur kreative und innovative Fähigkeiten behindert. Auch das individuelle Wirklichkeitsverständnis und die Weiterentwicklung unserer intellektuellen und kulturellen Strukturen leben demnach von der Bereitschaft und Fähigkeit, irritierende Beobachtungen und Fragen, fremde Elemente, ungewöhnliche Ideen und Lösungsvorschläge zu äußern und fehlerhaft scheinende Prozessverläufe achtsam aufzunehmen und von den bereits bestehenden ‚Richtigkeiten' des schulischen Fachunterrichts nicht unterdrücken zu lassen."[38] Originelle Lösungsideen können im Lernprozess positiv bewertet werden, auch wenn sie sich letztendlich als nicht tragfähig erweisen sollten. Erst in der Leistungsbewertung am Ende eines längeren Lernweges werden klar definierte Kompetenzen überprüft und benotet. Eine solche fehleroffene Lernkultur ist gerade religionspädagogisch gut begründet, denn schon der Apostel Paulus empfiehlt in seinem Brief an die Gemeinde in Thessaloniki: „Prüfet alles - und das Gute behaltet!" (1. Thess. 5,21)

4. Fazit

Nicht alle Wege führen nach Rom, in unserem Fall zu einer für Schülerinnen und Schüler „gerechten" Leistungsbewertung! Aber es sind doch erstaunlich viele Wege, die in ihrer - aus dem Unterrichtsprinzip der Elementarisierung begründeten - Kombination, zu einer begabungsorientierten, bunten und nicht zuletzt bildungsplangemäßen Leistungsbewertung beitragen.

38 *M. Weingardt*, Fehler zeichnen uns aus, Bad Heilbrunn 2004, 143.

III Weitere Perspektiven: Religionslehrerbildung und Entwicklung der Religionsdidaktik

Peter Kliemann

Kompetenzorientierte Elementarisierung? Überlegungen aus der Perspektive eines Staatlichen Seminars für Didaktik und Lehrerbildung

1. Referendare zwischen Theorie und Praxis

Beim Übergang von der Hochschule in das Referendariat benutzt man gerne den Begriff „Praxisschock". Und es gibt diesen Schock tatsächlich: Er kann sich darauf beziehen, dass im Klassenzimmer plötzlich Inhalte gefragt sind, mit denen man sich im Hochschulstudium gar nicht beschäftigt hat. Es kann schockierend sein, dass man sehr früh aufstehen und dass man bis in die Nacht hinein, auch an Wochenenden und sogar während der Schulferien, Unterricht vorbereiten und Klassenarbeiten korrigieren muss. Es mag ungewohnt und sehr anstrengend sein, nach Jahren im akademischen Milieu eine große Gruppe von Kindern oder pubertierenden Jugendlichen zu führen und dabei sowohl das rechte Auftreten, eine angemessene Sprache und die nötige Geistesgegenwart zu finden. Dennoch habe ich nach vielen Jahren der Referendarsausbildung den Eindruck, dass das Schockierende des Schulalltags sich für die Anfängerinnen und Anfänger in Grenzen hält. Neugier, Begeisterung und die Aussicht, bald auch finanziell auf eigenen Beinen stehen zu können, überwiegen, und nicht zuletzt die Einrichtung eines Schulpraxissemesters auch für Studierende für das Lehramt an Gymnasien scheint die abrupten Übergänge früherer Jahrzehnte deutlich abzumildern.

Umgekehrt könnte man vielmehr überlegen, ob die Ausbildung an den Studienseminaren nicht gelegentlich eine Art „Theorieschock" auslöst: Referendarinnen und Referendare wollen nach all den Jahren des Studierens nun wissen, „wie man es macht". Gefragt sind schnelle Rezepte, klare Anweisungen, Unterrichtsentwürfe, die man sofort 1:1 umsetzen kann. Von Bildungsplänen und Schulbüchern wird – vermutlich nicht zu Unrecht – erwartet, dass sie klar, durchdacht und vor allem sorgfältig erprobt sind. Wie sonst soll man später einmal mit einem vollen Deputat zurechtkommen und nebenbei noch all die anderen Aufgaben erfüllen, die inzwischen zum Lehreralltag dazugehören? Auf diesem Hintergrund kann es schockierend sein, dass viele dieser Erwartungen zumindest für das Fach Religionslehre enttäuscht werden und die Fachleiterinnen und Fachleiter am Studienseminar darauf bestehen, dass Unterrichtsstunden und -sequenzen pädagogisch und didaktisch reflektiert und begründet werden. Der auf Praxis eingestellte Hochschulabsolvent nimmt oft mit Verwunderung wahr, dass es auch im Referendariat nicht nur um die Weitergabe möglichst effektiver Handlungsrezepte gehen soll, sondern um eine theoriegeleitete Praxis, um das mühsame Einüben einer didaktischen Grundhaltung, die es möglich macht, unter wechselnden Bedingungen immer wieder in eigener Verantwortung und pädagogischer Freiheit so zu reagieren, dass sowohl der Sache als auch den beteiligten Personen möglichst adäquat Rechnung getragen wird.

Dass Praxis ohne Theoriehorizont blind und pädagogisch bedenklich ist, lässt sich theoretisch leicht begründen, *in* der Praxis wird diese Einsicht aber nur Wirkung zeigen, wenn die den Referendarinnen und Referendaren angebotenen Theorien auch angenommen werden und tatsächlich helfen, die anstehenden Probleme des Unterrichtsalltags zu bewältigen. Allzu filigrane Theoriekonstrukte haben nicht zuletzt auf dem Hintergrund stark verkürzter Ausbildungszeiten wenig Chancen.

Im Folgenden soll der Blick auf zwei theoretische Modelle gerichtet werden, die im gegenwärtigen religionspädagogischen Diskurs eine besondere Rolle spielen: auf den schon fast schon „klassischen" Ansatz der Elementarisierung und auf den seit einigen Jahren im Vordergrund stehenden Ansatz einer Orientierung an Kompetenzen.

2. Erfahrungen mit dem Modell der Elementarisierung

Das an der Universität Tübingen entwickelte und in diesem Buch erneut zur Diskussion gestellte Konzept der Elementarisierung scheint die für eine alltagsfähige Praxistheorie erforderlichen Voraussetzungen weitgehend zu erfüllen:

Der Elementarisierungsansatz ist den Referendarinnen und Referendaren in aller Regel aus den religionspädagogischen Seminaren des Hochschulstudiums bekannt; die zweite Ausbildungsphase kann auf diesem Fundament aufbauen.

Als Weiterentwicklung der bildungstheoretischen Didaktik stellt die Elementarisierungskonzeption die Religionsdidaktik in den Zusammenhang der allgemeinen Didaktik und erleichtert damit den Dialog mit anderen Fachdidaktiken. Der Gefahr eines religionspädagogischen Sonderwegs und, damit verbunden, der Abdrängung des Faches Religionslehre in eine schulpädagogische Nische wird von vorneherein entgegengewirkt. Die Anknüpfung an den Begriff „Bildung" erleichtert darüber hinaus den Anschluss an anspruchsvolle und wohlbegründete philosophische, pädagogische und theologische Anthropologien und steuert einem technizistischen Verständnis von Erziehungs- und Lernprozessen entgegen.

Im Unterschied zu linearen, oft allzu schematischen Planungsmodellen geht das Elementarisierungsmodell von einem offenen, dynamisch angelegten Planungsverhalten aus. Man kann mit der Analyse der Sachstrukturen beginnen oder mit der Frage nach den elementaren Erfahrungen, die sich mit einem Thema verbinden. Man kann sich, in guter Partnerschaft mit entwicklungspsychologischen und konstruktivistischen Anliegen, zunächst den elementaren (Welt-)Zugängen der am Lernprozess beteiligten Personen zuwenden. Oder man kann, in Anknüpfung an aktuelle Methodendiskussionen, auf die Formen des Lernens und die Gestaltung von Unterricht besonderes Augenmerk legen. Oder man wird, etwa nach langen sachorientierten Erarbeitungsphasen, den existenziellen Fragen und dem Problem der Geltungs- und Wahrheitsansprüche besonderes Gewicht verleihen. Unabhängig davon, mit welcher Dimension der Planungsprozess seinen Anfang nimmt, die anderen Elementarisierungsdimensionen dürfen nie aus dem Blick geraten, die Balance zwischen den einzelnen Sichtweisen und Erschließungswegen ist immer wieder neu herzustellen.

Wer seinen Unterricht mit Hilfe des Elementarisierungsmodells plant und analysiert, wird leichter erkennen,

- wenn ihm über der Behandlung von Nebensächlichkeiten die zentrale Struktur eines Inhalts zu entgleiten droht,
- wenn er aus Liebe zu den fachlichen Inhalten die Anknüpfungspunkte in der heutigen Lebenswelt nicht ernst genug nimmt,
- wenn er ein Thema so präsentiert, dass es aus entwicklungspsychologischen Gründen für die Kinder und Jugendlichen unverständlich bleiben muss,
- wenn sein Unterricht durch Methodenmonotonie oder auch Methodenaktivismus bestimmt ist

  oder wenn in seinem Unterricht zwar viel „durchgenommen“ wird, aber das offene, kritische und diskursive Gespräch, das Schülerinnen und Schülern am Religionsunterricht besonders wichtig ist, zu kurz kommt.

Der Elementarisierungsansatz unterscheidet sich mit seinem dynamisch-balancierenden Vorgehen auch positiv von einer zurzeit zu beobachtenden Renaissance von Planungsmodellen, bei denen mit der Berufung auf „Problemorientierung“ kurzschlüssig danach gefragt wird, mit Hilfe welcher Kenntnisse, Fähigkeiten und Einstellungen Schülerinnen und Schüler bestimmte „Anforderungssituationen bewältigen“ können. Diese Zugangsweise hatte in der Religionspädagogik vor Jahrzehnten, allerdings im Rahmen einer völlig anderen Diskussionslage, schon einmal Konjunktur und führte, zumindest in ihren weniger reflektierten Varianten, nicht selten in Aporien: Wer definiert mit welchem Recht für wen, was ein „Problem“ ist und was zur „Bewältigung“ beiträgt? Und: Welches Problemlösungspotential bietet z.B. die Beschäftigung mit dem Vaterunser, der Johannesapokalypse, einer Schrift von Martin Luther, dem Isenheimer Altar oder einem Lied von Paul Gerhardt?[1]

1 Für eine differenzierte Auseinandersetzung mit dem Ansatz eines problemorientierten Religionsunterrichts vgl. *T. Knauth*, Problemorientierter Religionsunterricht. Eine kritische Rekonstruktion, Göttingen 2003. – Aktuelle Spielarten einer Funktionalisierung des Bildungsbegriffs diskutiert *B. Dressler*, Unterscheidungen. Religion und Bildung, Leipzig 2006, bes. 92 ff.

Zu zentralen Themen des Religionsunterrichts sind bereits unterrichtsbezogene Elementarisierungsvorschläge erarbeitet worden (vor allem zur Unterrichtseinheit „Gleichnisse",[2] aber auch zu Themen wie „Theodizee", „Schöpfungsglaube", „Rechtfertigung", „Frieden" oder „Jesus"[3]), was nicht nur Berufsanfängerinnen und Berufsanfänger zeitaufwändige Grundüberlegungen erspart. Wünschenswert wären aus der Sicht von Lehrerinnen und Lehrern sicherlich noch weitere Konkretisierungen (nicht zuletzt auch zu lebensweltlich orientierten Themenfeldern[4]), Planungsbeispiele, möglicherweise sogar ein in konsequenter Weise dem Elementarisierungsmodell verpflichtetes Religionsbuch. Solche Umsetzungen sind möglich, lassen sich aber nur in einem langfristig angelegten Erprobungsprozess und in engem Arbeitskontakt von schulischer Praxis und akademischer Theorie entwickeln.

Von großer Bedeutung für die Fortentwicklung des Elementarisierungsmodells ist es, den Schritt von der Bedingungsanalyse zur Formulierung von Zielen und zur Konstruktion und zum Abwägen möglicher Unterrichtsdramaturgien zu vollziehen. Dabei geht es nicht um die Anfertigung perfekt gestalteter Unterrichtsentwürfe oder bis in Details durchgeplante Unterrichtsarrangements, sondern vielmehr um das Aufzeigen einer methodisch-didaktischen Syntax, die es ermöglicht, Planungsentscheidungen bewusst und verantwortlich zu treffen, und, je nach Unterrichtssituation und Schülerreaktion, gegebenenfalls auch souverän von diesen Entscheidungen abzuweichen und schließlich im Anschluss an den Unterricht den tatsächlich abgelaufenen Lernprozess kritisch-konstruktiv zu analysieren. Haltungen werden nicht allein durch intensive Lektüre, sorgfältiges Nachdenken und kontroverses Diskutieren erworben, sondern entwickeln sich in langwierigen, vielschichtigen, zum Teil verwickelten Handlungs- und Erfahrungsprozessen. Im Hinblick auf die Elementarisierungsthematik bedeutet dies, dass die fünf Dimensionen der Elementarisierung in der Lehrerausbildung auf tatsächlich ablaufenden Unterricht bezogen und im zeitintensiven Gespräch mit praxis-, aber auch theorieerfahrenen Mentorinnen und Mentoren immer wieder neu bedacht werden müssen: Was will ich mit dieser Unterrichtseinheit, dieser Stunde, diesem Unterrichtsschritt genau erreichen? Warum ist dieses Ziel für den Schüler und die Schülerin wichtig? Mit welchen Medien, Methoden und Sozialformen erreiche ich das Ziel am besten? Woran merke ich, dass die Ziele erreicht sind? Woran lag es, dass die Schülerinnen und Schüler die Ziele nur

2 *G. Büttner/P. Müller/J. Thierfelder/R. Heiligenthal*, Die Gleichnisse Jesu. Ein Studien- und Arbeitsbuch für den Unterricht, Stuttgart 2002.

3 *F. Schweitzer* (Hg.), Elementarisierung im Religionsunterricht. Erfahrungen – Perspektiven – Beispiele, Neukirchen [4]2013. – Für die Oberstufe des Gymnasiums vgl. das Projekt der Gymnasialpädagogischen Materialstelle der Evangelischen Kirche in Bayern: *I. Grill* (Hg.), RU – Werkstatt Oberstufe, Erlangen 2003 ff.

4 Interessante Ansätze bietet: *G. Lämmermann*, Religionsdidaktik. Bildungstheologische Grundlegung und konstruktiv-kritische Elementarisierung, Stuttgart 2005, 246 ff.

zum Teil erreicht haben? Welche neuen Ziele setze ich mir als Lehrerin oder Lehrer?

Die so skizzierte Arbeit mit Lehr- und Lernzielen hat an Studienseminaren und in der schulischen Referendarsausbildung seit langem einen festen Platz und emanzipierte sich über weite Strecken auch in einem sinnvollen Pragmatismus von allen Merkwürdigkeiten der älteren Curriculumdiskussion.[5] Dass wir es neuerdings mit einem paradigmatischen Wechsel von der Input- zur Output-Orientierung zu tun haben sollen, klingt in diesem Kontext einigermaßen überraschend.

Angemerkt sei – gerade auch aus der Perspektive von Studienseminaren – schließlich auch, dass Elementarisierung als eine Form der didaktischen Analyse zwar als unerlässliche Voraussetzung für einen gelungenen Religionsunterricht angesehen werden kann, dass guter Religionsunterricht, wie jeder Unterricht, darüber hinaus aber noch wesentlich mehr erfordert: eine entsprechende Lehrerpersönlichkeit, theoretisch oft gar nicht leicht beschreibbare Routinen, classroom management, die Fähigkeit, Unterrichtsabläufe klar zu strukturieren, ein Gespür für zeitliche Strukturen, die Fähigkeit, ein lernförderliches Unterrichtsklima herzustellen, einen transparenten und differenzierenden Umgang mit Leistungserwartungen und manches andere mehr.[6]

3. Kompetenzorientierter Unterricht: Anbruch einer neuen Zeit?

Überlegungen zur Weiterentwicklung des Elementarisierungsansatzes wurden in den letzten Jahren von einer breiten und intensiven Diskussion zum Kompetenzbegriff überlagert. „Nach PISA“, so die einschlägige und doch höchst schillernde Metapher, sollten Bildungsprozesse transparenter, zielgerichteter, effektiver gestaltet werden und dem aus angelsächsischen Bereich übernommenen Begriff „Kompetenz“ schien dabei – neben den Begriffen „Standards“ und „Evaluation“ – eine Schlüsselfunktion zuzukommen. Die mit dem Wort „Kompetenzen“ verbundenen Hoffnungen waren groß und nahmen aus der Feder von Theologen wie Nicht-Theologen gelegentlich geradezu „eschatologische“ Formen an:

„Mit dem Bildungsplan 2004 ist für die Schulen in Baden-Württemberg eine neue Zeit angebrochen. Es werden nicht Inhalte benannt, die gelehrt werden sollen – wie im Lehrplan –, sondern Kompetenzen beschrieben, als komplexe

5 Vgl. z. B. *B. Hoffmann*, Der Unterrichtsentwurf. Leitfaden und Praxishilfe, Baltmannsweiler 2015. *P. Kliemann*, Impulse und Methoden. Anregungen für die Praxis des Religionsunterrichts, Stuttgart [2]2003, 147 ff.

6 Vgl. *H. Meyer*, Was ist guter Unterricht? Berlin [11]2016.

Fähigkeiten, Fertigkeiten, Einstellungen und Haltungen, eben das, was gelernt werden soll."[7]

Der überschwängliche Tenor derartiger Formulierungen ist insofern erstaunlich, als sich doch sehr schnell zeigte, dass das Phänomen der sogenannten Kompetenzorientierung mit erheblichen Unklarheiten verbunden ist. Das Wort „Kompetenz" (lange Zeit eine meist nur im Singular verwendete Vokabel) verweist auf ein theoretisches Konstrukt, mit dem von „Performanzen" auf eine diesen Performanzen zugrundeliegende Disposition geschlossen wird. Immer wieder zitiert wird dabei die Franz E. Weinert zugeschriebene Definition, Kompetenzen seien „die bei Individuen verfügbaren oder durch sie erlernbaren kognitiven Fähigkeiten und Fertigkeiten, um bestimmte Probleme zu lösen, sowie die damit verbundenen motivationalen, volitionalen und sozialen Bereitschaften und Fähigkeiten, um die Problemlösungen in variablen Situationen erfolgreich und verantwortungsvoll nutzen zu können."[8] Wer die Bedeutung des lateinischen Verbs definire (nämlich „Grenzen ziehen", „abgrenzen") ernst nimmt, mag sich zunächst fragen, ob hier im strengen Sinne überhaupt eine Definition vorliegt. Hartmut von Hentig hat zu Recht darauf hingewiesen, dass in dem aktuellen schulpädagogischen Gebrauch der Vokabel „Kompetenz" drei Aspekte zusammengeführt werden, die die pädagogische Tradition eigentlich von alters her mühsam versucht hat auseinander zu halten: Fähigkeiten, Kenntnisse und Einstellungen.[9] Unter wissenschaftstheoretischen Gesichtspunkten würde man eine solche Rücknahme von Differenzierungen normalerweise nicht als Fortschritt betrachten.

Darüber hinaus ergibt eine genauere Analyse der „Weinert'schen Definition", dass diese in der immer wieder zitierten Form von Weinert auch nur zitiert wird und gar nicht von ihm selbst formuliert wurde.[10] Der 2001 verstorbene Gründungsdirektor des Max-Planck-Instituts für psychologische Forschung München hat die inflationäre und unscharfe Verwendung des Kompetenzbegriffs selbst sehr differenziert und kritisch beschrieben[11] und wusste wohl auch zwischen psychologischer Grundlagenforschung und pädagogischer Umsetzung klar zu unterscheiden.

7 Vorwort von Vertretern der Religionspädagogischen Institute der Evangelischen Landeskirche in Baden, der Evangelischen Landeskirche in Württemberg, der Erzdiözese Freiburg und der Diözese Rottenburg-Stuttgart zu einer ansonsten bemerkenswerten Studie: *C. Cramer*, Verantwortung lernen. Selbstevaluation von Verantwortungskompetenz in der Schule. Sekundarstufe I, Stuttgart 2007.

8 *F.E. Weinert*, Leistungsmessung in Schulen, Weinheim/Basel 2001, 27.

9 *H. von Hentig*, Einführung in den Bildungsplan 2004. In: Ministerium für Kultus, Jugend und Sport Baden-Württemberg (Hg.), Bildungsplan 2004. Allgemein bildendes Gymnasium, Stuttgart 2004, 9–21 (digital zugänglich unter: www.bildung-staerkt-menschen.de).

10 Vgl. *P. Kliemann/W. Kasper*, Curriculum: Wohin führt der Weg? Anmerkungen zur Bildungsplanarbeit im Fach Evangelische Religionslehre, Stuttgart 2016, 29 ff.

11 *F.E. Weinert*, Concept of Competence. A Conceptual Clarification. In: *D.S. Rychen/L.H. Salganik* (Hg.), Defining and Selecting Key Competencies, Seattle 2001, 45–65.

Weitere Unklarheiten ergeben sich im Hinblick auf die Frage, nach welchem generativen Prinzip, nach welchen Kriterien und nicht zuletzt auf welchem Abstraktionsniveau Kompetenzen formuliert werden. Nimmt man den baden-württembergischen Bildungsplan von 2004, der für sich in Anspruch nahm, der erste kompetenzorientierte Bildungsplan der Bundesrepublik Deutschland zu sein, als Beispiel, so fällt auf, dass auf drei verschiedenen Ebenen und in dreierlei Bedeutung von „Kompetenzen" gesprochen wird:

- Hartmut von Hentig nennt im Vorwort des Bildungsplans vier „Kompetenzen, über deren Bezeichnung sich Einigkeit abzeichnet: personale Kompetenz, Sozialkompetenz, Methodenkompetenz, Fach- (oder Sach-)Kompetenz".[12] Diese sehr allgemeine fächerübergreifende Unterscheidung erinnert an die wichtige, jedoch keineswegs neue pädagogische Einsicht, dass schulisches Lernen nicht nur an fachlichen Gegenständen orientiert sein darf; sie hilft für die tatsächliche Planung von Unterrichtsprozessen aber kaum weiter. Das viel zitierte Klieme-Gutachten fordert deshalb zu Recht die Formulierung „domänenspezifischer", also fachbezogener Kompetenzen.[13]
- Betrachtet man sodann im gleichen Bildungsplan die Vorgaben für das Fach Evangelische Religionslehre, so findet man unter der Überschrift „Leitgedanken zum Kompetenzerwerb" eine Auflistung von Kompetenzen, die in diesem Fach besonders gefördert werden sollen:[14] hermeneutische Kompetenz, ethische Kompetenz, Sachkompetenz, personale Kompetenz, kommunikative Kompetenz, soziale Kompetenz, methodische Kompetenz, ästhetische Kompetenz. Diese acht – ebenfalls sicherlich nicht nur für das Fach Religion charakteristischen – Kompetenzen werden 2004 noch unter dem nicht unproblematischen Etikett einer „religiösen Kompetenz" zusammengefasst. Religiöse Kompetenz sei zu verstehen „als die Fähigkeit, die Vielgestaltigkeit von Wirklichkeit wahrzunehmen und theologisch zu reflektieren, christliche Deutungen mit anderen zu vergleichen, die Wahrheitsfrage zu stellen und eine eigene Position zu vertreten sowie sich in Freiheit auf religiöse Ausdrucks- und Sprachformen (zum Beispiel Symbole und Rituale) einzulassen und sie mitzugestalten."[15] Auch mit diesen For-

12 A.a.O., 14.

13 *E. Klieme u.a.*, Zur Entwicklung nationaler Bildungsstandards. Eine Expertise, hg. vom Bundesministerium für Bildung und Forschung, Bonn 2003, bes. 61 f.

14 A.a.O., 25 f.

15 Ebd., 25. – Dass der Begriff „religiöse Kompetenz" gerade auch unter theologischen Gesichtspunkten einigen Klärungsbedarf in sich birgt, zeigt z.B. folgendes Zitat eines katholischen Kollegen: „Im Religionsunterricht kommt die ‚religiöse Kompetenz' hinzu, die Entwicklung der jedem Menschen von Natur mitgegebenen religiösen Anlage bzw. die Förderung der individuellen Religiosität und die Unterstützung der kirchlich geprägten Sozialisation dieser Religiosität der Schüler/innen." (*W. Michalke-Leicht*, in: IRP-Impulse 2/2004, hg. vom *Institut für Religionspädagogik der Erzdiözese Freiburg*, 25) Der pluralen Situation, in der Religionsun-

mulierungen befindet man sich noch auf der Ebene allgemeiner konzeptioneller Erwägungen. Im beruflichen Alltag von Lehrerinnen und Lehrern wird auf solche „Kompetenzen“ in der Regel nicht zurückgegriffen werden.

- Wesentlich konkreter, für einen kompetenzorientierten Bildungsplan vermutlich zu konkret, wird der baden-württembergische Gymnasiallehrplan für das Fach Evangelische Religionslehre dann jedoch unter der Überschrift „Kompetenzen und Inhalte“. Hier finden sich z. B. für die Unterstufe (in etwas verwirrender Weise weiter untergliedert nach „Dimensionen“) 25 lernzielartige Formulierungen, die im Sinne von „Standards“ auch den Anspruch der Überprüfbarkeit erheben. So sollen die Schülerinnen und Schüler am Ende der Klassenstufe 6 etwa „die Grundstruktur des Kirchenjahres mit seinen Hauptfesten und die zugehörigen biblischen Geschichten“ kennen, den „Wert des Sonntags für das persönliche und gemeinschaftliche Leben erläutern“ oder „drei Gleichnisse Jesu nacherzählen und an ausgewählten Psalmen Lob, Dank und Klage beschreiben“ können.[16]

Diese sehr eng mit Inhalten verknüpften Kompetenzformulierungen drohten einerseits, gekoppelt mit der weiteren Vorgabe verpflichtender „Themenfelder“, den durch die Kompetenzorientierung versprochenen Freiraum drastisch einzuengen;[17] andererseits wurden dennoch in der Schulpraxis bisher kaum rezipierte „Niveaukonkretisierungen“, „Beispielaufgaben“ und „Umsetzungsbeispiele“ notwendig,[18] um das Gemeinte zu verdeutlichen. Sollten in absehbarer Zeit tatsächlich auch im Fach Religionslehre Diagnosearbeiten durchgeführt werden, werden diese Niveaukonkretisierungen und Beispielaufgaben von den Kolleginnen und Kollegen jedoch sehr genau zur Kenntnis genommen werden und es besteht die Gefahr eines aus dem angelsächsischen Bereich bekannten *teaching to the test.*[19] Dass diese Gefahr auch im Fach Religion durchaus real ist, zeigen erste Lernkarteien, die auf einer Seite einer Karteikarte eine theologisch und religionspädagogisch relevante Frage und auf der anderen Seite die „richtige“ Antwort anbieten.

So unklar in vieler Hinsicht der Kompetenzbegriff ist, so unklar ist auch das Verhältnis der Kompetenzen zu einem noch zu entwickelnden Kerncurricu-

terricht erteilt wird, würde meines Erachtens ein Oberbegriff wie „Orientierungskompetenz“ besser gerecht.

16 A. a. O., 41.

17 So zeigt das Beispiel Baden-Württembergs, dass sich im Fach Evangelische Religionslehre der Wahlbereich von der Hälfte auf ein Drittel (im Bildungsplan 2016 dann auf ein Viertel!) reduziert hat. Notwendige Absprachen im Schulcurriculum führen zu weiteren Einengungen des Spielraums, so dass zahlreiche bei den Schülern beliebte und in der Praxis seit vielen Jahren bewährte Wahleinheiten in Vergessenheit geraten.

18 Vgl. www.bildung-staerkt-menschen.de/service/downloads/Niveaukonkretisierung/Gym und www.bildung-staerkt-menschen.de/service/downloads/Umsetzungsbeispiele/Gym.

19 Vgl. *L. Rudge*, Standards und Standardisierung im Religionsunterricht 1993–2003: Eine besondere englische Erfahrung? In: ZPT 56(2004), 213–226. – Für die Diskussion in den USA vgl. www.alfiekohn.org.

lum. Dabei ist, wenn man sich an frühere Curriculumdiskussionen erinnert, zu erwarten, dass diese Zuordnung zu neuen Widersprüchen und Kontroversen führt. Durch übereilte, theoretisch nicht begründete ad-hoc-Konstruktionen wird sich eine tragfähige Lösung jedenfalls kaum finden lassen.

Dass der Klärungsbedarf insgesamt groß ist, belegt nicht zuletzt eine praxisnahe Publikation von Gerhard Ziener. Der Autor zählte im Baden-Württembergischen Bildungsplan 2004 für die Realschule insgesamt 1800 „Kompetenzen", die Schülerinnen und Schüler im Unterricht aller Fächer erwerben sollen, und schlägt deshalb zu Recht vor, die Bildungsplanformulierungen erst einmal einer „Kompetenzexegese" zu unterziehen.[20]

Wie schwierig es aber vor allem ist, den Kompetenzzuwachs von Schülerinnen und Schülern unter testdiagnostischen Gesichtspunkten in verantwortlicher Weise zu messen, wird an der – gegenüber dem baden-württembergischen Bildungsplan theoretisch wesentlich fundierteren – Expertise einer am Comenius-Institut angesiedelten Arbeitsgruppe deutlich.[21] Hier wird eine begrenzte Anzahl von zwölf Kompetenzen formuliert, die für den Religionsunterricht tatsächlich spezifisch sein könnten, und es wird dann versucht, diesen Kompetenzen Prüfaufgaben zuzuordnen, die von 15-Jährigen unterschiedlicher Schularten lösbar sein sollten. Obwohl die vorgelegte Expertise sicherlich zu den bisher am gründlichsten reflektierten Kompetenzmodellen gehört, zeigte die Diskussion dieser Studie, dass sowohl die Herleitung der Kompetenzen als vor allem auch die Aussagekraft der Beispielaufgaben höchst umstritten ist.[22]

Dennoch wird man an ebendieser Stelle weiterarbeiten müssen: Es ist wichtig, dass empirisch belegt werden kann, was im Religionsunterricht tatsächlich gelernt wird. Und es ist wichtig aufzuzeigen, welcher Ertrag des Religionsunterrichts sich der Mess- und Überprüfbarkeit entzieht und auch aus religionspädagogischen Gründen entziehen muss. Man darf hoffen, dass die Diskussion der kommenden Jahre zu den notwendigen Klärungen führt. Und der Begriff „Kompetenz" lässt sich, selbst wenn man wollte, auf absehbare Zeit wohl nicht mehr aus der schulpädagogischen Debatte wegdenken.

Überlegt man, was der Kompetenzbegriff, trotz der bestehenden begrifflichen Unklarheiten, in der aktuellen Referendarausbildung austrägt, dann ist

20 *G. Ziener*, Bildungsstandards in der Praxis. Kompetenzorientiert unterrichten, Seelze-Velber 2006, 20.

21 *D. Fischer/V. Elsenbast* (Hg.): Grundlegende Kompetenzen religiöser Bildung. Zur Entwicklung des evangelischen Religionsunterrichts durch Bildungsstandards für den Abschluss der Sekundarstufe I, Münster 2006.

22 *D. Fischer/V. Elsenbast* (Hg.): Stellungnahmen und Kommentare zu „Grundlegende Kompetenzen religiöser Bildung", Münster 2007. (Diese und die in Anm. 21 genannte Publikation sind auch im open-access-Bereich von www.comenius.de zugänglich.) – Inzwischen wurden die Empfehlungen der Expertengruppe in modifizierter Form in einen EKD-Orientierungsrahmen übernommen. Vgl. *Kirchenamt der EKD* (Hg.), Kompetenzen und Standards für den Evangelischen Religionsunterricht in der Sekundarstufe I. Ein Orientierungsrahmen, EKD-Text 111, Hannover 2010.

positiv zu würdigen, dass die Kompetenzdiskussion dazu beiträgt, nicht nur für einzelne Unterrichtsstunden und Unterrichtseinheiten zu planen, sondern sich auch verstärkt über längere Lernsequenzen (Jahresplanung, Schulcurriculum, Spiralcurriculum) Gedanken zu machen. Bei der Anfertigung von Unterrichtsentwürfen zeigt sich das z.B. in vielen Fächern darin, dass zusätzlich zu der üblichen und auch bewährten Planung noch angegeben und begründet wird, zum Aufbau welcher Kompetenzen die jeweilige Unterrichtssequenz beitragen könnte. Möglicherweise haben Kompetenzen in diesem Zusammenhang die Funktion von Zielen mittlerer Reichweite, die es auch schon in der älteren Curriculumdiskussion gab. Interessant ist auf diesem Hintergrund der folgende Versuch, den ich in verschiedenen Fortbildungsveranstaltungen gemacht habe. Ich habe Religionslehrerinnen und Religionslehrern die folgenden Zielformulierungen vorgelegt und sie gebeten zu überlegen, in welchem Kontext sie diese verorten würden:

- Formen der ökumenischen Zusammenarbeit zwischen evangelischer und katholischer Kirche beschreiben und über weitere Gemeinsamkeiten nachdenken
- Am Beispiel zeigen können, dass Jesus in den Gleichnissen von sich selbst und seiner Aufgabe erzählt
- Strafen, die einem Menschen helfen, von Strafen, die einem Menschen schaden, unterscheiden
- Reaktionen auf fremde und zunächst unverständliche Verhaltensweisen beschreiben und erklären können
- Gegen menschliche Gleichgültigkeit empfindlich sein und Formen und Aufgaben der Unfallhilfe beschreiben
- Situationen ausdrücken können, in denen der Einzelne auf andere angewiesen ist
- Elias Wandel vom Verzweifelten und kämpferischen Zeugen als Folge göttlichen Handelns deuten können
- Glückserwartungen und Glücksversprechen an ihren Realisierungsmöglichkeiten messen.

Viele Kolleginnen und Kollegen halten diese Sätze für „Kompetenzen“ im Sinne des aktuellen Sprachgebrauchs. Tatsächlich stammen jedoch all diese Formulierungen aus dem baden-württembergischen Gymnasiallehrplan für Evangelische Religionslehre von 1984.[23]

Oft wird in Publikationen versucht, den weitgehend noch ungeklärten Kompetenzansatz dadurch zu profilieren, dass man ihn schematisch von der älteren Lernzieldiskussion abgrenzt. Ein konstruierter Gegensatz von „damals“ und „heute“, von „Inputorientierung“ und „Outputorientierung“ lässt sich allerdings historisch und sachlich kaum rechtfertigen. Sowohl in der

23 *Ministerium für Kultus und Sport Baden-Württemberg* (Hg.): Bildungsplan für das Gymnasium der Normalform, Stuttgart 1984.

älteren als auch in der neuen Curriculumdiskussion finden sich Ziele mittlerer Reichweite. In beiden Kontexten lassen sich leicht Beispiele für einen sinnvollen und einen unsinnigen Umgang mit solchen Zielformulierungen finden. Und in beiden Kontexten birgt der Ansatz bei allgemeinen Zielformulierungen vermutlich die Gefahr eines die Wirklichkeit allzu schnell rubrizierenden Top-down-Denkens.

Die Neuentdeckung und intensivere Würdigung eines langfristig angelegten Lernens gehört jedoch nichtsdestoweniger zu den Vorzügen der aktuellen Diskussion um Kompetenzorientierung. Wenn aber die Bedeutung von „Nachhaltigkeit“ erkannt ist, schließt sich sogleich die Frage an, wie sie erreicht und gefördert werden kann. Auch unter diesem Gesichtspunkt scheint die Verwendung des Kompetenzbegriffs eine ganze Reihe von wichtigen pädagogischen Aspekten in den Vordergrund des Interesses zu rücken:

- Im Unterschied zum Begriff der Schlüsselqualifikationen funktionalisiert der Kompetenzbegriff das Individuum nicht für die Erfordernisse der Berufswelt, sondern denkt vom Subjekt des einzelnen Lernenden aus. Dies bietet gute Anknüpfungspunkte für eine bildungstheoretische Grundlegung von Lernprozessen.[24]
- Obwohl das Zusammensehen von Kenntnissen, Fähigkeiten und Einstellungen, wie oben angedeutet, nicht unproblematisch ist, wird durch ein solches Verständnis von „Kompetenz“ doch eindeutig klargestellt, dass es bei schulischem Lernen nicht einfach um die Weitergabe und Aufbereitung von akademischen Wissensbeständen gehen kann. Bei Lernprozessen, die diesen Namen verdienen, findet mehr und anderes statt als eine bloße Aufnahme und Reproduktion von Fakten. Auch dies sind keine neuen Erkenntnisse, aber sie sind allemal und stets der Erinnerung wert.
- Will man die Kompetenzen des Subjekts fördern, dann legt es sich nahe, die Subjekte stärker an der Gestaltung des Lernprozesses zu beteiligen. Zu Recht werden in der Diskussion um Kompetenzorientierung deshalb die Bedeutung von entdeckendem, möglichst selbsttätigem Lernen und das Einüben methodischer Fähigkeiten betont; persönlichkeitsbildende Präsentationsformen rücken stärker in den Vordergrund und die Relevanz von meta-kognitiven Verfahren, in denen Kinder und Jugendliche sich den Stand des eigenen Lernprozesses selbst bewusst machen, wird klarer gesehen. Neue Schulbücher unterscheiden sich in den genannten Punkten deutlich von denen vorausgehender Schulbuchgenerationen.
- Im Hinblick auf die Überprüfung des Gelernten sucht man im Rahmen der Kompetenzdiskussion verstärkt nach neuen Formen der Leistungsmessung, die sich nicht mit einem bloßen Abfragen von Lernstoff zufrieden

24 Vgl. dazu *B. Dressler*, Religiöse Bildung zwischen Standardisierung und Entstandardisierung – Zur bildungstheoretischen Rahmung religiösen Kompetenzerwerbs. In: Theo-Web 1/2005, 50–63.

geben.[25] Dieser Ansatz ist weiterzuverfolgen, auch wenn die bisher vorgelegten Aufgabenvorschläge deutlich zeigen, wie schwer es ist, valide Diagnoseinstrumente zu entwickeln. Je kreativer der Aufgabentyp, desto unklarer ist oft, was eigentlich genau gemessen wird.[26]

Fasst man den bisherigen Gedankengang im Hinblick auf die Ausbildung von Lehrerinnen und Lehrern zusammen, dann könnte man sagen, dass die Diskussion um Kompetenzorientierung Berufsanfängerinnen und Berufsanfängern im Moment noch nicht die Vorbereitung der nächsten Unterrichtsstunde oder der nächsten Unterrichtseinheit erleichtert, sie aber in durchaus sinnvoller Weise dazu anhält, auf oft vergessene und vernachlässigte Aspekte der Schulpädagogik zu achten. Im Begriff der „Kompetenz“, so umstritten er sein mag, bündeln sich eine Reihe von didaktisch wichtigen Themen. So bleibt es abzuwarten, inwieweit die noch laufenden Diskussionen zu den notwendigen begrifflichen Klärungen führen und die mit dem Kompetenzbegriff verbundenen Erwartungen und Hoffnungen im unterrichtspraktischen Alltag Realität werden können.

Im vorliegenden Band wird erstmals in ausführlicher Weise der Fokus auf das Verhältnis von Elementarisierungsansatz und Kompetenzansatz gerichtet. Es stellt sich die Frage, ob so etwas wie ein elementarisierender Umgang mit Kompetenzen oder eine kompetenzorientierte Elementarisierung entwickelt werden kann. Einen wichtigen, bisher noch nicht thematisierten Anknüpfungspunkt bieten dabei nach meiner Einschätzung die im Kompetenzmodell des Comenius-Instituts aufgeführten „Dimensionen der Erschließung“, die sich in abgewandelter Form in der Neuausgabe der Einheitlichen Prüfungsanforderungen für die Abiturprüfung, aber auch in den Kompetenzmodellen anderer Schulfächer finden. Das Comenius-Modell hält für die Erschließung des Gegenstandsbereichs „Religion“ die Dimensionen Perzeption, Kognition, Performanz, Interaktion und Partizipation für maßgebend.[27] Die Einheitlichen Prüfungsanforderungen gehen davon aus, dass es im Religionsunterricht darum geht, a) religiös bedeutsame Phänomene *wahrzunehmen* und zu *beschreiben*, b) religiös bedeutsame Sprache und Zeugnisse zu *verstehen* und zu *deuten*, c) in religiösen und ethischen Fragen *begründet zu urteilen*, d) am religiösen Dialog *argumentierend teilzunehmen* und e) religiös bedeutsame

25 Vgl. den Beitrag von *M. Schnitzler* im vorliegenden Band.

26 Vgl. *D. Fischer/V. Elsenbast* (Hg.): Grundlegende Kompetenzen religiöser Bildung, a. a. O., bes. 24 ff. – *Dies.* (Hg.): Stellungnahmen und Kommentare, a. a. O. – Einheitliche Prüfungsanforderungen in der Abiturprüfung. Hg. vom *Sekretariat der Ständigen Konferenz der Kultusminister der Länder in der Bundesrepublik Deutschland,* Evangelische Religionslehre, München 2007. – *P. Kliemann/F. Schweitzer,* Religion unterrichten lernen. Zwölf Fallbeispiele, Neukirchen 2007, 97 ff. – *S. Krause u. a.,* Kompetenzerwerb im evangelischen Religionsunterricht. Ergebnisse der Konstruktvalidierungsstudie der DFG-Projekte RU-Bi-Qua/KERK. In: Zeitschrift für Pädagogik 54(2008), 174–188.

27 Vgl. *D. Fischer/V. Elsenbast* (Hg.): Grundlegende Kompetenzen religiöser Bildung, a. a. O., bes. 17.

Ausdrucks- und Gestaltungsformen zu *verwenden.*[28] Diese Terminologien und Unterscheidungen wären zunächst noch präziser zu fassen, sollten untereinander abgeglichen werden und müssten auf Kompetenzmodelle anderer Fächer bezogen werden.[29] Dann stellt sich aber die interessante Frage, ob und inwieweit sich für diese Dimensionen Entsprechungen zu den fünf Dimensionen des Elementarisierungsansatzes aufzeigen lassen.

Zu klären bleibt insgesamt, ob der Kompetenzbegriff den üblichen und in gewisser Weise ja auch bewährten Planungsstrategien nur bisher vernachlässigte Perspektiven hinzufügt oder ob sich aus dem Kompetenzansatz tatsächlich etwas grundsätzlich Neues entwickeln lässt. Wilfried Plöger warnt in einem um Differenzierung bemühten Aufsatzband zur kompetenzorientierten Lehrerbildung zu Recht vor „Einseitigkeiten, gepaart mit großen pädagogischen Versprechungen“[30]. Wenn das im Englischen gelegentlich zitierte Diktum, dass Schulen sich langsamer ändern als Kirchen, stimmt, sollte man vermutlich mit der Ankündigung einer „neuen Zeit“ zurückhaltend sein. Es gilt vielmehr, nicht hinter einen bereits erreichten Stand der Schulpädagogik zurückzufallen, sondern sorgfältig zu prüfen, wie neue Begrifflichkeiten und Perspektiven wie z.B. „Kompetenzorientierung“ sinnvoll und hilfreich in bewährte Analysestrukturen eingebunden werden können. Wilfried Plöger fasst diesen Gedanken in einem Rückblick auf die Theorieentwicklung des vergangenen Jahrhunderts so zusammen:

„Die Schriften der ‚Klassiker‘ vermitteln uns ein schulpädagogisches und didaktisches Problemniveau, hinter das gegenwärtige Theoriebildung nicht zurückfallen darf; die Reformpädagogik hat uns eine Palette von wichtigen didaktisch-methodischen Prinzipien, wie das der Selbsttätigkeit, der Anschaulichkeit, der Differenzierung usw., hinterlassen; dem Kampf gegen die sogenannte Stofffülle in den 50er Jahren begegnete man durch eine Besinnung auf die ‚bildungswürdigen‘ Inhalte; die damals einflussreiche Bildungstheorie Wilhelm Flitners wirkt noch in Form der sogenannten ‚Aufgabenfelder‘ bis in die heutige Konstruktion der gymnasialen Oberstufe fort – allerdings um wichtige Elemente der Individualisierung angereichert; die in den 50er Jahren von Klafki entwickelte ‚Didaktische Analyse‘ war und ist ein für Anfänger wichtiges Planungsmodell, das gilt auch analog für das in den 60er Jahren entstandene Strukturmodell der ‚Berliner Didaktik‘ und ebenso für die Weiterentwicklung beider Theorien […] Es wird also darauf ankommen, aus den schulpädagogischen Wegen und Irrwegen und aus den erhobenen empirischen Daten

28 Einheitliche Prüfungsanforderungen in der Abiturprüfung Evangelische Religionslehre, a.a.O., bes. 8f. (Hervorhebungen PK). Verwirrenderweise werden diese Zugangsweisen im Unterschied zum Modell des Comenius-Instituts in den EPAs als „grundlegende Kompetenzen“ bezeichnet.

29 Vgl. dazu *H. Bayrhuber*, Kompetenzentwicklung und Assessment, Innsbruck 2007. – Zeitschrift für Pädagogik 54(2008), H. 2: Themenheft „Bildungsstandards außerhalb der ‚Kernfächer‘“.

30 *W. Plöger*, Was ist Kompetenz? Eine theoretische Skizze. In: *Ders.* (Hg.), Was müssen Lehrerinnen und Lehrer können? Beiträge zur Kompetenzorientierung in der Lehrerbildung, Paderborn u.a. 2006, 17–58, 50.

heraus ein unverzichtbares Minimum von Theorieelementen zu benennen und diese dann in eine geordnete Form zu bringen, die sowohl für den Theoretiker als auch für den angehenden und praktizierenden Lehrer eine Topologie zur Entwicklung entsprechender Kompetenzen darstellt."[31]

Um die Auseinandersetzung um den Kompetenzbegriff auf die tatsächliche Schulpraxis zu beziehen, wäre es äußerst hilfreich, mehr darüber zu wissen, wie Referendarinnen und Referendare und erfahrene Lehrerinnen und Lehrer tatsächlich ihren Unterricht vorbereiten.[32] Hilbert Meyer weist darauf hin, dass solche Unterrichtsplanungen doch zumindest in Form von „Spickzetteln" vorliegen müssten.[33] Bei 900 000 bundesdeutschen Lehrerinnen und Lehrern stünden damit pro Schultag mehrere Millionen Planungsskizzen zur Auswertung bereit.

Eckart Klieme, der selbst maßgeblich daran beteiligt war, den Kompetenzbegriff in die schulpädagogische Diskussion einzubringen, schreibt auf dem Hintergrund der bisher geführten Debatte zu Recht: „Der Beitrag der Fachdidaktiken zur Schul- und Unterrichtsforschung geht weit über die Modellierung von Kompetenzen und die Prüfung von Bildungsstandards hinaus. Er schließt vor allem Aspekte der Prozessqualität von Unterricht ein."[34]

4. Kompetenzorientierung in der Lehrerbildung

Angehende Lehrerinnen und Lehrer sollen lernen, mit dem – sich im Idealfall wechselseitig ergänzenden – Instrumentarium der Elementarisierung und Kompetenzorientierung sinnvoll und sachgerecht umzugehen. Darüber hinaus steht aber auch der Vorgang der Lehrerbildung selbst seit einigen Jahren unter dem nicht abzuweisenden Anspruch einer Orientierung an Kompetenzen. In dieser auch öffentlich ausgetragenen Diskussion geht es um die Kompetenzen, die eine Lehrperson heutzutage mitbringen oder entwickeln muss, um ihren Beruf professionell auszuüben. Diese die Professionalität des Lehrerberufs betreffende Kompetenzdebatte ist von vorneherein etwas anders gelagert als die Debatte darum, welche Kompetenzen bei Schülerinnen und Schüler gefördert werden sollen. Während alle Schülerinnen und Schüler einen Anspruch auf Bildung haben, müssen nicht alle, die es wollen, auch

31 Ebd., 50 f.

32 Für den Geschichtsunterricht vgl. inzwischen: *K. Litten*, Wie planen Geschichtslehrkräfte ihren Unterricht? Eine empirische Untersuchung der Unterrichtsvorbereitung von Geschichtslehrpersonen an Gymnasien und Hauptschulen, Göttingen 2017.

33 *H. Meyer*, Leitfaden Unterrichtsvorbereitung. Komplett überarbeitete Neuausgabe, Berlin 2007, 32 ff.

34 *E. Klieme/K. Rakoczy*, Empirische Unterrichtsforschung und Fachdidaktik. Outcome-orientierte Messung und Prozessqualität des Unterrichts. In: Zeitschrift für Pädagogik 54(2008), 222–237.

Lehrerinnen und Lehrer werden. Der Kompetenzbegriff in der Lehrerbildung enthält also ein stark selektives, forderndes Element. Kompetenzen für die Lehrerbildung beschreiben, was die Gesellschaft von Personen erwartet, die zum Lehrerberuf (und damit in der Regel auch einer relativ gut bezahlten und abgesicherten Beamtenposition) zugelassen werden sollen.

Anforderungen an den Lehrerberuf lassen sich grundsätzlich in sehr unterschiedlicher Sprachgestalt zum Ausdruck bringen. Die Ständige Konferenz der Kultusminister der Länder in der Bundesrepublik Deutschland hat im Dezember 2004 die Form eines Katalogs von vier Kompetenzbereichen und elf Kompetenzen gewählt, diese Kompetenzformulierungen zu „Standards für die Lehrerbildung" erklärt und damit für die gegenwärtige Diskussion um die Zukunft der Lehrerbildung Fakten gesetzt. Wegen der Bedeutung dieses Dokuments sei die zentrale Passage noch einmal zitiert:[35]

„Kompetenzbereich Unterrichten: Lehrerinnen und Lehrer sind Fachleute für das Lehren und Lernen.

Kompetenz 1: Lehrerinnen und Lehrer planen Unterricht fach- und sachgerecht und führen ihn sachlich und fachlich korrekt durch.

Kompetenz 2: Lehrerinnen und Lehrer unterstützen durch die Gestaltung von Lernsituationen das Lernen von Schülerinnen und Schülern. Sie motivieren Schülerinnen und Schüler und befähigen sie, Zusammenhänge herzustellen und Gelerntes zu nutzen.

Kompetenz 3: Lehrerinnen und Lehrer fördern die Fähigkeiten von Schülerinnen und Schülern zum selbstbestimmten Lernen und Arbeiten.

Kompetenzbereich Erziehen: Lehrerinnen und Lehrer üben ihre Erziehungsaufgabe aus.

Kompetenz 4: Lehrerinnen und Lehrer kennen die sozialen und kulturellen Lebensbedingungen von Schülerinnen und Schülern und nehmen im Rahmen der Schule Einfluss auf deren individuelle Entwicklung.

Kompetenz 5: Lehrerinnen und Lehrer vermitteln Werte und Normen und unterstützen selbstbestimmtes Urteilen und Handeln von Schülerinnen und Schülern.

Kompetenz 6: Lehrerinnen und Lehrer finden Lösungsansätze für Schwierigkeiten und Konflikte in Schule und Unterricht.

35 *KMK/Sekretariat der Ständigen Konferenz der Kultusminister der Länder in der Bundesrepublik Deutschland* (Hg.), Standards für die Lehrerbildung: Bildungswissenschaften. Beschluss der Kultusministerkonferenz vom 16.12.2004.

Kompetenzbereich Beurteilen: Lehrerinnen und Lehrer üben ihre Beurteilungsaufgabe gerecht und verantwortungsbewusst aus.

Kompetenz 7: Lehrerinnen und Lehrer diagnostizieren Lernvoraussetzungen und Lernprozesse von Schülerinnen und Schülern; sie fördern Schülerinnen und Schüler gezielt und beraten Lernende und deren Eltern.

Kompetenz 8: Lehrerinnen und Lehrer erfassen Leistungen von Schülerinnen und Schülern auf der Grundlage transparenter Beurteilungsmaßstäbe.

Kompetenzbereich Innovieren: Lehrerinnen und Lehrer entwickeln ihre Kompetenzen ständig weiter.

Kompetenz 9: Lehrerinnen und Lehrer sind sich der besonderen Anforderungen des Lehrerberufs bewusst. Sie verstehen ihren Beruf als ein öffentliches Amt mit besonderer Verantwortung und Verpflichtung.

Kompetenz 10: Lehrerinnen und Lehrer verstehen ihren Beruf als ständige Lernaufgabe.

Kompetenz 11: Lehrerinnen und Lehrer beteiligen sich an der Planung und Umsetzung schulischer Projekte und Vorhaben."

Konfrontiert man angehende Lehrerinnen und Lehrer mit diesen Anforderungen, so erscheinen sie ihnen in aller Regel durchaus plausibel und einsichtig. Kaum strittig ist auch, dass sich der Beruf des Lehrers bzw. der Lehrerin nicht nur auf das Vorbereiten, Durchführen und Nachbereiten von Unterricht beschränken kann. Dennoch wirft bereits die Vielzahl der Anforderungen gerade auch bei Berufsanfängern die Frage auf, ob und wie man dem erwarteten Spektrum von Kompetenzen im Berufsalltag überhaupt gerecht werden kann. Wie breit angelegte empirische Untersuchungen zur Lehrergesundheit belegen, führt bereits ein eher traditionelles Verständnis der Lehrerberufs bei großen Teilen der Lehrerschaft zu inakzeptablen physischen und psychischen Belastungen, und es erscheint auf diesem Hintergrund problematisch, von Lehrerinnen und Lehrern ohne entsprechende Entlastungen an anderer Stelle noch mehr als bisher zu erwarten. Wenn die von der Kultusministerkonferenz formulierten Kompetenzen 9 und 10 darauf abheben, dass Lehrerinnen und Lehrer sich der Anforderungen ihres Berufes bewusst sein müssen und ihre Kompetenzen auch ständig weiterentwickeln, dann gehört dazu sicherlich auch die Kompetenz zur Selbstbeschränkung. Andernfalls droht gerade auch angesichts einer oft sehr emotional geführten öffentlichen Bildungsdiskussion die Gefahr einer unrealistischen Überforderung des Lehrerberufs.[36] Fachleute fordern in diesem Zusammenhang sogar eine wei-

36 Vgl. zu dieser Problematik grundlegend: *U. Schaarschmidt* (Hg.), Halbtagsjobber? Psychische Gesundheit im Lehrerberuf. Analyse eines veränderungsbedürftigen Zustandes, Weinheim [2]2005; *ders.* (Hg.), Gerüstet für den Schulalltag. Psychologische Unterstützungsangebote für Lehrerinnen und Lehrer, Weinheim 2007.

tere für den Lehrberuf unerlässliche Kompetenz, nämlich eine „berufsgesundheitliche Kompetenz“, die es der Lehrerin und dem Lehrer erlaubt, sich vor Überforderungen zu schützen.[37]

Bei einer genaueren Lektüre der KMK-Standards zeigt sich eine Binnendifferenzierung zwischen „Standards für die theoretischen Ausbildungsabschnitte“ und „Standards für die praktischen „Ausbildungsabschnitte“. Hierbei fällt auf, dass bei den theoretischen Ausbildungsabschnitten eindeutig die Operatoren „kennen“ und „wissen“ im Vordergrund stehen. Auch wenn die Kultusminister betonen, dass sowohl die erste als auch zweite Phase der Lehrerbildung Theorie- und Praxisanteile enthält, stellt sich die Frage, ob Theorie und Praxis nicht grundsätzlich in anderer Weise aufeinander bezogen werden müssten. Der Kompetenzbegriff legt es eigentlich nahe, Wissen, Handeln und Erkennen auch in der Lehrerbildung in allen Ausbildungsabschnitten in eine engere Relation zu setzen.[38] Gerade auch im Hinblick auf theoretische Ausbildungsabschnitte an Hochschule und Studienseminar wäre zu überlegen, ob sich diese Lehrveranstaltungen nicht selbst wesentlich konsequenter unter den Anspruch der didaktischen Aufbereitung und Elementarisierung stellen müssten. Wenn zukünftige Lehrerinnen und Lehrer an Hochschulen und Studienseminaren am eigenen Beispiel erfahren und reflektieren, was Elementarisierung heißt, dann erhöht sich die Wahrscheinlichkeit, dass sie bei ihrer späteren Unterrichtsgestaltung selbst auch den didaktischen Prinzipien der Elementarisierung treu bleiben werden. Diethelm Wahl gibt diesem Verfahren, bei dem Lernende mit „genau jenen Methoden unterrichtet werden, die sie später als Lehrende einsetzen sollen“, die einprägsame Bezeichnung „pädagogischer Doppeldecker“.[39]

Auch am Beispiel der KMK-Formulierungen wäre zu bedenken, ob Kompetenzen, zumal im normativen Status von Standards, nicht generell dazu neigen, das Augenmerk stärker auf die anzustrebenden Endzustände als auf die pädagogischen Prozesse zu richten.

Zu prüfen ist, ob der möglicherweise notwendige Schritt vom Allgemeinen zum Besonderen, und das heißt auch: von den allgemeinen Kompetenzen zu den fachspezifischen Kompetenzen, nicht zumindest durch ein gegenläufiges Vorgehen ergänzt werden müsste. Geht man von konkreten Unterrichts- und Schulsituationen aus, etwa von Fallbeispielen, dann zeigt sich einerseits, dass die KMK-Standards durchaus ihre Berechtigung haben.[40] Man ist als Lehrerin und Lehrer auf diese elf Grundkompetenzen angewiesen. Andererseits wird aber auch deutlich, dass die Realität von Schule und Unterricht wesentlich

37 Vgl. *S. Albisser/E. Kirchhoff*, Salute! Zur berufsgesundheitlichen Kompetenzentwicklung Studierender. In: journal für lehrerinnen- und lehrerbildung 4/2007, 32–39.

38 Vgl. dazu etwa *F. Korthagen*, Linking Practice and Theory. The Pedagogy of Realistic Teacher Education, Mahwah/London 2001.

39 *D. Wahl*, Mit Training vom trägen Wissen zum kompetenten Handeln. In: Zeitschrift für Pädagogik 48(2002), 227–241.

40 Vgl. z. B. *Kliemann/Schweitzer*, Religion unterrichten lernen, a. a. O.

komplexer, vielschichtiger und unkalkulierbarer ist als sich das die Theorie je vorstellen kann. Diesem Nicht-Planbaren ist bei der weiteren Entwicklung von Kompetenzmodellen wesentlich stärker Rechnung zu tragen.

In diesem Zusammenhang wäre mit Wolfgang Klafki auch daran zu erinnern, dass der Theoriebildungsprozess sich nicht so gestalten darf, dass die allgemeine Didaktik Kategorien vorgibt, die dann von den Fachdidaktiken nur noch zu ergänzen und zu präzisieren sind. Vielmehr „müssen allgemeindidaktische Aussagen, Kategorien, Modelle [...] als hypothetische Verallgemeinerungen verstanden werden. Sie müssen im Arbeitsfeld der Bereichs- und Fachdidaktiken nicht nur gegenstandsspezifisch konkretisiert werden, sie werden vielmehr im Zuge solcher Konkretisierungsversuche jeweils zugleich daraufhin geprüft, ob ihr hypothetischer, verallgemeinerter Geltungsanspruch haltbar ist, ob er gegebenenfalls fach- oder bereichsspezifisch modifiziert, eingeschränkt, vielleicht sogar zurückgewiesen werden muss.“[41]

Es bleibt abzuwarten, in welcher Weise die KMK-Standards in der Praxis der Lehrerausbildung umgesetzt werden. Ein interessantes, sicherlich aber auch nicht unproblematisches Beispiel bietet das Studienseminar Koblenz, das sich als erstes in der Bundesrepublik auch einer externen Evaluation unter der Federführung von Jürgen Oelkers unterzogen hat.[42]

Auf der Homepage des Seminars finden sich sowohl Standards für die allgemeine schulpädagogische Ausbildung als auch Standards für die einzelnen Ausbildungsfächer. Diese Standards sollen erwerbbar, überprüfbar und bewertbar sein. Dementsprechend wird unterschieden zwischen Erwerbsindex, Performanzindex und Qualitätsindex. Der Erwerbsindex gibt an, in welchen Veranstaltungen und bei welchen Lerngelegenheiten, die jeweils geforderten Kompetenzen erworben werden können. Der Performanzindex nennt die Gelegenheiten (z. B. Lehrproben, Unterrichts- und Schulsituationen), bei denen die Referendarinnen und Referendare zeigen können, dass sie die gewünschten Kompetenzen erworben haben. Der Qualitätsindex schließlich nennt die Kriterien, nach denen die Performanz bewertet werden soll. All das soll untereinander möglichst optimal und transparent abgestimmt werden. Auch wenn dieser Qualitätssicherungsprozess offen gestaltet und alle Beteiligten in sensibler und demokratischer Weise in die Seminarentwicklung miteinbezogen werden, stellt sich die Frage, ob sich Bildungsprozesse wirklich in einer solchen Weise planen und steuern lassen. Wie bei allen Master-Plänen wird in sorgfältiger und ehrlicher Weise auf das Verhältnis von Vorderbühne und Hinterbühne, von Planungslogik und Interaktionslogik zu achten sein.[43]

41 *W. Klafki*, Zum Verhältnis von Allgemeiner Didaktik und Fachdidaktik – Fünf Thesen. In: *M. A. Meyer/W. Plöger*, Allgemeine Didaktik, Fachdidaktik und Fachunterricht, Weinheim/Basel 1994, 42–64; 51.

42 Vgl. www.studienseminar-koblenz.de.

43 Vgl. hierzu: *P. Kliemann*, Schulentwicklung – Ethik – Religion. In: SEMINAR – Lehrerbildung und Schule, 4/2007, 82–94.

Darüber hinaus stellt sich jedoch das generelle Problem, ob und in welcher Weise die Vielzahl der Einzelkompetenzen von den zukünftigen Lehrerinnen und Lehrern zu einem authentischen und tragfähigen biografischen Ganzen koordiniert werden kann. Diese Frage verschärft sich unter den Bedingungen gekürzter Ausbildungszeiten und nimmt in Zeiten schlechterer Einstellungschancen für die Betroffenen unter Umständen bedrängende Formen an. Stellt man sich dem Problem der biografischen Integration und damit der Frage nach der Kompetenz hinter den Kompetenzen[44] nicht, dann kann auch ein noch so durchdachter Ausbildungskatalog allenfalls die Grundvoraussetzungen für den Lehrerberuf absichern.

5. Theologisch-religionspädagogische Kompetenz

Für die religionspädagogische Diskussion zur zukünftigen Ausbildung von Religionslehrerinnen und Religionslehrern ergibt sich die interessante Ausgangslage, dass die Gemischte Kommission zur Reform des Lehramtsstudiums Evangelische Theologie/Religionspädagogik bereits 1997 – also einige Zeit vor dem Aufkommen der allgemeinen Auseinandersetzungen um Bildungsstandards und Kompetenzen – einen beachtenswerten, aber kaum rezipierten Vorschlag zur Struktur einer religionspädagogischen Kompetenz vorgelegt hat.[45] Den fachlichen Kompetenzen wird von der Gemischten Kommission ein wesentlich stärkeres Gewicht zugemessen als in den Standards der Kultusministerkonferenz. „Anforderungen des Berufsfeldes" und „Anforderungen der theologischen Wissenschaft" stehen sich gleichwertig gegenüber.[46] Anders und sachlich gesehen unbedingt notwendig ist auch der Anspruch der EKD-Kommission, die Kompetenz von Religionslehrerinnen und Religionslehrern als ein „integratives Ziel" zu beschreiben. Lehrerausbildung soll also mehr und anderes leisten als eine oberflächliche Zuordnung von „Kompetenzen", „Ausbildungsmodulen" und Prüfungssituationen. Im Vordergrund muss eine respektvolle und personenbezogene Begleitung der zukünftigen Lehrerinnen und Lehrer stehen, die über jeden Verdacht einer Funktionalisierung der Auszubildenden erhaben ist.[47] Zu Recht bezeichnet die

44 Vgl. hierzu auch *Kliemann/Schweitzer*, Religion unterrichten lernen, a. a. O., bes. 125 ff.

45 Im Dialog über Glauben und Leben. Zur Reform des Lehramtsstudiums Evangelische Theologie/Religionspädagogik. Empfehlungen der Gemischten Kommission, im Auftrag des Rates der EKD hg. vom *Kirchenamt der EKD*, Gütersloh 1997.

46 Vgl. ebd., bes. 84.

47 Diesen Verdacht äußern und begründen z. B.: *U. Frost* (Hg.), Unternehmen Bildung. Die Frankfurter Einsprüche und kontroverse Positionen zur aktuellen Bildungsreform. Sonderheft der Vierteljahrsschrift für wissenschaftliche Pädagogik, Paderborn 2006. – *K.P. Liessmann*, Theorie der Unbildung. Die Irrtümer der Wissensgesellschaft, Wien 2006.

EKD-Kommission die Studierenden deshalb auch als „Subjekte des Lernens".[48]

Im Jahr 2007 hat die Gemischte Kommission für die Reform des Theologiestudiums auf dem Hintergrund der aktuellen Debatte um die Reform der Lehrerausbildung die Publikation von 1997 fortgeschrieben.[49] Das Dokument mit dem Titel „Theologisch-religionspädagogische Kompetenz - Professionelle Kompetenzen und Standards für die Religionslehrerausbildung" hat inzwischen auch beim Evangelisch-theologischen Fakultätentag Zustimmung gefunden und ist somit für die weitere Diskussion zur Ausbildung evangelischer Religionslehrerinnen und Religionslehrer maßgebend. Hilfreich ist, dass die Überlegungen zur beruflichen Kompetenz der Lehrenden nicht von den aktuellen Überlegungen zu einer Kompetenzorientierung des Religionsunterrichts abgekoppelt werden. Der Bezug zur Expertise des Comenius-Instituts sowie zu den Kategorien der neu formulierten einheitlichen Prüfungsanforderungen in der Abiturprüfung wird ausdrücklich gesucht. Unterschieden wird sodann zwischen fünf für das Berufsfeld des Religionslehrers konstitutiven Kompetenzfeldern, denen insgesamt zwölf Teilkompetenzen zugeordnet werden:

„1. Religionspädagogische Reflexionskompetenz

Teilkompetenz 1: Fähigkeit zur Reflexion der eigenen Religiosität und Berufsrolle

Teilkompetenz 2: Fähigkeit, zum eigenen Handeln in eine reflexive Distanz zu treten

2. Religionspädagogische Gestaltungskompetenz

Teilkompetenz 3: Fähigkeit zur theologisch und religionsdidaktisch sachgemäßen Erschließung zentraler Themen des Religionsunterrichts und zur Gestaltung von Lehr- und Lernprozessen

Teilkompetenz 4: Erzieherische Gestaltungskompetenz

Teilkompetenz 5: Fähigkeit zur religionsdidaktischen Auseinandersetzung mit anderen konfessionellen, religiösen und weltanschaulichen Lebens- und Denkformen

Teilkompetenz 6: Fähigkeit zur Interpretation und didaktischen Entschlüsselung religiöser Aspekte der Gegenwartskultur

Teilkompetenz 7: Wissenschaftsmethodische und medienanalytische Kompetenz

Teilkompetenz 8: Religionspädagogische Methoden- und Medienkompetenz

48 A. a. O., 78.

49 *Kirchenamt der EKD* (Hg.), Theologisch-Religionspädagogische Kompetenz. Professionelle Kompetenzen und Standards für die Religionslehrerausbildung. Empfehlungen der gemischten Kommission zur Reform des Theologiestudiums, EKD-Text 96, Hannover 2007. – Inzwischen vgl. auch *Kirchenamt der EKD* (Hg.), Zur Weiterentwicklung von Lehramtsstudiengängen Evangelische Religionslehre. Empfehlungen der Gemischten Kommission zur Reform des Theologiestudiums, EKD-Text 126, Hannover 2015.

3. Religionspädagogische Förderkompetenz

Teilkompetenz 9: Religionspädagogische Wahrnehmungs- und Diagnosekompetenz

Teilkompetenz 10: Religionspädagogische Beratungs- und Beurteilungskompetenz

4. Religionspädagogische Entwicklungskompetenz[50]

5. Religionspädagogische Dialog- und Diskurskompetenz

Teilkompetenz 11: Interkonfessionelle und interreligiöse Dialog- und Kooperationsfähigkeit

Teilkompetenz 12: Religionspädagogische Diskurskompetenz“

Alle zwölf Kompetenzen werden in einer „theologisch-religionspädagogischen Kompetenz“ als „Leitkompetenz“ zusammengefasst und die Kompetenzformulierungen werden durch eine überschaubare Anzahl von „Standards“ präzisiert. Dabei wird deutlich gemacht, dass für die einzelnen Schulstufen und Schularten weitere Anpassungen notwendig sein werden.

Wegweisend und innovativ ist das vorliegende Papier vor allem in folgender Hinsicht:

In vier Spalten wird erstmals plausibel gemacht, wie theologisches und religionspädagogisches Studium an der Hochschule, Vorbereitungsdienst und Berufseingangsphase in einem abgestimmten Zusammenhang gesehen werden können. Zukünftige Religionslehrerinnen und Religionslehrer sollen „Theologisch-religionspädagogische Kompetenz“ schrittweise und aufeinander aufbauend erwerben und weiterentwickeln. Für den „Novizen“ kann dabei in der Hochschulphase das Paradigma des „Forschenden Lernens“ gelten, für den „Fortgeschrittenen Berufsanfänger“ oder Referendar das Paradigma des „Theoriegeleiteten Erprobungshandelns“ und für die Berufseingangsphase das Paradigma des „Integrierenden Erfahrungshandelns“. Für den Aufbau und die Reflexion der professionellen Handlungskompetenz sind nicht zuletzt auch der angehende Lehrer und die angehende Lehrerin selbst (mit-)verantwortlich, weshalb bei den oben genannten Kompetenzen der religionspädagogischen Reflexionskompetenz besonderes Gewicht zukommt: „Eine religionspädagogisch ausgeprägte Reflexionskompetenz zeichnet sich dadurch aus, dass Religionslehrerinnen und -lehrer in eine reflexive Distanz zu ihrem eigenen Tun treten, ihre Tätigkeit systematisch evaluieren, religionspädagogische Fort- und Weiterbildungsangebote wahrnehmen und im Austausch und in Beratung mit Kolleginnen und Kollegen ihr Handeln kritisch überprüfen und verbessern.“[51]

Es bleibt abzuwarten, wie und in welchem Maße die von der Gemischten Kommission zur Reform des Lehramtsstudiums vorgelegten Überlegungen in der Praxis der Lehrerbildung ihren Niederschlag finden. Die Chancen, dass

50 Genauer wohl: „Schulentwicklungskompetenz“ (PK).
51 A. a. O., 18.

das Dokument mehr Beachtung findet als die Publikation von 1997, stehen gut, denn der Handlungs- und Veränderungsdruck, der durch den sogenannten Bologna-Prozess entstanden ist, ist groß.

Da in Hochschule und Lehrerbildung weitreichende Entscheidungen anstehen und z. T. auch schon getroffen sind, soll deshalb auch eine problematische Seite des EKD-Papiers angesprochen werden:[52] Die parallele Auflistung von „theologischen Standards" „und religionsdidaktischen Standards" für die Hochschulphase der Religionslehrerausbildung einerseits und „berufspraktischen Standards" für den Vorbereitungsdienst und die Berufseingangsphase andererseits erweckt in gewisser Weise den Eindruck, als gehe es um vier gleichwertige Ausbildungsorte. Tatsächlich wird ein fünf- oder sechsjähriges Theologiestudium auf der Basis von Kenntnissen der alten Sprachen wohl auch in Zukunft in erster Linie von theologischen Fachstandards geprägt sein. Die weltweit anerkannte Fachqualität eines deutschen Theologiestudiums darf im Rahmen eines Bachelor-Master-Programms nicht beliebig abgesenkt werden. Sicherlich ist es seit langem überfällig, dass akademische Studiengänge stärker auf das spätere Berufsfeld der Studierenden bezogen werden. Dies darf jedoch nicht auf Kosten der Fachlichkeit gehen. Dass Religionslehrerinnen und Religionslehrer mit einer gewissen Souveränität über ein solides und kritisch reflektiertes Fachwissen verfügen, ist für das Fach Religionslehre nicht zuletzt deshalb von besonderer Bedeutung, weil die Kenntnis der eigenen Religion und Konfession in weiten Bevölkerungskreisen erhebliche Defizite aufweist. Auch angehende Theologiestudentinnen und Theologiestudenten bringen in das Studium nicht immer die Grundlagen mit, die man sich wünschen würde. Darüber hinaus haben theologische Inhalte aber für die Persönlichkeitsbildung von zukünftigen Religionslehrerinnen und Religionslehrern einen Eigenwert, der nicht nur von den vermuteten Anforderungen eines späteren Berufsalltags her definiert werden darf. Zu Recht wird deshalb im aktuellen Papier der Gemischten Kommission von einer „theologisch-religionspädagogischen" und nicht nur wie 1997 von einer „religionspädagogischen" Leitkompetenz gesprochen.

Auch bei den „berufspraktischen Standards" ist Vorsicht geboten. Werden die hier aufgelisteten Standards nur noch vor Ort an der Ausbildungsschule vermittelt oder wird der Arbeit der Studienseminare auch weiterhin eine konstitutive Rolle im Wechselspiel von Theorie und Praxis zugemessen? Und auch bei der sogenannten „Berufseingangsphase" ist sehr kritisch zu beleuchten, mit welchen Ressourcen sie in den einzelnen Bundesländern de facto ausgestattet wird und ob sie diesen Namen überhaupt verdient.

52 Für eine ausführlichere Auseinandersetzung mit dem Dokument der Gemischten Kommission vgl. *P. Kliemann*, Theologisch-religionspädagogische Kompetenz? Vorläufige Überlegungen beim Lesen eines EKD-Dokuments. In: Zeitschrift für Pädagogik und Theologie 3/2008, 254–262.

Ein weiteres Problemfeld tut sich schließlich auf, wenn man überlegt, wie die im Kompetenzbereich II geforderte „religionspädagogische Gestaltungskompetenz“ von angehenden Religionslehrerinnen und Religionslehrern eigentlich erworben werden kann.

Ist bei einer Lehrkraft ein anderer der fünf Kompetenzbereiche schwach ausgeprägt, dann wird sie ihren Beruf vielleicht immer noch schlecht und recht ausüben können. Ohne religionspädagogische Gestaltungskompetenz wird dies gar nicht möglich sein. Vermutlich fördert man Gestaltungskompetenz aber weniger durch eine weitere Auflistung von Unterkompetenzen und Indikatoren als durch reflektierte Prozesse der Gestaltung selbst. Damit ist man aber auch im Bereich der Lehrerbildung wieder beim Ansatz der Elementarisierung. Zugespitzt könnte man es so formulieren: Durch beständige und kritische Elementarisierung erwirbt man zweifellos Kompetenzen,[53] der Kompetenzansatz zeigt jedoch umgekehrt bisher noch nicht den Weg zur Elementarisierung.

6. Zehn Anmerkungen, zehn Jahre später

Es freut den Autor, dass der vorliegende Text nach zehn Jahren neu aufgelegt werden kann. Dies gibt Gelegenheit, aus gebührender Distanz noch einmal über das damals Geschriebene nachzudenken und auf dem Hintergrund der inzwischen eingetretenen Entwicklungen thesenartig zehn weitere Beobachtungen und Impulse zum Thema „Kompetenz und Elementarisierung“ hinzuzufügen:[54]

1. Zum Jahreswechsel 2017/18 scheint die ursprüngliche Begeisterung für eine kompetenzorientierte Wende in der Religionsdidaktik deutlich nachgelassen zu haben. Bernd Schröder, der mit seinem Vortrag zu „Mindeststandards (sic!) religiöser Bildung“ im Jahre 2003 die Kompetenzdiskussion in der Religionspädagogik mit in Gang gebracht hatte,[55] plädierte 2014 für eine „Relativierung der Kompetenzorientierung“[56], was

53 Vgl. hierzu *P. Kliemann/F. Schweitzer*, a. a. O., bes. 142 ff.

54 Vgl. hierzu auch ausführlicher *Kliemann/Kasper*, Curriculum: Wohin führt der Weg? (vgl. oben, Anm. 10). Für einen Überblick über die bisherige religionsdidaktische Diskussion zum Kompetenzbegriff vgl. *G. Obst*, Kompetenzorientiertes Lehren und Lernen im Religionsunterricht. Göttingen, 4. Aufl., überarbeitet und aktualisiert von *H. Lenhard*, 2015.

55 *B. Schröder*, Mindeststandards religiöser Bildung und Förderung christlicher Identität. Überlegungen zum Zielspektrum religionspädagogisch reflektierten Handelns. In: Theo-Web 2/2003, 95–115.

56 *B. Schröder*, Kompetenzorientierung – Zweck oder Mittel der Verbesserung des Religionsunterrichts? In: *R. Möller/C. P. Sajak/M. Khorchide* (Hg.), Kompetenzorientierung im Religionsunterricht: Von der Didaktik zur Praxis. Beiträge aus evangelischer, katholischer und islamischer Perspektive, Münster 2014, 181–194.

andere als „Frontalangriff auf den kompetenzorientierten Religionsunterricht" werteten.[57] Schulbuchautoren sprechen vom Beginn einer „praktischen Phase" und fragen eher: „Wie macht man das?"[58]

2. „Ein empirisch überprüftes Kompetenzmodell für den Religionsunterricht steht bislang nicht zur Verfügung", heißt es zu Recht im EKD-Orientierungsrahmen von 2010. De facto dominiert in den Bildungsplänen für das Fach Religionslehre eine strukturelle Vorgabe von sieben nie systematisch hergeleiteten und begründeten, eher dogmatisch anmutenden „Dimensionen" (im baden-württembergischen Bildungsplan für evangelische Religionslehre von 2016: *Mensch, Welt und Verantwortung, Bibel, Gott, Jesus Christus, Kirche und Kirchen, Religionen und Weltanschauungen*). Diese Setzung erleichtert zurzeit zwar eine Kooperation mit katholischer Religionslehre, erschwert aber vermutlich – gerade auch im Gegenüber zum Fach Ethik – eine schülerorientierte Erschließung von Themen.[59]
3. Wissenschaftliche Bemühungen, den durch Religionsunterricht bewirkten „Kompetenzzuwachs" zu messen, sind unter dem Gesichtspunkt empirischer Bildungsforschung wichtig und notwendig, mahnen im Hinblick auf den schulischen Alltag aber zu großer Bescheidenheit.[60] Für Bildungsplankommissionen und Lehrkräfte erweist sich schon ein zwischen den Fächern abgestimmter und sachgerechter Gebrauch von Operatoren als große Herausforderung.[61]
4. Im Hinblick auf die Ausbildung von Religionslehrerinnen und Religionslehrern ist eine merkwürdige Gegenläufigkeit festzustellen: Während der bildungswissenschaftliche Trend, wie oben beschrieben, auf „theologisch-religionspädagogische Kompetenzen" setzt, wird von kirchlicher Seite in letzter Zeit wieder verstärkt die Person oder gar das „Amt des Religionslehrers" hervorgehoben. So müssen im Bereich der württembergischen Landeskirche angehende Religionslehrerinnen und Religionslehrer in ihrem Vokationsantrag eine Erklärung unterschreiben, die sich kaum mehr vom Ordinationsgelübde einer Pfarrerin oder eines

57 *H. Lenhard*, Artikel „Kompetenzorientierter Religionsunterricht". In: WiRelex, Januar 2015 (http://www.bibelwissenschaft.de/stichwort/100016).

58 So z.B. *I. Grill-Ahollinger*, Kompetenzorientierter Religionsunterricht mit Ortswechsel+ 5, Lehrerhandbuch, München 2017, 10.

59 Vgl. hierzu neben *Kliemann/Kasper*, Curriculum, a. a. O., jetzt auch: *Chr. Lehmann/M. Schmidt-Kortenbusch*, Der Religionsunterricht braucht eine Korrelationsdidaktik entlang kontrastierender Grunderfahrungen – ein Beitrag zur Diskussion und Erprobung. In: Braunschweiger Beiträge 1/2017, 4–25.

60 Vgl. vor allem *D. Benner u. a.*, Religiöse Kompetenz als Teil öffentlicher Bildung. Versuch einer empirisch, bildungstheoretisch und religionspädagogisch ausgewiesenen Konstruktion religiöser Dimensionen und Anspruchsniveaus, Paderborn 2011; *F. Schweitzer/M. Bräuer/R. Boschki* (Hg.), Interreligiöses Lernen durch Perspektivübernahme. Eine empirische Untersuchung religionsdidaktischer Ansätze, Münster/New York 2017.

61 Vgl. *Kliemann/Kasper*, a. a. O., 69 ff.

Pfarrers unterscheidet.[62] Die Erwartungen der katholischen Kirche an ihre Religionslehrerinnen und Religionslehrer waren an diesem Punkt immer schon sehr deutlich.[63]

5. Mindestens ebenso wichtig wie die Frage der Kompetenzorientierung sind für den konfessionellen Religionsunterricht die Herausforderungen, die abnehmende kirchliche und religiöse Bindungen und das mit dem eigentümlichen Begriff der „Konfessionslosigkeit“ belegte Phänomen mit sich bringen. Es wäre verwegen, sich unter den gegebenen Bedingungen mit einer „Stabilität im Traditionsabbruch“[64] zu trösten. Realistischer ist es, unter den Kompetenzen, die angehende Lehrkräfte in den kommenden Jahrzehnten dringend benötigen werden, die in der neuen EKD-Denkschrift zum Religionsunterricht geforderte *Pluralitätsfähigkeit* von Lehrpersonen in den Mittelpunkt zu rücken.[65] Bei der näheren Bestimmung dieser Pluralitätskompetenz wird es sich lohnen, auch einen kritisch-konstruktiven Blick auf andere Modelle des Religionsunterrichts im europäischen Ausland zu richten und aus den dort im Umgang mit Pluralität gemachten Erfahrungen zu lernen.[66]
6. Bei der Analyse von Unterrichtsentwürfen, die Referendarinnen und Referendare im Rahmen ihrer Ausbildung anfertigen müssen, aber auch bei der Lektüre von publizierten Unterrichtsmaterialien fällt eine große Unsicherheit und manchmal sogar Verwirrung auf, in welchem Verhältnis Kompetenzen, Teilkompetenzen, Stundenziele, Teillernziele, intendierte

62 Vgl. hierzu die entsprechende Vokationsordnung: https://www.service.elk-wue.de/oberkirchenrat/kirche-und-bildung/religionsunterricht-schule-und-bildung/vocatiobevollmaechtigung sowie *P. Kliemann*, „Anthropologie“ des Religionslehrers? Perspektiven aus der Lehrerbildung. In: *T. Schlag/H. Simojoki* (Hg.), Mensch – Religion – Bildung. Religionspädagogik in anthropologischen Spannungsfeldern, Gütersloh 2014, 526–538.

63 Vgl. zuletzt: *Die deutschen Bischöfe* (Hg.), Kirchliche Anforderungen an die Religionslehrerausbildung, Bonn 2010, z. B. 46: „Berufsbezogene Spiritualität meint […], dass die berufliche Tätigkeit als Teil der Gottes- und Kirchenbeziehung verstanden und verwirklicht wird. Die Kirche ist gleichsam die Kommunikationsbasis für das Glaubensleben der Religionslehrerinnen und Religionslehrer. […] Zur beruflichen Identität der Religionslehrerinnen und Religionslehrer gehört neben den fachwissenschaftlichen und fachdidaktischen Kompetenzen besonders die Fähigkeit, ein persönliches Zeugnis zu geben.“

64 *D. Pollack/G. Pickel/T. Spieß*, Religiöse Sozialisation und soziale Prägungen und Einflüsse. In: *H. Bedford-Strohm/V. Jung* (Hg.), Vernetzte Vielfalt. Kirche angesichts von Individualisierung und Säkularisierung, Gütersloh 2015, 131–141; dort das Fazit, 140 f.

65 *Kirchenamt der EKD* (Hg.), Religiöse Orientierung gewinnen. Evangelischer Religionsunterricht als Beitrag zu einer pluralitätsfähigen Schule. Eine Denkschrift des Rates der Evangelischen Kirche in Deutschland, Gütersloh 2014, bes. 121 ff.

66 Das Tübinger Studienseminar engagiert sich zurzeit mit Kolleginnen und Kollegen aus England, Österreich, Schottland und Schweden in einem dreijährigen Erasmus plus-Projekt zum Thema „Religion and Diversity“. Für nähere Informationen vgl. die Webseite des Projekts: www.readyproject.eu. Nicht zuletzt im Hinblick auf Kompetenzmodelle und die damit zusammenhängenden Curriculumfragen kann die Beschäftigung mit anderen europäischen Ländern manchen Umweg ersparen. Vgl. z. B.: *M. Priestley/G. Biesta*, New Trends in Curriculum Policy and Practice, London 2013.

Schüleraktivitäten, Verlaufsbeschreibungen und andere Zielbestimmungen stehen sollen. Oft werden von Referendarinnen und Referendaren, die sich bemühen, den Vorgaben des Bildungsplans gerecht zu werden, relativ wahllos und assoziativ Formulierungen abgeschrieben oder kopiert. Zur didaktischen Erschließung und Aufbereitung von Unterrichtsthemen, zur dramaturgischen Gestaltung der Unterrichtsabläufe und zu einer selbstkritischen Reflexion des „outcomes" trägt all dies nicht viel bei, und Religionslehrerinnen und Religionslehrer sind gut beraten, wenn sie dann im Zweifelsfall doch wieder auf ein erprobtes und bewährtes Modell wie das der Elementarisierung zurückgreifen.[67]

7. Auf ein grundlegendes Problem kompetenzorientierter Curricula macht der neue baden-württembergische Bildungsplan von 2016 aufmerksam. Im Fach Evangelische Religionslehre fordert dieser Plan, anders als in katholischer Religionslehre und anderen Sachfächern, Kollegen und Fachschaften explizit dazu auf, aus den jeweils 20–25 für einen Doppeljahrgang vorgesehenen Kompetenzformulierungen eigene, neue Unterrichtseinheiten zusammenzustellen.[68] Abgesehen davon, dass bei diesem Verfahren am Ende zweier Schuljahr dann schnell einige Zielsetzungen vernachlässigt bleiben, führt dieser Ansatz zu der interessanten Frage der Gewichtung von Zielen. Mehrere gleichwertig nebeneinander gestellte Kompetenzformulierungen ergeben noch keine didaktische Figur. Diese müssen aufgrund didaktischer Überlegungen und Analysen getroffen werden, und damit wären die Lehrkräfte wieder beim Modell der Elementarisierung.
8. Angesichts der vorhandenen Unklarheiten wird kompetenzorientierter Religionsunterricht oft mit dem Einlösen der von Andreas Feindt vorgeschlagenen und auch erprobten Indikatoren „Lebensweltliche Anwendung", „individuelle Lernbegleitung", „Metakognition", „kognitive Aktivierung", „Wissensvernetzung" und „Übung" in Zusammenhang gebracht.[69] Es ist kaum zu bestreiten, dass die genannten Faktoren die

67 Unter den keineswegs einheitlichen Vorschlägen, wie man „kompetenzorientiert" Religionsunterricht praktisch planen kann, wären besonders hervorzuheben: *H. Hanisch*, Unterrichtsplanung im Fach Religion. Theorie und Praxis, Göttingen ²2010, 173 ff; *G. Obst*, a. a. O., 160 ff.; *R. Tannen*, „Meine Tochter wird nicht teilnehmen ...!" Kompetenzorientierte Unterrichtsplanung zum Thema „Islam" in einer 8. Klasse. In: Loccumer Pelikan 3/2009, 117–123, *G. Ziener*, Herausforderung Vielfalt. Kompetenzorientiert unterrichten zwischen Standardisierung und Individualisierung, Seelze 2016, bes. 115 ff.; *M. Zimmermann/H. Lenhard*, Praxissemester Religion, Göttingen 2015, 106 ff. Zu den Grenzen von Unterrichtsplanung mit Hilfe des Kompetenzbegriffs vgl.: *I. Esslinger-Hinz u. a.*, Guter Unterricht als Planungsaufgabe. Ein Studien- und Arbeitsbuch zur Grundlegung unterrichtlicher Basiskompetenzen, Bad Heilbrunn 2007, bes. 115 ff.

68 Sehr anschaulich erläutert das ein Tutorial des Religionspädagogischen Instituts Karlsruhe: http://open.rpi-virtuell.de/kurse/kompetenzorientierte-unterrichtsplanung-gemaess-dem-bildungsplan-baden-wuerttemberg.

69 Vgl. *A. Feindt*, Kompetenzorientierter Unterricht – wie geht das? Didaktische Herausforde-

Qualität von Unterricht entscheidend fördern können. Im Grunde handelt es sich um Merkmale „guten“ Unterrichts in der Tradition Hilbert Meyers[70], ein zwingender Zusammenhang zur Frage der Kompetenzorientierung besteht jedoch nicht oder müsste erst hergestellt werden.

9. Wie komplex die von Andreas Feindt ins Spiel gebrachten Kategorien sind, belegt u. a. das Beispiel „Anforderungssituation“. In der Praxis zeigt sich schnell, dass es gar nicht so einfach ist, für theologische Inhalte immer realistische und auch über längere Unterrichtssequenzen hinweg tragfähige Anforderungssituationen zu finden. Auch wurde zu Recht immer wieder auf Analogien zum sogenannten problemorientierten Religionsunterricht hingewiesen, zu dem langjährige und vielfältige Erfahrungen vorliegen und der im Nachhinein nicht unbedingt als Erfolgsgeschichte bezeichnet werden kann.[71]
10. In der bundesdeutschen Diskussion hat es sich eingebürgert, zwischen inhaltsbezogenen und prozessbezogenen Kompetenzen zu unterscheiden. Während die inhaltsbezogenen Kompetenzen oft überraschend schnell die Form von Lernzielen annehmen und Bildungspläne im Namen der Kompetenzorientierung implizit mit einer großen Fülle von Inhalten beladen, ist der Status und die Überprüfbarkeit von prozessbezogenen Kompetenzen weitgehend unklar und zwischen den einzelnen Fächern auch nicht genügend abgestimmt. Es wäre im Hinblick auf zukünftige Kompetenzmodelle zu diskutieren, ob die einzelnen prozessbezogenen Kompetenzen in besonderer Nähe zu bestimmten Unterrichtsthemen und Unterrichtsphasen stehen, wie sie entwicklungs- und lernpsychologisch und auch aus der Perspektive der Elementarisierung zu begründen und welche konkreten Folgerungen daraus für eine kompetenzorientierte Unterrichtsplanung zu ziehen sind.[72]

rungen im Zentrum der Lehrerarbeit. In: Friedrich Jahresheft 2010, 85–89. – Sehr deutlich setzte die Bildungsplankommission Katholische Religionslehre 2016 auf diesen Ansatz. Vgl. *Erzdiözese Freiburg/Diözese Rottenburg-Stuttgart* (Hg.), Handreichung zum Fachplan Katholische Religionslehre 2016, Freiburg 2015.

70 Vgl. oben, Anm. 6.

71 Vgl. dazu *Knauth*, a. a. O. (vgl. oben, Anm. 1) sowie *M. Fricke*, Die Bedeutung der Kompetenzorientierung für Verständnis und Praxis des Religionsunterrichts. In: Zeitschrift für Theologie und Kirche 37(2015), 378–401.

72 Vgl. hierzu auch Kliemann/Kasper, a. a. O., 55 ff.

Friedrich Schweitzer

Elementarisierung und Kompetenzorientierung im Unterricht: Resultate und Perspektiven

Zu Beginn des Buches wurde beschrieben, in welchem Sinne die Verbindung von Elementarisierung und Kompetenzorientierung im Horizont „guten Religionsunterrichts" im vorliegenden Band als ein Vorhaben verstanden werden soll, das auf verschiedenen Ebenen eher theoretischer Überlegungen, aber auch praktischer Beispiele und Konkretionen aus dem Unterricht durchgespielt wird. Am Ende soll nun nach möglichen Resultaten gefragt und sollen zugleich weitere Perspektiven und Aufgaben für die Zukunft akzentuiert werden. Welches Bild ergibt sich, nach dem Durchgang durch thematische Entfaltungen sowie den Überlegungen zur Religionslehrerbildung, im Blick auf die angestrebte Verknüpfung von Elementarisierung und Kompetenzorientierung?

1. Prozessqualität und Produktqualität: wechselseitige Ergänzung und Korrektur

Im vorliegenden Zusammenhang wird die Prozessqualität von Religionsunterricht von der Berücksichtigung der verschiedenen Elementarisierungsaufgaben abhängig gemacht, so wie dies dem Elementarisierungsansatz entspricht. In dieser Hinsicht zeigen vor allem die Beispiele und thematischen Entfaltungen im zweiten Teil des Buches, dass die Frage nach den im Unterricht zu erwerbenden Kompetenzen gleichsam quer zu den herkömmlichen Elementarisierungsdimensionen steht. Anders ausgedrückt, muss die Frage nach den Kompetenzen auch dann noch eigens bearbeitet werden, wenn die bislang mit den Elementarisierungsdimensionen verbundenen Vorbereitungs- und Gestaltungsprozesse durchlaufen worden sind. Insofern kann zu Recht von einer notwendigen Ergänzung und sinnvollen Erweiterung des Elementarisierungsansatzes durch die Kompetenzorientierung gesprochen werden. Kompetenzorientierung bedeutet einen Gewinn, weil sie bewusst macht, was Schülerinnen und Schüler im Blick auf ihre Fähigkeiten und Fertigkeiten von „gutem Religionsunterricht" profitieren können.

Wichtig ist zugleich, dass es sich dabei um eine gleichsam organische Erweiterung handelt. Nirgends erscheint die Frage nach den von den Schülerinnen und Schülern zu erwerbenden Kompetenzen als ein Fremdkörper im Elementarisierungsprozess. Vielmehr kommt der stark schülerorientierte Charakter des Elementarisierungsansatzes einer Kompetenzorientierung deutlich entgegen. In beiden Fällen stehen die Schülerinnen und Schüler im Zentrum der Aufmerksamkeit. Dies verbindet Elementarisierung und Kompetenzorientierung miteinander und unterscheidet beide beispielsweise von didaktischen Ansätzen, in deren Mittelpunkt allein der Inhalt des Unterrichts stehen soll.

Diese Einschätzung gilt allerdings nur unter bestimmten Voraussetzungen. Das inzwischen berühmt-berüchtigte „Teaching for the Test", das sich auf Kompetenzmodelle und zu erreichende Bildungsstandards beruft oder auf diese reagiert, macht eine Elementarisierung unmöglich, weil von Personen und lebensweltlichen Erfahrungszusammenhängen abgelöste Testfragen dem Anliegen von Elementarisierung zutiefst widersprechen. In dieser Hinsicht ist es besonders bedeutsam, dass im vorliegenden Band - soweit mir bekannt: erstmals - auch Formen der Leistungsbewertung ausdrücklich in den Horizont des Elementarisierungsansatzes gerückt und in Entsprechung zu den didaktischen Intentionen der Elementarisierung gestaltet werden.[1] Auch die Leistungsbewertung, und dazu zählt ebenfalls die Messung von Kompetenzen, muss didaktisch verantwortet werden. Sie ist Teil des Lehr-Lern-Prozesses, nicht dessen fremdes Gegenüber.[2]

Besonders an diesem letzten Punkt wird deutlich, dass Prozessqualität und Produktqualität sich nicht nur wechselseitig ergänzen, sondern dass die gleichzeitige Beachtung beider Qualitätsdimensionen auch zu wechselseitigen Korrekturen führen kann, nicht nur bei der Leistungsbewertung, sondern zu jeder Zeit im Unterricht. Das Interesse an der Gestaltung von Unterrichtsprozessen darf nicht dazu führen, dass die Resultate des Lernens aus dem Blick geraten. Erwartungen an den Kompetenzerwerb dürfen den Unterricht nicht so festlegen, dass der Unterricht seine Lebendigkeit verliert.

2. Kompetenzen und Kompetenzmodelle

Die Identifikation von Kompetenzen, die sich mit dem Elementarisierungsansatz verbinden lassen, folgt im vorliegenden Band einer zweifachen Vorgehensweise: Zum einen wurden den verschiedenen Elementarisierungsdimensionen einzelne Kompetenzen zugeordnet – dies kann als deduktiver Weg bezeichnet werden; zum anderen wurden in der Arbeit mit Unterrichtsbei-

1 Vgl. den Beitrag von *M. Schnitzler* im vorliegenden Band.

2 Vgl. als weiterführende Überlegung auch *F. Schweitzer*, Leistungsmessung und Leistungsbewertung, Kompetenzen und Standards: Was ist im Religionsunterricht messbar? In: entwurf (2016), H. 1, 4–8.

spielen und -themen Kompetenzen benannt, deren Entwicklung besonders unterstützt werden soll – dies wäre dann der induktive Weg. Das folgende Überblicksschema macht deutlich, zu welchen Resultaten dieses Vorgehen geführt hat:

Dimensionen der Elementarisierung	**Heuristische Zuordnung zu Kompetenzen**	**In den inhaltlichen Beiträgen vorgestellte Kompetenzen (Auswahl)**
Strukturen	*Sachkompetenz*	Wahrnehmungskompetenz, ästhetische Kompetenz, hermeneutische bzw. Deutungskompetenz, Medienkompetenz
Erfahrungen	*Sprachkompetenz, Selbstkompetenz*	Umgang mit Endlichkeit, Empathie, Umgang mit Fremdheit, Sozialkompetenz
Zugänge	*Urteilskompetenz*	Personale Kompetenz
Lernformen	*Methodenkompetenz*	Handlungskompetenz, Gestaltungskompetenz
Wahrheiten	*Orientierungskompetenz, Dialogkompetenz*	Religiöse Kompetenz, (religiöse) Toleranz, Verantwortungskompetenz

Als Erstes ist festzuhalten, dass eine Zuordnung von Elementarisierungsdimensionen und Kompetenzen offenbar leicht möglich ist und sich in den jeweils angesprochenen thematischen Zusammenhängen im Blick auf den Unterricht als sinnvoll erweist. Nicht nur das deduktive, sondern auch das induktive Vorgehen unterstreicht dies, zum Teil mit direkten Konvergenzen bei der Benennung von entsprechenden Kompetenzen.

Weiterhin lässt vor allem die Fülle der in der rechten Spalte genannten Kompetenzen erkennen, dass der Prozess einer konsensuellen Identifikation von Kompetenzen für den Religionsunterricht noch nicht abgeschlossen ist. Zwar wäre es durchaus möglich, zu versuchen, diese Kompetenzen den bislang angebotenen Kompetenzmodellen zuzuordnen.[3] Wichtiger scheint es mir aber, den noch immer offenen Diskussionsprozess nicht vorschnell abzubrechen. Kompetenzmodelle sind zumindest in gewissem Sinne stets als Heuristiken zu behandeln – als pragmatisch begründete Modelle für die

3 Vgl. dazu oben, 11–23.

Orientierung und Akzentuierung des Unterrichts. Insofern sind sie auch nicht unabhängig von ihrer Bewährung in der Praxis, wie sie erst nach längerer Zeit wirklich erkennbar wird. Die Phase der praktischen Bewährung erscheint mir bis heute noch keineswegs abgeschlossen, zumal dazu bislang auch keine empirischen Befunde vorliegen.

3. Und die Inhalte? – Kein „guter Religionsunterricht" ohne inhaltliche Bildungsqualität

Es ist Konsens, dass Kompetenzmodelle und die Festlegung von Bildungsstandards durch ein Kerncurriculum ergänzt werden müssen. Die Auswahl von Unterrichtsinhalten ist nicht beliebig, weder für den Einzelnen noch für die Gesellschaft oder für das Zusammenleben im globalen Horizont. Die Rede von einem „Kerncurriculum" signalisiert dabei Bescheidenheit, aber sie führt letztlich vor die Frage nach Bildungszielen und nach einem Bildungskanon auch für den Religionsunterricht. Religionsunterricht ist nur so „gut" wie sein Inhalt!

Aber wie lässt sich die Kanonfrage beantworten? Die herkömmlichen Lehr- und Bildungspläne bieten dazu vielfältige, aber kaum systematisch orientierende Antworten. Ihre Stärke liegt eher in der Ausdifferenzierung von Inhalten.[4] Pragmatisch verfährt die Berliner Projektgruppe zum „Kompetenzerwerb im evangelischen Religionsunterricht", wenn sie sich darauf beschränkt, drei „Gegenstandsbereiche" zu benennen: „Bezugsreligion, andere Religionen, außerreligiöse Bereiche".[5] Einen Schritt weiter im Blick auf die Konkretisierung von Antworten, was zur Bildung in diesen „Gegenstandsbereichen" gehören könnte, geht ein im Anschluss an die Einheitlichen Prüfungsanforderungen im Abitur entwickeltes „Kerncurriculum".[6] Den Ausgangspunkt stellen dabei allerdings eben die Prüfungsanforderungen dar, die zuvor für das Abitur festgelegt wurden. Ein bildungstheoretischer Anspruch wird auf diese Weise nicht erhoben und schon gar nicht eingelöst. Dadurch besteht die Gefahr, dass die Frage nach dem Bildungskanon mit dem Verweis auf die Faktizität von definierenden Schulabschlüssen stillgestellt

4 Vgl. dazu den informativen Überblick bei *V.-J. Dieterich*, Religionslehrplan in Deutschland (1870–2000). Gegenstand und Konstruktion des evangelischen Religionsunterrichts im religionspädagogischen Diskurs und in den amtlichen Vorgaben (Arbeiten zur Religionspädagogik 29), Göttingen 2007.

5 *S. Krause/R. Nikolova/H. Schluß/T. Weiß/J. Willems*, Kompetenzerwerb im evangelischen Religionsunterricht. Ergebnisse der Konstruktvalidierungsstudie der DFG-Projekte RU-Bi-Qua/KERK. In: Zeitschrift für Pädagogik 54 (2008), 174–188, 176 f.

6 Kerncurriculum für das Fach Evangelische Religionslehre in der gymnasialen Oberstufe. Themen und Inhalte für die Entwicklung religiöser Kompetenzen, hg. vom *Kirchenamt der EKD*, Hannover 2010 (ekd-texte 109).

wird, so wie dies von der gesamten pädagogischen Tradition seit dem 19. Jahrhundert kritisiert wird.[7] Angemessen wäre es stattdessen, die Frage nach Bildungskanon und Kerncurriculum im Horizont der neueren Diskussion um ein religionspädagogisch und theologisch verantwortetes Bildungsverständnis bzw., noch weiterreichend, im Horizont der allgemeinen Bildungsdebatten in der Gegenwart zu stellen.[8]

Der Elementarisierungsansatz, wie er im 20. Jahrhundert von Wolfgang Klafki vertreten und in der Religionspädagogik von Karl Ernst Nipkow aufgenommen und adaptiert wurde[9], setzt zwar einen bildungstheoretischen Ausgangspunkt voraus, stellt aber selbst keine Bildungstheorie dar. Allerdings wird, auch im vorliegenden Band, immer wieder darauf hingewiesen, dass die Prinzipien der Elementarisierung auch bei der Erstellung von Lehr- und Bildungsplänen bzw. bei der Festlegung von Bildungsstandards Berücksichtigung finden müssten. Dies leuchtet unmittelbar ein, wenn beispielsweise an die Notwendigkeit gedacht wird, allgemeine Anforderungen wie „Vertrautheit mit der biblischen Überlieferung" in Anforderungen umzusetzen, die im Religionsunterricht tatsächlich realisiert werden können. Denn dann stellen sich sofort Fragen wie die folgenden ein: Welche Bibeltexte sind dafür unverzichtbar (Auswahl der Inhalte)? In welcher Abfolge sollen sie behandelt werden (Sequenzialität)? Wo ist mit Verhältnissen des Aufeinanderaufbauens zu rechnen (Kumulativität)?

Der Elementarisierungsansatz kann zumindest Hilfen bieten für eine sach- und kindgemäße Bearbeitung solcher Fragen. Deshalb gilt: Je dringlicher die Forderung nach einem Kerncurriculum im Horizont der Kompetenzorientierung gestellt wird, desto wichtiger ist auch die Aufgabe der Elementarisierung, nun im Blick auf die Inhalte des Unterrichts. Ein Kerncurriculum macht Elementarisierung nicht überflüssig, sondern setzt sie voraus.

7 S. mit noch immer grundlegenden Beiträgen *H.-E. Tenorth* (Hg.), Allgemeine Bildung. Analysen zu ihrer Wirklichkeit, Versuche über ihre Zukunft, Weinheim/München 1986 sowie aus der neueren Diskussion etwa den stark beachteten Band *N. Killius/J. Kluge/L. Reisch* (Hg.), Die Zukunft der Bildung, Frankfurt/M. 2002. Aus theologisch-religionspädagogischer Sicht *F. Schweitzer*, Bildung, Neukirchen-Vluyn 2014.

8 Vgl. u. a.: Maße des Menschlichen. Evangelische Perspektiven zur Bildung in der Wissens- und Lerngesellschaft. Eine Denkschrift des *Rates der EKD*, Gütersloh 2003, *J. Ochel* (Hg.), Bildung in evangelischer Verantwortung auf dem Hintergrund des Bildungsverständnisses von F.D.E. Schleiermacher. Eine Studie des Theologischen Ausschusses der EKU, Göttingen 2001, *K.E. Nipkow*, Bildung in einer pluralen Welt. 2 Bde., Gütersloh 1998, *B. Dressler*, Unterscheidungen. Religion und Bildung, Leipzig 2006, *F. Schweitzer*, Bildung, Neukirchen-Vluyn 2014.

9 Vgl. *W. Klafki*, Das pädagogische Problem des Elementaren und die Theorie der kategorialen Bildung, Weinheim ^{2}1963, von *K.E. Nipkow* vgl. als Weiterführung: Pädagogik und Religionspädagogik zum neuen Jahrhundert. Bd. 1: Bildungsverständnis im Umbruch, Religionspädagogik im Lebenslauf, Elementarisierung, Gütersloh 2005, 307 ff.

4. Schülerkompetenzen – Lehrerkompetenzen

Die Aufgabe der Elementarisierung zielt einerseits auf die Unterstützung der Ausbildung von Schülerkompetenzen, andererseits sind dafür auch bestimmte Lehrerkompetenzen erforderlich.[10] Damit tritt die Perspektive von Elementarisierung als Herausforderung für die Unterrichtenden[11], die beim Elementarisierungsansatz ursprünglich nur wenig Aufmerksamkeit fand, noch weiter in den Vordergrund.[12] Auch auf Seiten der Lehrerinnen und Lehrer müssen die in den verschiedenen Elementarisierungsdimensionen angesprochenen Fragen geklärt werden, und darüber hinaus bedarf es bestimmter Kompetenzen für eine entsprechende Unterrichtsgestaltung.

Erforderlich sind offenbar vor allem solche Lehrerkompetenzen, die zu einer Förderung des Lernens von Schülerinnen und Schülern beitragen. Im Sinne des Elementarisierungsansatzes: Die Lehrerkompetenzen müssen so bestimmt sein, dass sie eine möglichst effektive Bearbeitung der mit den Elementarisierungsdimensionen und -schritten verbundenen Aufgaben ermöglichen. Aus dieser Anforderung ergeben sich direkte Konsequenzen für die Religionslehrerausbildung und -fortbildung, u. a. im Sinne eines bewussten Einübens von Elementarisierung.[13]

Allerdings soll hier nicht verleugnet werden, dass in dieser Hinsicht noch viele Fragen offen sind. Welche Form von Studium oder Ausbildung die erwünschten Folgen bei den Lehrerkompetenzen tatsächlich zeitigen, muss genauer geprüft werden – nicht zuletzt mit Hilfe empirischer Untersuchungen. Solche Aufgaben der empirischen Überprüfung stellen sich noch in weiteren Hinsichten und sollen deshalb ebenfalls eigens angesprochen werden:

5. Aufgaben der empirischen Überprüfung

Es gehört zu den kennzeichnenden Stärken des Elementarisierungsansatzes, dass er schon früh auch mit Hilfe empirischer Untersuchungen und Befunde weiter vorangetrieben worden ist. Besonders der mögliche Nutzen der Entwicklungspsychologie – speziell von psychologischen Theorien der re-

10 Vgl. den Beitrag von *P. Kliemann* im vorliegenden Band.

11 Vgl. *F. Schweitzer* mit weiteren Beiträgen von *K.E. Nipkow u. a.*, Elementarisierung im Religionsunterricht. Erfahrungen, Perspektiven, Beispiele, *Neukirchen*-Vluyn [4]2013, 214 f.

12 S. auch *H. Simojoki* im vorliegenden Band.

13 Dass dies auch beispielsweise im Referendariat (und sicher auch im Vikariat) keineswegs überflüssig ist, beobachtet *P. Kliemann* in seinem Beitrag im vorliegenden Band.

ligiösen Entwicklung[14] – wurde in einer eigenen Untersuchung aufgenommen.[15] Dabei ergaben sich auch Rückfragen beispielsweise im Blick auf ein der Elementarisierung angemessenes Lehrerhandeln. Später wurde der konfessionell-kooperative Religionsunterricht in den Horizont der Elementarisierung gerückt und ebenfalls mit Hilfe einer empirischen Untersuchung analysiert.[16] Auch unsere Tübinger Untersuchung zum interreligiösen Lernen steht zumindest im weiteren Sinne in diesem Zusammenhang.[17]

Mit diesen Untersuchungen ist allerdings nur ein erster Schritt getan. Dies zeigt die im vorliegenden Band aufgenommene Frage nach dem Kompetenzerwerb und seiner Unterstützung im Religionsunterricht. Die zahlreichen Kompetenzen, deren Unterstützung die Autorinnen und Autoren in Teil II des vorliegenden Bandes als Ziel ansprechen, kommen hier nur hypothetisch in den Blick. Ob es mit Hilfe des Elementarisierungsansatzes tatsächlich gelingt, die Ausbildung solcher Kompetenzen zu fördern, lässt sich nur mit Hilfe entsprechender empirischer Untersuchungen klären. In Frage kämen dafür etwa Ansätze zur Überprüfung religionsdidaktischer Effektivität, wie sie in Deutschland allerdings noch kaum verfügbar sind.[18] Solche Untersuchungen sind aufwändig, da sie ein genau geplantes und kontrolliertes Lehr-Lern-Arrangement voraussetzen und darüber hinaus Messungen bzw. Datenerhebungen zumindest zu zwei Zeitpunkten (Interventionsstudien mit Pretest und Posttest).

Noch aufwändiger ist die empirische Untersuchung des erwünschten Ineinandergreifens von Lehrerbildung und Qualitätssteigerung für den Unterricht. Hier müssen Lehr- bzw. Ausbildungsprozesse über mehrere Jahre hinweg – beginnend mit dem Studium für das Lehramt über das Referendariat und bis hin zur Unterrichtspraxis – durchgeführt werden.

14 Vgl. *F. Schweitzer*, Lebensgeschichte und Religion. Religiöse Entwicklung und Erziehung im Kindes- und Jugendalter, Gütersloh [8]2016.

15 *F. Schweitzer/K.E. Nipkow/G. Faust-Siehl/B. Krupka*, Religionsunterricht und Entwicklungspsychologie. Elementarisierung in der Praxis, Gütersloh [2]1997.

16 Vgl. *A. Biesinger/F. Schweitzer*, Konfessionelle Kooperation im Religionsunterricht – eine neue didaktische Herausforderung. In: *Schweitzer*, Elementarisierung im Religionsunterricht, a. a. O., 133–146, vgl. auch *F. Schweitzer/A. Biesinger* zus. mit *R. Boschki/C. Schlenker/A. Edelbrock/O. Kliss/M. Scheidler*, Gemeinsamkeiten stärken – Unterschieden gerecht werden. Erfahrungen und Perspektiven im konfessionell-kooperativen Religionsunterricht, Freiburg/Gütersloh 2002, *F. Schweitzer/A. Biesinger/J. Conrad/M. Gronover*, Dialogischer Religionsunterricht. Analyse und Praxis konfessionell-kooperativen Religionsunterrichts im Jugendalter, Freiburg 2006, *A. Biesinger/J. Münch/F. Schweitzer*, Glaubwürdig unterrichten. Biographie – Glaube – Unterricht, Freiburg 2008.

17 Vgl. *F. Schweitzer/M. Bräuer/R. Boschki* (Hg.), Interreligiöses Lernen durch Perspektivenübernahme. Eine empirische Untersuchung religionsdidaktischer Ansätze, Münster/New York 2017.

18 Vgl. *F. Schweitzer*, Religionsunterricht erforschen: Aufgaben und Möglichkeiten empirisch-religionsdidaktischer Forschung. In: Zeitschrift für Pädagogik und Theologie 60(2008), 59–73, 67 f., *P. Schreiner/F. Schweitzer* (Hg.), Religiöse Bildung erforschen. Empirische Befunde und Perspektiven, Münster 2014.

Solche Untersuchungen sind bislang auch außerhalb des religionspädagogischen Bereichs kaum einmal in Angriff genommen worden. Es liegt jedoch auf der Hand, dass die Forderung nach bestimmten Lehrerkompetenzen so lange schlecht begründet bleibt, als nicht nachgewiesen werden kann, wie sich die „Kette" von der Lehrerausbildung bis hin zur Unterrichtspraxis darstellt.

6. Noch einmal: „guter Religionsunterricht"

Im ersten Kapitel des vorliegenden Bandes wurde die These formuliert, Elementarisierung sei eine notwendige, aber nicht hinreichende Voraussetzung für „guten Religionsunterricht". Diese These hat sich als Grundlage für die verschiedenen Beiträge des Bandes bewährt. Sie kann nun im Blick auf das Verhältnis zwischen Elementarisierung und Kompetenzorientierung noch weiter zugespitzt werden.

Die Verknüpfung von Elementarisierung und Kompetenzorientierung gewährleistet eine Balance zwischen Prozessqualität und Produktqualität. Beide Qualitätsaspekte werden damit als Merkmale „guten Unterrichts" festgehalten. Wege und Ziele werden nicht gegeneinander ausgespielt.

Ausdrücklich zu betonen war aber auch, dass der Elementarisierungsansatz durch die Aufnahme von Impulsen der Kompetenzorientierung in wichtiger Hinsicht profitiert, nämlich indem die bislang zu wenig beachtete Frage nach den Lernergebnissen – bis hin zur Leistungsbewertung – nun deutlicher gesehen wird. Trotz aller Prozessorientierung bleibt es dabei: Der Unterricht ist nur so gut wie seine Ergebnisse! „Guter Religionsunterricht" muss sich auch im Blick auf die in diesem Unterricht zur erwerbenden Kompetenzen ausweisen können.

Weiterhin ist deutlich geworden und soll am Ende dieses Bandes auch noch einmal eigens hervorgehoben werden, dass der Elementarisierungsansatz allein keinen „guten Religionsunterricht" garantieren kann. Dies gilt prinzipiell, insbesondere aber für den derzeitigen Stand in der Entwicklung dieses Ansatzes. Auf das Fehlen einer systematischen Verbindung zwischen Elementarisierung und Bildungstheorie, aus der sich auch Antworten auf die Probleme von Bildungskanon oder Kerncurriculum ergeben könnten, wurde bereits hingewiesen. Weiterhin lässt sich die Bedeutung von Person und Persönlichkeit der Unterrichtenden nicht einfach in ein didaktisches Modell einordnen, das dafür nicht konzipiert ist. Die möglichen Verbindungen zwischen Elementarisierung und Lehrerkompetenzen lassen zwar wichtige Anschlussmöglichkeiten zwischen den verschiedenen Perspektiven erkennen, aber sie bedeuten eben nicht, dass hier schon abschließende Antworten geboten werden könnten.

Elementarisierung ist kein Allheilmittel. Der Elementarisierungsansatz verspricht nicht Antworten auf alle Fragen. Seine Produktivität liegt vielmehr darin, dass er religionsdidaktische Fragen und Perspektiven entbindet, von denen der Religionsunterricht und vor allem die Kinder und Jugendlichen profitieren können.

Autorinnen und Autoren

Dr. Ulrike Baumann, Dozentin des Pädagogisch-Theologischen Instituts der Evangelischen Kirche im Rheinland, Bonn-Bad Godesberg, Honorarprofessorin für Religionspädagogik, Universität Koblenz-Landau.

Dr. Colin Cramer, Professor für Professionsforschung unter besonderer Berücksichtigung der Fachdidaktiken am Institut für Erziehungswissenschaft und an der Tübingen School of Education der Eberhard Karls Universität Tübingen.

Dr. Anke Edelbrock, Akademische Oberrätin am Ökumenischen Institut für Theologie und Religionspädagogik an der Pädagogischen Hochschule Schwäbisch Gmünd.

Dr. Sara Haen, Oberstudienrätin und wissenschaftliche Mitarbeiterin am Lehrstuhl für Religionspädagogik an der Evangelisch-theologischen Fakultät der Universität Tübingen.

Dr. Peter Kliemann, Professor am Staatlichen Seminar für Didaktik und Lehrerbildung (Gymnasien) Tübingen.

Dr. Manfred Schnitzler, Seminarschulrat im Staatlichen Seminar für Didaktik und Lehrerbildung in Meckenbeuren, Bereichsleiter für Sozialwissenschaften, Lehrauftrag am Bildungszentrum Markdorf (Verbundschule).

Dr. Dr. h.c. Friedrich Schweitzer, Professor für Religionspädagogik an der Evangelisch-theologischen Fakultät der Universität Tübingen.

Dr. Henrik Simojoki, Professor für Evangelische Theologie mit Schwerpunkt Religionspädagogik und Didaktik des Religionsunterrichts, Otto-Friedrich-Universität Bamberg.